# Auf alle Fälle Recht behalten

Wolf Ruede-Wissmann

# Auf alle Fälle Recht behalten

## Die Kunst der überzeugenden Wortverdreherei

Gondrom

Lizenzausgabe für Gondrom Verlag GmbH, Bindlach 1998

Druck und Bindung: Graphischer Großbetrieb Pößneck
ISBN 3-8112-1656-2

# Inhalt

# 1. Einleitung

Der Wahrheit zu dienen, in der Diskussion durch das Für und Wider Vertrauen auf- und Mißtrauen abzubauen, die Ehrlichkeit in unserer zwischenmenschlichen Kommunikation zu fördern, also das Leben sinnvoll zu gestalten: das ist das hehre Ziel nahezu aller Autoren, die sich mit Rhetorik, Dialektik, Verhandlungstechniken etc. beschäftigen.

Vor Ihnen liegt nun ein Buch, welches sich mit dialektischer Rabulistik beschäftigt, also im Gegenteil aufzeigt, wie man »auf alle Fälle recht behält«. Möglich ist das – aber glauben Sie bitte nicht, daß es immer und grundsätzlich vorteilhaft ist, »recht zu behalten« (oder zu bekommen). Natürlich kommt es auf den Sachverhalt an. Aber das »Problem«, von dem die Rede ist, besteht darin, daß Rabulistik zu einem Verhalten werden kann, welches – ähnlich einer Sucht oder Veranlagung – keine anderen Wege mehr zuläßt als die, die das »recht behalten« garantieren. Sobald jemand versucht, einen überzeugten Rabulisten zu übervorteilen, legt dieser sich »ins Zeug« – und wie! Das hat, bei allem Verständnis, ein gewaltiges psychologisches Problem zur Folge: Der Rabulist entfernt sich mehr und mehr von dem Standpunkt, daß »man auch mal fünfe gerade sein lassen muß«, um mit seiner Umwelt auszukommen. Wer das nicht mehr kann, weil in ihm quasi eine »Automatik« in Gang gesetzt wird, sobald auch nur eine Meinungsverschiedenheit auf ihn zukommt, setzt sich der Gefahr aus, innerlich zu verarmen.

Dialektische Rabulistik sollte nicht im zwischenmenschlichen Bereich als das Nonplusultra des »Sichdurchsetzens« betrachtet werden, sondern eher als eine Art »Geheimwaffe«, die nicht allen bekannt ist – für die wirklich großen Probleme des Lebens.

Denn im Grunde sollte eine Lüge das bleiben und als solche bezeichnet werden, was sie ist: eben eine Lüge. Doch der dialektische Rabulist kennt keine Lügen, sondern nur »ein taktisches Abweichen von der erkannten Wahrheit«. Das ist ebenso durch den Leser zu beurteilen wie die Tatsache, daß der Rabulist nicht mit direkten »Täuschungen«, sondern nur mit den »Spielarten der Täuschung«, z. B. dem Bluff, arbeitet.

Mit Beispielen kommt man weiter, obwohl: Beispiele hinken.
Doch dieser Vergleich sei gestattet: Das Atom kann friedlich genutzt werden – oder dem Bau von Atombomben dienen. Das Atom selbst ist weder gut noch schlecht; es ist wertfrei, neutral. Es erlangt erst durch die friedliche Nutzung oder den Einsatz als Bombe eine Wertigkeit. Darüber befindet nur der Mensch. Er befindet aber auch darüber, welche Ethik der jetzt gültige Maßstab zum Einsatz ist. Wie in der Rationalität oder in der Emotionalität ist auch in der ethischen Argumentation Manipulation möglich. Ethik kann niemals allumfassend, allgemein gültig, dauerhaft und göttlich sein.
Ethische Grundsätze kommen und gehen.
Unser Beispiel ist die Atombombe. Die ethischen Grundsatzfragen beginnen bei der (politischen) Entscheidung und Planung zum Bau von Bomben dieser Art. Die atomaren Waffen sollen den Feind warnen, ziehen die gegnerische Vernichtung ins Kalkül, sollen einen Krieg schlicht »unführbar« machen – und darum gilt diese »Grundsatzethik« als höchstes »Friedensgut« – jetzt zumindest. Das war nicht immer so. Vor nicht einmal 45 Jahren galt der Einsatz von Atombomben als »Friedensgut« – die Ethik dazu war anerkannt, gebilligt. Der »Erfolg« wurde bejubelt. Zumindest bei den Entscheidungsträgern. Und auch in den Folgejahren hat es viele (ernsthafte) Diskussionen verantwortlicher Politiker und Militärs über den Einsatz von Atombomben gegen Menschen gegeben, und schon von daher ist ohne Zweifel eine Differenzierung zwischen »verantwortlich« und »verantwortungsbewußt« angebracht.
Unser Vergleich zielt auf den Begriff »faire Dialektik«, die erstrebenswert ist und der Wahrheitsfindung dient, und »Rabulistik«, als eine Kunst der Wortverdreherei, scheinbar ein Instrument des Unfriedens, das Wort als Waffe. Semantik als »Krieg«?
Rabulistik dient selten dem Frieden. Wer dialektisch rabulisiert, will unter allen Umständen recht behalten – die Mittel sind dabei gleichgültig. Entscheidend ist das Ziel: den wahren Sachverhalt durch Spitzfindigkeiten, Halb- und Unwahrheiten, durch wechselseitige Angriffe auf das Gefühl, den Verstand und die Ethik, verpackt in kaschierender Rhetorik, die letztlich alles noch »sauber« erscheinen läßt, zu verdrehen. Den wahren Sachverhalt durch Ma-

nipulation des Gegners zum Zwecke des eigenen Vorteils, des eigenen Zielerreichens so zu verdrehen, daß die Argumentation brillant erscheint und der Disputant moralisch einwandfrei dasteht:

**Das ist dialektische Rabulistik!**

Ist also Rabulistik, Sophistik und Eristik der »entartete Teil« der Rhetorik und Dialektik, ist Rabulistik **»entartete Kunst«?**

Da das eine philosophische Frage ist, mag darauf auch der »Altmeister der Dialektik«, der alte Sünder und Besserwisser *Arthur Schopenhauer* (deutscher Philosoph, 1788–1860), antworten:

*»Wenn die natürliche Schlechtigkeit des menschlichen Geschlechts nicht wäre, wären wir also von Grund auf ehrlich, würde jede Debatte darauf ausgehen, die Wahrheit zutage zu fördern, ganz unbekümmert, ob unsere Meinung oder die des andern recht und wahr wäre. Es ist leicht gesagt, man soll nur der Wahrheit nachgehen. Aber man darf nicht voraussetzen, daß der andere es tun werde: Also darf man's auch nicht!«*

Schopenhauer hat dies aktiv in die Tat umgesetzt. Stets wiederkehrende Schliche und Kniffe brachten ihn auf den Gedanken, diese vom »Stoff rein abzusondern und es, gleichsam als ein sauberes anatomisches Präparat, zur Schau zu stellen« – woraus seine **»Eristische Dialektik«** entstand. Es wurden in 38 Kunstgriffen die Möglichkeiten beschrieben, recht zu behalten.

Einige »Kunstgriffe« der *Schopenhauer*schen »Strategemata« (Kriegslisten) sind auch Teile dieses Buches »Dialektische Rabulistik«. Zum einen werden aber die Kunstgriffe aus Gründen der Übersichtlichkeit reduziert, zum anderen wird die Sprache Schopenhauers (Diktion der damaligen Zeit mit vielen lateinischen und griechischen Zitaten sowie oft – für unsere Zeit – unverständlichen Fremdworten) in »unsere zeitgenössische Sprache übersetzt«.

Doch Sprache besteht aus Worten, und Worte sind mehrdeutig. Linguistik, Semantik, Rhetorik, Alltagssprache, Syllogismus, Sophistik usw. – alles sind Wissenschaftsgebiete, die außergewöhnlich umfangreich sind. Wer alle Gebiete beherrscht, kann erfolgreich disputieren – doch wer beherrscht schon »alles«, und wer kann sein Wissen sowohl in der einen Richtung (z. B. faire Dialektik) wie auch in der anderen Richtung (z. B. Rabulistik) anwenden?

Wir wollen unsere Absicht klar beschreiben: Es ist die »andere Richtung, die Richtung, **immer recht behalten zu wollen,** und zwar unabhängig vom Wahrheitsgehalt eines Streitgegenstandes. Es ist die Richtung, nicht unbedingt den wahren Sachverhalt klären zu wollen und diesen somit in den Mittelpunkt zu stellen, sondern stets und immer »recht zu behalten«.

Ein Buch, welches sich mit »Wortverdreherei« beschäftigt, kann nicht die Wahrheitsfindung zum Ziel haben. Im Grunde genommen sind es »satanische Verse« ...!

Und entsprechend ist die Vorgehensweise: Die unfaire Dialektik ist der wichtigste Teil der Rabulistik. Entscheidend ist die Umkehrung der sprachlichen Logik, Denkfehler, Tricks und das Erzeugen von falschen Denkmustern, um letztlich die (falsche) Konklusion zu ziehen. Die dialektische Rabulistik muß allerdings in einen dafür aufbereiteten rhetorischen Rahmen eingebettet sein. Auch diese Rhetorik dient nur der Rabulistik. Zwar sprechen wir nicht von einer »unfairen Rhetorik«, dennoch werden meistens nur Rhetorikelemente eingesetzt, die unfair sind, z. B. Überrumpelung, Überreden, sprachliche Suggestion, psychologische Hörfallen, doppeldeutige Worte usw.

Von besonderer Wichtigkeit ist der Hinweis, daß mit dem Buch ebensowenig ein »wissenschaftliches Lehrwerk« geschaffen werden soll wie etwa eine akribische Ansammlung aller denkbaren Möglichkeiten in der rabulistischen Disputation. Es werden aus der Dialektik heraus »Systeme« geschaffen, die – rhetorisch begleitet – Möglichkeiten sichern, »immer recht zu behalten«. Dazu werden Beispiele dargestellt, wie man in der Politik, im Rechtsstreit, in der Wirtschaft, im Verkauf, in der Religion usw. »Wortverdreherei« betreibt – und Erfolg hat!

Was ist – was wird beteiligt?

Fremdworte, Fachbegriffe, Verklausulierungen, Zitate und Sprichwörter verschiedener Sprachen und Kulturen, Wechselspiele zwischen Kompliziertheit, Naivismus und verblüffender Plausibilität, Attitüden und Platitüden, Wahrheiten, Halbwahrheiten, Unwahrheiten, Logik und die logische Umkehrung der sprachlichen Logik, Anständiges und Unanständiges, Düpierung mit körpersprachlichen Ausdrucksformen sowie suggestiver und aufgesetzter Mimik, taktisches Einsetzen der Gestik zum Zwecke der Täuschung, mit mehrdeutigen Fakten des Gegners Verstand beschäftigen, ihm so unfair Denk-Zeit zu stehlen, des Gegners Gewissen mit ethischen Grundsätzen aus eigenen Begriffen und Normen unter Druck setzen, auf der Ebene der emotionalen Beziehungen auf das Gefühl des Gegners zielen, herzzerreißendes Mitleid erwecken und herzlose Attacken starten, den Gegner warten lassen und überfallen, eindeutige semantische Potentiale falsch deuten, und und und …

**Letztlich das Ausrichten aller Rabulistikelemente in einer rigorosen, knallharten Managementstrategie sowie das Verpacken in bezwingender Rhetorik und das Einlullen in Sophistik:**

**Alles muß eingesetzt werden, nichts ist heilig – nur um ein einziges Ziel zu erreichen:**

**AUF ALLE FÄLLE RECHT BEHALTEN!**

Das Buch verstößt somit ganz klar gegen die christlichen Gebote:

**Du sollst nicht lügen!**

**Du sollst nicht falsch Zeugnis reden wider deinen Nächsten!**

Ob Sie unfaire Mittel in einem Gespräch, in einer Diskussion oder in einer Verhandlung einsetzen wollen, ob Sie eine »Bombe« einsetzen wollen, ob Sie gegen christliche Gebote absichtlich verstoßen wollen, ob Sie auf alle Fälle recht behalten wollen:

**das allein entscheiden nur Sie.**

Die dialektische Rabulistik ist nur das Vehikel dazu.

München, im September 1989 Dr. Dr. Wolf Ruede-Wissmann

# 2. Elemente der dialektischen Rabulistik

Im klaren Gegensatz zur reinen Dialektik, die – grob benannt – aus den Teilen Sprachspiele, Wahrheiten und Halbwahrheiten sowie Syllogismus (sprachliche Logik) aufgebaut ist, umfaßt die dialektische Rabulistik, so wie wir sie verstehen wollen, ein umfangreiches Feld von Elementen. Doch die dialektische Rabulistik ist mehr als die Summe ihrer Teile, sie ist mehr als die additive Verknüpfung bestimmter Elemente. Sie wirkt erst zufolge des Einsatzes der Gesamtheit aller Elemente in einer klaren Konzeption, die durch Ziel, Strategie und Maßnahmen definiert ist.
Wer sich mit seinem Nachbarn über dessen Baum und das Laub streitet, welches Ihren Garten bedeckt, benötigt keine »Strategie«, um dialektisch-rabulistisch zu disputieren. Welch ein Aufwand wäre das, und warum denn mit Kanonen auf Spatzen schießen? Argumentieren Sie ruhig und sachlich, oder schimpfen Sie wie ein Rohrspatz drauflos, oder tun Sie beides, oder tun Sie etwas gänzlich anderes, oder, oder ...! Aber: halten Sie sich ein »Türchen zur nachbarschaftlichen Versöhnung« offen – das ist in den meisten Fällen wichtiger, als »recht zu behalten«.
Dialektische Rabulistik ist eine Kunst – sicherlich eine verwerfliche. Aber davon soll ab jetzt wenig die Rede sein. Der Disputant, der mittels dialektischer Rabulistik disputiert, muß mit allen Elementen, die Rabulistik und Dialektik kennzeichnen, perfekt umgehen können. Er muß die Elemente der dialektischen Rabulistik wie die Tasten eines Klaviers begreifen. Er muß nicht nur exzellent auf diesem Klavier spielen können, das Instrument insgesamt und die Stücke traumhaft beherrschen, sondern er muß – was viel wichtiger ist – komponieren können, ständig etwas Neues schaffen, etwas Unbekanntes bekannt machen. Denn darin liegt einzig und allein die große Chance, recht zu bekommen und behalten. Das Alte, das Bekannte, die ausgetretenen Pfade der Sprache und der Argumentation – sie alle tragen den Widerspruch schon in sich. Der Widerspruch gegen das Alte, das Bekannte ist möglich, erprobt und vertraut, darum ist er auch programmiert. Der Wider-

spruch gegen das Neue, Unbekannte muß erst noch gelernt werden, er erscheint unsicher. Wenn darum der Widerspruch gegen das Neue mit den Methoden des Widerspruchs gegen das Bekannte, Alte erfolgt, hat der dialektische Rabulistiker bereits »die halbe Miete« verdient, oder besser: gewonnen, denn nunmehr befindet er sich auf dem für ihn so sicheren Boden der Wortverdreherei. Mit einigen »Kunstgriffen« wird es ihm jetzt möglich sein, recht zu bekommen oder/und zu behalten.
»Dialektische Rabulistik« ist ein vom Autor geschaffener Begriff. Auch hier ist die Bedeutung insgesamt eine andere als die Definition und Addition der einzelnen Teile. Das mag zunächst verwirren, insbesondere auch deswegen, weil es noch andere Begriffe gibt, die Täuschung, Trugschluß, Verdrehung, Streitkunst, Spitzfindigkeiten usw. beschreiben, wie z. B. Eristik, Sophistik etc. *A. Schopenhauer* nannte seine Kunst, recht zu behalten, »Eristische Dialektik«. Seine Basis war jedoch einzig und allein die Sprache, die auf die philosophische Zunft und die dünne Schicht der Höhergebildeten seiner Zeit ausgerichtet war. In seiner »Eristik« kommt *Schopenhauer* nach einigen scharfsinnigen Untersuchungen über Logik und Dialektik zu der Ansicht, daß »Eristische Dialektik« die Kunst zu disputieren sei, und zwar so zu disputieren, daß man recht behält. Hierzu fällt gleich auf, daß nicht mehr von Diskutant und Diskussion gesprochen wird, sondern von Disputant und Disputation. Der Unterschied ist schon in der Definition erkennbar: Unter Diskussion verstehen wir laut DUDEN die Erörterung, die Aussprache, den Meinungsaustausch, und der Diskutant ist der Teilnehmer an einer Diskussion. Die Disputation dagegen ist ein Streitgespräch, bei dem widerstreitende Meinungen im Wortwechsel aufeinanderstoßen, und der Disputant ist derjenige, der am Disput teilnimmt. Damit kommt klar die Philosophie zum Ausdruck, die sich hinter der Verwendung des Wortes »Diskussion« bzw. des Wortes »Disputation« verbirgt. Auch für unsere Zwecke sprechen wir von Disput, Disputation und Disputanten.

Die Definitionen verschiedener Begriffe unterscheiden sich häufig – je nach Quelle und Lehrbuch. Wir beschränken uns daher auf die DUDEN-Definitionen folgender Begriffe:

**Dia|lẹk|tik,** die; - [lat. (ars) dialectica < griech. dialektikḗ (téchnē)]: **1.** (Rhet.) *Kunst der Gesprächsführung; Fähigkeit, den Diskussionspartner in Rede u. Gegenrede zu überzeugen:* ein Mann von bestechender D. **2.** (Philos.) **a)** *philosophische Methode, die die Position, von der sie ausgeht, durch gegensätzliche Behauptungen in Frage stellt u. in der Synthese beider Positionen eine Erkenntnis höherer Art zu gewinnen sucht;* **b)** *(im dialektischen Materialismus) die innere Gesetzmäßigkeit der ökonomischen Entwicklung in realen Gegensätzen.* **3.** (bildungsspr.) *(die einer Sache innewohnende) Gegensätzlichkeit;* **Dia|lẹk|ti|ker,** der; -s, -: **1.** *jmd., der sich der Dialektik als Methode der Gesprächs- bzw. der Beweisführung bedient.* **2.** (Philos.) *Vertreter einer philosophischen Schule, die sich einer dialektischen Methode bedient;* **dia|lẹk|tisch** ‹Adj.› [2: lat. dialecticus < griech. dialektikós]: **1.** *dialektal.* **2.** (Philos.) *entsprechend der Methode der Dialektik; in Gegensätzen denkend:* die -e Methode; d. denken. **3.** (bildungsspr.) *spitzfindig, haarspalterisch;*

**Eri|stik,** die; - [griech. eristikḗ téchnē, eigtl. = zum Streit geneigte Kunst] (bildungsspr.): *Kunst u. Technik des [wissenschaftlichen] Streitgesprächs.*

**Ra|bu|lịst,** der; -en, -en [zu lat. rabula, zu: rabere, ↑rabiat] (bildungsspr. abwertend): *jmd., der in spitzfindiger, kleinlicher, rechthaberischer Weise argumentiert u. dabei oft den wahren Sachverhalt verdreht;* **Ra|bu|lị|stik,** die; - (bildungsspr. abwertend): *Argumentations-, Redeweise eines Rabulisten; Spitzfindigkeit, Wortklauberei;* **ra|bu|lị|stisch** ‹Adj.› (bildungsspr. abwertend): *die Argumentations-, Redeweise eines Rabulisten aufweisend; spitzfindig, wortklauberisch.*

**So|phịs|ma,** das; -s, ...men [lat. sophisma < griech. sóphisma, zu: sophízesthai = ausklügeln, aussinnen, zu: sophós = geschickt, klug] (bildungsspr., seltener): *Sophismus;* **So|phịs|mus,** der; -, ...men (bildungsspr.): *sophistischer* (1) *Gedanke; Täuschung bezweckender Trugschluß, Scheinbeweis;* **So|phịst,** der; -en, -en [(m)lat. sophista, sophistes < griech. sophistḗs, zu: sophós = geschickt, klug]: **1.** (bildungsspr. abwertend) *jmd., der sophistisch* (1) *argumentiert.* **2.** (Philos.) *Vertreter einer Gruppe griechischer Philosophen u. Rhetoren des 5. bis 4. Jh.s v. Chr., die als erste den Menschen in den Mittelpunkt philosophischer Betrachtungen stellten u. als berufsmäßige Wanderlehrer Kenntnisse bes. in der Redekunst, der Kunst des Streitgesprächs u. der Kunst des Beweises verbreiteten;* **So|phi|ste|rei,** die; -, -en [mlat. sophistria (ars) = Kunst betrügerischer, blendender Rede] (bildungsspr. abwertend): *sophistisches Spiel mit Worten u. Begriffen, sophistische Argumentation; Haarspalterei;* **So|phị|stik,** die; - [(m)lat. sophistica (ars) < griech. sophistikḗ (téchnē) = Kunst der Sophisterei, zu: sophistikós, ↑sophistisch]: **1.** (bildungsspr. abwertend) *sophistische* (1) *Denkart, Argumentationsweise:* politische S. **2.** (Philos.) **a)** *geistesgeschichtliche Strömung, deren Vertreter die Sophisten* (2) *waren;* **b)** *Lehre der Sophisten* (2); **so|phị|stisch** ‹Adj.› [lat. sophisticus < griech. sophistikós]: **1.** (bildungsspr. abwertend) *spitzfindig, haarspalterisch [argumentierend], Sophismen benutzend, enthaltend:* ein -er Trick; s. argumentieren. **2.** (Philos.) *zur Sophistik* (2) *gehörend, ihr eigentümlich.*

Quelle: DUDEN, »Deutsches Universalwörterbuch«, Mannheim 1983;
DUDEN, Band 5, Das Fremdwörterbuch, Mannheim 1982.

Im Gegensatz zur reinen DUDEN-Definition und der *Schopenhauer*schen Festlegung der »Eristischen Dialektik« findet in unserer Auslegung mit den Begriffen »Dialektik« und »Rabulistik« eine Erweiterung auf rhetorische, nonverbale, psychologische und konzeptionelle Felder statt, ohne daß diese sich via DUDEN-Definition im Titel wiederfinden. Unsere Absicht ist es, immer recht zu behalten. Das kann in unserer heutigen Zeit mit allen modernen Formen der Kommunikation, die es im 19. Jahrhundert noch nicht gab, mit der enormen Reizüberflutung und den konzentrierten Informationen, die auf uns täglich hereinstürzen, nicht mehr nur ausschließlich über die Sprache geschehen – es sei denn, wir befinden uns in einem akademischen Seminar an einer Universität, welches rein und ausschließlich nur »Dialektik« zum inhaltlichen Thema hat.

Schon der Volksmund weiß: Recht zu haben und recht zu bekommen sind zwei paar Stiefel! Und so mancher, der sein Recht vor Gericht erstreiten wollte, mußte letztlich durch den Richterspruch einsehen, daß offensichtlich eine erhebliche Lücke klaffte zwischen seinem »gesunden Rechtsempfinden« und dem, was der Richter unter »Recht« verstand. Oft liegt auch hier als Ausgangspunkt der Wunsch vor, andere Menschen zum Zwecke des eigenen Vorteils manipulieren zu können, denn man fühlte sich vor Gericht »irgendwie manipuliert«. Weder Paragraphen, Vergleichs- oder Grundsatzurteile, Art und Weise des formalen Verfahrens sind uns bekannt, noch verstehen wir das »Juristendeutsch« oder die juristische Rhetorik – und im übrigen »fühlen wir uns ausgetrickst«. Wer hätte nicht in seinem Bekanntenkreis Menschen, die so denken und reden, und wer kennt nicht Menschen, die eben aus diesen Gründen selten, am liebsten nie, vors Gericht ziehen, um ihr Recht einzuklagen – vielleicht sind Sie es selbst?

Doch der Wunsch, recht zu behalten, bleibt – trotz mancher gegenteiliger Erfahrung vor Gericht. Die Ursachen, warum man recht behalten will, können sehr vielfältig sein. So kann es ein Rechtsbedürfnis sein, was in uns sehr stark ist und uns hindert, erkanntes Unrecht unwidersprochen hinzunehmen. Es kann aber auch gekränkter Stolz oder Eitelkeit sein, die uns recht haben lassen wollen. Denkbar ist auch, daß »recht bekommen« u. U. bedeutet, Macht demonstriert zu haben. Dieser Machtaspekt sollte keinesfalls unterschätzt werden. Er kann vielfältige Wurzeln haben, die irgendwo in unserer machtbesessenen Gesellschaft wachsen, sie können in bestimmten Schlüsselerlebnissen gewachsen sein, sie können auf dem psychosozialen Feld eines Menschen wachsen usw. Es ist nicht sinnvoll, hierüber weiter zu spekulieren. Fest steht, daß in unserer Gesellschaft »recht bekommen« und »recht behalten« fast schon den Status, mindestens jedoch die Wertigkeit eines menschlichen Grundbedürfnisses hat. Zu keinem

Zeitpunkt in der deutschen Geschichte hat es so viele Prozesse gegeben wie zur heutigen Zeit. Niemals gab es mehr Juristen, Anwälte, Staatsanwälte, Richter, Rechtsgelehrte usw. wie zu unserer Zeit. Und noch niemals waren die Gerichte mit »Kleinstreitereien« so überlastet wie heute. Eine Münchner Tageszeitung kommentierte dieses mit der Überschrift »Es gilt als chic, sich zu streiten« und führte dann weiter aus, daß, gemessen an Einwohnerzahl und Prozeßflut, kein Volk der Erde untereinander offensichtlich so zerstritten sei wie das deutsche Volk. Ohne Zweifel spielen hierbei auch andere Aspekte eine Rolle, wie z. B. die Tatsache, daß es einem Rechtsschutzversicherten praktisch mit Null-Risiko sehr leicht gemacht wird, jemanden vor Gericht zu ziehen. Ein Anruf bei seinem Anwalt genügt. Der Rest ist Formsache. Oftmals muß der Kläger gar nicht vor Gericht erscheinen. Der Anwalt vertritt ihn.

»Recht zu behalten« – das ist vor allem der Wunsch vieler Zeitgenossen, die zähneknirschend oder mit geballter Faust in der Tasche erlebt haben, daß andere »recht bekommen« haben. Damit ist nicht das Recht vor Gericht gemeint, denn wenn Sie bereits vor Gericht stehen, sind die Möglichkeiten der dialektischen Rabulistik auf den Gerichtssaal beschränkt – und bekannterweise gelten im Gerichtssaal andere Normen und Werte als vorm Gerichtsgebäude, in Ihrem Umfeld. Die Unterschiede dürften klar sein: Wer im Rahmen einer Disputation z. B. mit einem Kollegen dadurch auffällt, daß er dialektisch unfair argumentierte, die sprachliche Logik beugte o. ä., der hat halt Pech gehabt. Konsequenzen sind kaum zu befürchten. Im Gerichtssaal hingegen können solche vom Richter erkannten Verhaltensweisen ohne weiteres mit Sanktionen belegt werden und zum Nachteil führen. Wir müssen also an dieser Stelle auf die Ambivalenz der Elemente dialektischer Rabulistik hinweisen – obwohl sich das eigentlich von selbst ergibt. Grundsätzlich ist der Einsatz der methodischen Instrumentarien dialektischer Rabulistik vom situativen Rahmen, vom Sachverhalt, von den Personen und den Konsequenzen abhängig; wir werden das ausführlicher im Kapitel 3.1 »Das Konzept der dialektischen Rabulistik« erläutern.

Unsere »Ambivalenz« bezieht sich einzig auf den rein juristischen Aspekt vor Gericht bzw. auf den Rahmen eines Rechtsstreites.

Während es in den meisten Fällen außerhalb des Gerichtes möglich ist, nahezu alle Register der dialektischen Rabulistik zu ziehen, gilt das für den Gerichtssaal nur sehr eingeschränkt. Im Konzept sollte daher zum Punkt »Strategie« der Grundsatz »Vorsicht« eingebaut werden. Wir werden an anderer Stelle nochmals diesen Punkt aufgreifen und konkrete Empfehlungen geben.
Lösen wir uns also von der Ausnahme »Gerichtssaal«, die uns mehr oder weniger einschränkt, und wenden wir uns den Feldern zu, auf denen der dialektische Rabulist eher ungestraft »auf alle Fälle recht behalten« will und kann.
Es ist bereits dargestellt worden, daß wir unter der Zusammenziehung von »dialektisch« und »Rabulistik« ein wesentlich umfangreicheres Feld verstehen als nur den Einsatz sprachlicher Ausdrucksformen – wenngleich diese weiterhin im Mittelpunkt stehen. **Da das Ziel lautet: auf alle Fälle recht behalten, müssen entsprechend auch die Mittel eingesetzt werden, die geeignet sind, dieses Ziel zu erreichen.** Der Leser benötigt keinerlei Vorkenntnisse, um zu erkennen, daß dieses Ziel in den meisten Fällen nicht ausschließlich mit Worten erreicht werden kann. **Es muß das ganze Register der zwischenmenschlichen Kommunikation gezogen werden, die verbalen und auch die nonverbalen Ausdrucksformen. Ständiger Begleiter ist die psychologische Kriegführung. Grundlage der dialektisch-rabulistischen Disputation muß ein Konzept sein,** nach dem Sie streng und rigoros verfahren. Dahinter muß eine Philosophie stehen, die sowohl Ihr Konzept wie auch Ihr Verhalten im Rahmen einer psychologischen Rüstung nahezu unangreifbar macht und rechtfertigt.
**Mit einem Wort: In der dialektischen Rabulistik gibt es nichts, was nicht eingesetzt werden darf! Es gibt nur ein Ziel:**
**Auf alle Fälle recht behalten!**
Das Gebäude der dialektischen Rabulistik wird von vier Säulen getragen:

**1. Säule: RHETORIK**
**2. Säule: KINESIK**
**3. Säule: DIALEKTIK**
**4. Säule: PSYCHOLOGIE**

Diese vier Säulen bilden die Grundelemente der dialektischen Rabulistik. Wie bei einem wirklichen Gebäude kann keine Säule entfernt werden, ohne daß das Auswirkungen auf die Tragfähigkeit des ganzen Hauses hätte. Das Haus wird zwar nicht zusammenstürzen, aber es ist auch eben weniger belastbar, wenn z. B. Stürme und unvorhergesehene Belastungen auftreten. Eine Analogie zur dialektischen Rabulistik mag der Leser selber führen.
Jede einzelne Säule besteht wiederum aus vielen einzelnen Steinen, und die Säule wird erst dann tragfähig, wenn alle Steine richtig geordnet und festgefügt sind. Fehlt ein wichtiger Stein, ist die Säule schwach. Sie ist dann nicht mehr eine gleichstarke Säule mit den anderen, sondern oft ein Schwachpunkt in der Tragfähigkeit des gesamten Gebäudes. Man meidet die Belastung dieser Säule, was konsequenterweise bedeutet, daß weniger Säulen eine stärkere Belastung zu tragen haben. Die Tragfähigkeit insgesamt ist eingeschränkt. Auch hier wollen wir die Rückschlüsse zur dialektischen Rabulistik dem Leser überlassen – er wird es sicher nicht schwer haben, zu erkennen, was wir meinen.

## 2.1 Rhetorik

Die erste Säule der dialektischen Rabulistik ist sicherlich die wichtigste und zugleich auch die Säule mit den meisten Steinen. Rhetorik ist Redekunst, und bei den »alten Herren aus Griechenland und Rom« galt die Rhetorik als Gipfel der Bildung, als eine Art »olympische Disziplin«. Aus der Kunst, gut zu reden (ars bene dicendi), in der Antike hat sich über unterschiedliche Formen in den Jahrhunderten heute ein breites Feld der »Gebrauchsrhetorik« herausgebildet, welches z. B. im Geschäftsleben und in der Politik zeitgemäße Ausdrucksmittel miteinander verknüpft. Mit der klassischen Rhetorik hat das nur noch wenig zu tun, und moderne Rhetoriker wollen sich ohnehin deutlich von der klassischen Rhetorik abheben. Sie wollen keine ornamentale, sondern eine »funktionale Rhetorik«. Die Frage ist nur, was man darunter versteht und welchem Zweck sie zu dienen hat. Die moderne Rhetorik will, daß man überzeugend darstellen kann, was man als recht und wahr ansieht. Die moderne Dialektik will im Gespräch durch Austausch von Meinungen zu einer gemeinsamen Anschauung gelangen. Im Grunde ist das ein guter Weg zur demokratischen Gesellschaftsordnung, wenn ..., ja wenn es da nicht die Dinge gäbe, die schon *A. Schopenhauer* in seiner »Eristik« geißelte (vgl. hierzu Kap. 1 Einleitung), indem er vor der »natürlichen Schlechtigkeit« des menschlichen Geschlechts warnte und empfahl, nicht nur der Wahrheit nachzugehen.

Der »schlechte Ruf«, der der Rhetorik vieler Gruppen in manchen Bereichen vorauseilt, kann nicht ohne eine kurze Besinnung auf historische Ursprünge gesehen werden. Ausgangspunkt der Rhetorik war ein bis heute ungelöstes Problem: das Naturrecht. *Heraklit* (von Ephesus, 550–480 v. Chr., griech. Philosoph) lehrte den Wandel aller Dinge als ständige Aufeinanderfolge und Ablösung von Gegensätzen. Hierunter war zu verstehen, daß zwischen menschlicher Ordnung und natürlichem Sein eine wesensmäßige Einheit bestehe, die *Heraklit* als Einheit von Nomos und Physis so lehrte: »Alle menschlichen Gesetze nähren sich aus dem göttlichen Einen.« Wegen Gottlosigkeit in Athen verurteilt, formulierte der bedeutendste Sophist *Protagoras* (griech. Philosoph, 480–410 v. Chr.) die Maxime **»Der Mensch ist das Maß aller Dinge«** und schuf damit neue Fragen nach der »Wahrheit«. Die Sophisten des antiken Griechenland lehrten, daß es keine »alles überragende« Wahrheit gibt, sondern nur eine »relative, auf den Menschen bezogene Wahrheit«. Erst zufolge der Mehrheit, die nur durch Überzeugung oder Überredung der anderen mittels der Rhetorik erfolgt, wird sie zur »absoluten Wahrheit«.

Danach war also die Mehrheitsmeinung der Maßstab für Gerechtigkeit, geschaffen durch die Rhetorik. Wer wüßte nicht, daß auch die Mehrheit unrecht haben kann, weil sie z. B. manipuliert wurde. Rhetorik als Mehrheitsbeschaffer – mitunter tritt dieses Phänomen auch heute noch auf. Aber es gibt auch gesellschaftliche Gruppen, die der Rhetorik eine klare Absage erteilen, z. B. die Juristen. Hier herrscht die Auffassung, daß die Sache für sich selbst sprechen soll gemäß dem Grundsatz, der Stil des Juristen gewinnt an Profil und Würde durch bewußte Askese. Entsprechend »trokken« sind die meisten Gerichtsverhandlungen, und manches Plädoyer verkommt darum zum »Plappa-oje«.

Welcher Segen und welches Unheil durch mitreißende Redner geboren werden kann, ist aus der Geschichte bekannt. Wenn bestehende Verhältnisse der Veränderungen bedürfen, taucht meistens ein exzellenter Massenredner quasi aus dem Verborgenen auf und reißt die Volksseele mit – entweder zur Veränderung, oft auch zur Revolution. Er ist durch seine rhetorischen Fähigkeiten in der Lage, Leidenschaften zu wecken und Überzeugungen zu schaffen. Er kann polarisieren und einigen. Er »führt«. Manchmal nennt er sich dann auch so; aber es geht hier nicht um »gut oder schlecht«, sondern um die Möglichkeiten mittels guter Rhetorik. Zu allen Zeiten haben Menschen versucht, andere Menschen durch das gesprochene Wort zu überzeugen, zu beeindrucken, zu führen – aber auch zu ver-führen.

**Die Redekunst ist eine Macht. Wer sie beherrscht, kann Macht ausüben, zum Wohle oder zum Schaden anderer.**

Mit der klassischen Rhetorik hat das nur noch wenig zu tun, und eine rein akademische Vermittlung der Rhetorik ist für das tägliche Geschäftsleben schlicht unbrauchbar. In der Politik sieht das schon wieder etwas anders aus. Es hat der stets den Erfolg, der ein gerissener Fuchs ist, weil es für ihn immer mehrere Wahrheiten und Halbwahrheiten gibt, mit denen man Wähler täuschen und die Ehrlichen und Redlichen kräftig übers Ohr hauen kann.

### 2.1.1 Rabulistische Elemente der Rhetorik

Die hier dargestellten Elemente der Rhetorik sind wichtig und einsatzfähig im Rahmen der dialektischen Rabulistik – sie stellen keinesfalls das gesamte rhetorische Rüstzeug dar. Auf bestimmte Übungen zur Verbesserung rhetorischer Eigenschaften, wie z. B. Abbau von Redehemmungen, deutliches Sprechen, Aussprache, Atemtechnik, Gedächtnistraining etc., wollen wir aus Platzgründen verzichten. **Wir empfehlen den Lesern ergänzend hierzu das Buch SUPER SELLING, Wirtschaftsverlag München 1989.** Die im folgenden vorgestellten Rhetorikelemente gelten in der Regel als »unfair«, wenn sie so verwendet werden, wie sie in der Rabulistik empfohlen werden.

*2.1.1.1 Gesprächstechniken*

**a) Unfaire Stufenregel**

Die erste wichtige Regel ergibt sich aus jedermanns Alltagserfahrung und aus wahrnehmungspsychologischen Gründen. In einem Streitgespräch, aber auch in Verkaufsgesprächen und Verhandlungen geht es üblicherweise um bekannte Streit- oder Verhandlungspunkte, bei denen uns auch die Argumente bekannt sind – es sind schließlich »unsere« Argumente, »unsere« Überzeugungen. Entsprechend scharf und stark werden sie entwickelt und dem Gegner sogleich vorgetragen. *Das ist falsch!* Aus der Wahrnehmungspsychologie wissen wir, daß ein Mensch das, was er zuletzt hört, am besten behält. Darum fassen wir Gesprächsergebnisse meistens nochmals am Schluß zusammen.

In der »fairen Stufenregel« beginnt man darum auch nicht mit dem stärksten Argument, sondern mit dem zweitstärksten, um dann weniger wichtige Argumente darzubringen und am Schluß sein wichtigstes und stärkstes Argument vorzutragen, denn das letzte Argument soll den gesamten Überzeugungsprozeß beeinflussen und fördern.

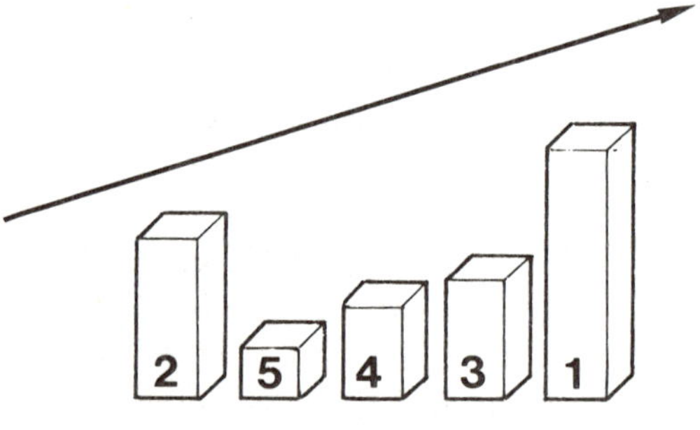


System der »fairen Stufenregel«

In der »unfairen Stufenregel« wird dieses System zwar auch beibehalten, aber nur um Zwecke des Versteckens einer Tatsachenverdrehung. Diese könnte z. B. irgendwo in der Mitte der Argumentenkette stattfinden. Wichtig bleibt dabei, daß das letzte Argument das stärkste, überzeugendste ist, damit der Gegner möglichst en bloc akzeptiert. Nochmals: Es geht nicht darum, daß Sie um einen faulen Apfel viele gesunde Äpfel »anhäufen« – denn ihr Gegner findet den faulen Apfel! Es geht darum, daß Sie den »schönsten und überzeugendsten Apfel« zum Schluß präsentieren.

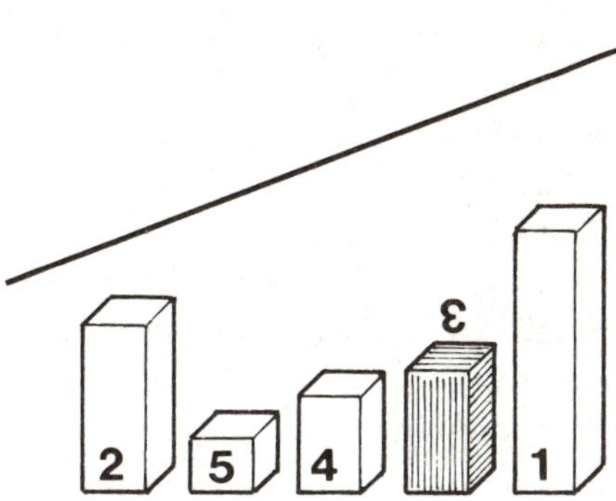


System der »unfairen Stufenregel«

Je nach Sachlage und Situation kann der Benutzer nun variieren, indem er z. B. mit dem schwächsten Argument beginnt oder dem zweitstärksten. Im allgemeinen gilt die Regel, daß mit dem zweitstärksten Argument begonnen werden sollte, um die Aufmerksamkeit des Gegners zu erhöhen. Das bedingt allerdings, daß es zum zweitstärksten Argument keine grundsätzlichen, unüberbrückbaren Widersprüche des Gegners geben darf. Da man häufig die wichtigsten Argumente des Gegners kennt oder erahnt, bedeutet diese Auswahl meist keine große Schwierigkeit.

Zur Vergrößerung oder Verkleinerung und damit zur rhetorischen Unterstützung der Argumente können Beiworte verwendet werden. Soll also etwas besonders groß erscheinen, so kann man die Attribute »fast«, »über«, »mehr als« usw. verwenden. Soll etwas besonders klein dargestellt und verringert werden, so können die Attribute »weniger«, »noch nicht einmal«, »unter« usw. verwendet werden. Jeder kennt sicher die alte »Medizinregel«: Diese Krankheit dauert ohne unsere Medikamente fast 14 Tage, mit unseren Medikamenten jedoch nicht einmal zwei Wochen.

Ohne Zweifel ist auch die Umkehrung dieser Regel wichtig. Die Umkehrung ist dann anzuwenden, wenn eigene Versäumnisse oder Fehler zur Debatte stehen. In solchen Fällen ist – abhängig natürlich vom Sachverhalt – mit dem größten Versäumnis oder Fehler zu beginnen, um dann weniger wichtige Versäumnisse bzw. Fehler rhetorisch so darzustellen, daß die Versäumnisse insgesamt geringer erscheinen, als sie zu Beginn vom Gegner dargestellt werden. Man geht die Stufen also »nicht rauf«, sondern »runter«. Mit weiteren rhetorischen Kunstgriffen, die wir im folgenden darstellen, ist dem Gegner sodann vorzuführen, wie »kleinlich« er sich doch insgesamt verhält und somit eine Einigung wissentlich und bewußt verhindert. Sind Dritte zugegen oder erfolgt diese Disputation von einer Gruppe, so ist es wichtig und sehr sinnvoll, die restlichen Personen in eine »Richterrolle« zu versetzen – aber bitte erst, wenn Sie das Feld rhetorisch und argumentativ passend aufbereitet haben ... sonst werden Sie gerichtet ...!

### b) Überraschende-Pausen-Technik

**DER GRÖSSTE FEIND DER DIALEKTISCHEN RABULISTIK IST DIE ANALYSE.**

Kein Argument, keine Unwahrheit, keine Verdrehung, keine Unlogik kann so versteckt werden, daß sie nicht gefunden würde – es ist nur eine Frage der Zeit und des analytischen Denkvermögens Ihres Gegners. Und genau das müssen Sie in der dialektischen Rabulistik verhindern! Sie müssen immer und immer wieder verhindern, daß Ihr Gegner Zeit gewinnt, weil er sonst Ihre Argumentenkette analysiert, Fehler und Verdrehungen erkennt und somit die Kette »sprengen« kann. Wenn Sie Ihrem Gegner die Zeit zum Denken nehmen wollen, können Sie das auf sehr vielfältige Art und Weise tun, z. B. durch einen Wortschwall (nur in Einzelfällen gut!), durch eine Vielzahl von Argumenten (oft nur bedingt gut, da die Wirksamkeit des letzten Arguments meist entfällt) oder durch das »Locken auf eine falsche Fährte«. Diese letzte Methode ist insbesondere dann angebracht und auch sehr wirkungsvoll, wenn Sie es mit einem »durchtrainierten Analytiker« zu tun haben, der u. U. auch noch dialektisch vorgeht und sich rhetorisch darzustellen weiß.

Eine wirkungsvolle Methode, Ihren Gegner auf eine falsche Fährte zu locken, besteht darin, daß Sie aus einem nach der Stufenregel aufgebauten Sachverhalt zum Schluß eine geschickte, falsche Konklusion ziehen, aber gleichzeitig mehrere Alternativen aufzei-

gen, die sinnvollerweise in Frageform dargestellt werden. Sie werden feststellen, daß es kaum Menschen gibt, die dann nicht »Stellung beziehen«. Sie können sicher sein: Ihr Gegner wird antworten! Er wird versuchen, die dargestellten Alternativen zu zerpflükken und die dazugehörigen Argumente zu widerlegen. Damit haben Sie zunächst einmal Ihren Gegner »geführt«, weil er das tut, was Sie wollten: durch mehrere Alternativen seine analytischen Denkfähigkeiten beschäftigen, damit er keine Zeit hat, über Ihre falsche Konklusion nachzudenken (die allerdings geschickt sein muß). In den meisten Fällen ist es dann sehr wichtig, dieses Feld zu verlassen, um ein anderes Problem aufzugreifen.
Der dialektische Rabulistiker ist gleichzeitig ein »Jäger auf der Pirsch« und ein »hinterlistiger Fallensteller«. Er überläßt nichts dem Zufall und ist darum stets »auf der Hut«. Ihm ist es gleich, ob er seine Beute »waidgerecht« mit der Waffe erledigt oder ob diese in seine vielfältigen, hinterlistigen Fallen tappt. Ihn interessiert nur das Ergebnis, das Ziel. Er will »auf alle Fälle recht behalten«, er will als Sieger vom Kampfplatz gehen. Er vermeidet darum jede Sprachform, die geeignet wäre, ihm seine strategische Vorgehensweise zu verbauen. So fragt er z. B. nicht: »Ach bitte, entschuldigen Sie, wenn ich Sie unterbreche. Darf ich einmal kurz zu Ihrem Gesagten Stellung nehmen?« Der dialektische Rabulistiker unterbricht und spricht! Er sucht jede erdenkliche Möglichkeit, bei seinem Gegner »einzuhaken«, dessen Argumentation nicht zum Zuge kommen zu lassen, also wie eine Fußballmannschaft, die den Spielaufbau des Gegners frühzeitig stört und die gegnerische Taktik somit meistens zerstört. Es sei denn, die gewählte Strategie sieht das als taktische Maßnahme vor (vgl. Kap. 3.1).
*Doch Vorsicht!* Das ist auch *ihre* Gefahr! Sie dürfen es nicht dazu kommen lassen, daß man Sie unterbricht und nicht ausreden läßt, denn damit ist Ihre Taktik gefährdet. Falsch und auch ziemlich naiv wäre es aber jetzt, so »weiterzuschwätzen«, als wäre nichts geschehen. Sie müssen also schon im Vorfeld dafür sorgen, daß man Sie nicht so leicht unterbrechen kann. Das erreichen Sie mit einer Gesprächstechnik, die wir hier **»Überraschende-Pausen-Technik«** nennen wollen. Diese Technik hat mehr Feinde als Freunde, und darum ist sie auch bei dialektischen Rabulistikern sehr beliebt.

Die Wirkung dieser Technik kennen Sie bestimmt, denn bestimmt kennen Sie Leute, die so flüssig, zusammenhängend, mit Betonung und Spannung reden können, daß eine Unterbrechung meistens sehr unhöflich wirkt – wenn sie überhaupt möglich ist. Diese Redner verwenden eine Sprechtechnik, die aus drei Teilen besteht:

1. Sie kennen ihr Thema (oder glauben es zu kennen ...).
2. Sie können sprechen *und* denken (»Sprech-Denken«).
3. Sie sprechen mit der »Überraschende-Pause-Technik«.

Gehen wir nun einmal davon aus, daß auch SIE Ihr Thema kennen, worüber Sie disputieren wollen, so bleibt zunächst das **Sprech-Denken** als eine Technik, während des Sprechens das Folgende zu bedenken und »innerlich vorzuformulieren«. Das ist gar nicht so schwierig, wenn man das ein paarmal geübt hat. Wenn Ihnen das Sprech-Denken fremd vorkommt, beginnen Sie in den Übungen mit einfachen Beispielen. Stellen Sie sich z. B. Ihre letzte Urlaubsroute gedanklich vor und wählen Sie drei oder vier Stationen aus, an denen Sie Rast machten. Wenn Sie nun über Ihre Reiseroute berichten sollen, ist zunächst Punkt 1. erfüllt: Sie kennen Ihr Thema. Punkt 2. wird dann erfüllt, wenn Sie sich einerseits die gesamte Reiseroute gedanklich vorstellen und andererseits die Reihenfolge der drei oder vier Stationen kennen. Ein Münchner, der nach Sizilien fuhr, könnte z. B. als Stationen 1. München, 2. Gardasee, 3. Rom und 4. Messina nennen. Während er also seine Erlebnisse auf der ersten Reiseroute »München – Gardasee« beschreibt, weiß er schon im voraus, daß die Benennung der nächsten Station »Rom« ist und er also die Strecke »Gardasee – Rom« beschreiben wird, usw. Er wird wohl nicht auf den Gedanken kommen, in der Mitte zu beginnen, die nördliche Route der Rückreise zu beschreiben um dann vom Norden aus, die Mitte überspringend, den Süden Italiens routenmäßig zu beschreiben.

Dieses Beispiel erscheint sicher manchem Leser sehr simpel, vielleicht sogar naiv. Doch es sei daran erinnert, daß eine einfache Beschreibung dessen, was wir »wie selbstverständlich« kennen, in den meisten Fällen naiv erscheint. Aber wie sieht es beim Aufbau unserer Argumente aus? Tragen wir unsere Argumente auch stets so logisch und geordnet vor wie einen Bericht über die Reiseroute München – Messina?

Über den logischen, geordneten Aufbau der Argumente haben wir im Abschnitt »a) Stufenregel« hingewiesen. Im jetzigen Abschnitt »b) Überraschende-Pausen-Regel« geht es darum, daß sie das, was Sie innerlich vorformuliert haben, auch sagen können – **ohne unterbrochen zu werden!** Das setzt voraus, daß das Heben und Senken der Stimme an einer anderen Stelle als beim normalen Sprechen eines Satzes erfolgt. Das bedeutet weiterhin, daß die Sprechpausen nicht dort gemacht werden dürfen, wo sie üblicherweise gemacht werden, also z. B. nach einem Punkt zum Satzende, Komma etc., sondern sie müssen dort gemacht werden, »wo sie eigentlich gar nicht hingehören« – meistens nach dem ersten Wort des neuen Satzes oder Satzteils. Für Ihre Sprechweise setzt das voraus, daß Sie etwas langsamer als gewohnt sprechen, dafür jedoch mit Betonung, Akzentuierung, unterschiedlichem Sprechtempo und verschiedener Lautstärke sowie dem Einsatz von Mimik und Gestik – also Spannung dadurch erzeugen, daß Sie eine modifizierte Sprechweise als rhetorisches Ausdrucksmittel einsetzen.

**Es geht darum, daß die Pausen Spannung erzeugen, daß der Zuhörer geradezu »neugierig« auf das gemacht wird, was da noch kommt!**

Das nennen wir die

**»ÜBERRASCHENDE-PAUSEN-TECHNIK«.**

**Diese Technik ist eine der wirksamsten rhetorischen Ausdrucksmittel. Wer diese Technik beherrscht – der kann reden!** (Ob er auch etwas »sagt«, steht für einen dialektischen Rabulistiker nicht zur Debatte ...!)

Nochmals und sehr deutlich:

Der größte Feind der dialektischen Rabulistik ist die Analyse! Der erfolgreiche Rabulistiker muß darum die Analyse verhindern, wo immer und wie immer es geht und möglich ist. Das Kennen und Beherrschen der »Überraschende-Pausen-Technik« ist in der dialektischen Rabulistik ein absolutes »MUSS«, denn die Alternativen hierzu sind oft durchsichtig, platt und angreifbar, wie z. B. Wortschwall, Überreden, Überhören, Bestreiten, Fremdwortberge, Fach-Chinesisch usw. Entscheidend ist jedoch, daß bei dieser Gesprächstechnik Mimik und Gestik zur suggestiven Unterstützung eine wichtige Rolle spielen.

Zunächst das Beispiel eines Textes, in dem jeder Redner mehrmals unterbrochen werden kann, wenn die Sprechpausen (meist am Satzende, oft aber auch nach einem Komma) sich z. B. durch Senken der Stimme ankündigen. Der Text ist jeweils dort mit einem Strich versehen, wo der Redner hätte unterbrochen werden können – mindestens sechsmal:

*Man sagt,/das Handwerk hat goldenen Boden,/und dieser Ausspruch kommt nicht von ungefähr./Man darf nicht vergessen,/daß es in vergangenen Jahrhunderten kaum eine industrielle Produktion gab./Darum entwickelte sich der Handwerkerstand als ein Berufszweig mit gesicherten Arbeits- und Zukunftsaussichten./Es war ein goldener Boden.*

Wird dieser Text jedoch mit Hilfe der »Überraschende-Pausen-Technik« vorgetragen, so ist – bei entsprechender Betonung – eine Unterbrechung kaum möglich.
Der Text könnte wie folgt gesprochen werden:

| | |
|---|---|
| ...... | kurze Pause |
| ____ | betontes Wort und Stimme heben |
| ◡ | keine Pause, sondern Worte verbinden: |

*Man sagt, das Handwerk ... hat goldenen Boden, und ... dieser Ausspruch kommt nicht von ungefähr. Man darf ... nicht vergessen, daß es ... in den vergangenen Jahrhunderten kaum ... eine industrielle Produktion gab. Darum ... entwickelte sich der Handwerkerstand ... als ein Berufszweig mit ... gesicherten ... Arbeits- und Zukunftsaussichten. Es war ... ein goldener Boden.*

Nehmen Sie ruhig diesen Text zum mehrmaligen Üben, bevor Sie andere Texte mit Hilfe der Überraschende-Pausen-Technik sprechen. Sie gewöhnen sich so besser an die Regeln einer Sprechweise, bei der Sie kaum noch unterbrochen werden können.
Prüfen Sie den Text nun noch einmal unter dem Aspekt »Sprech-Denken«. Die vier gesprochenen Sätze bestehen aus 47 Worten. Dennoch besteht der gesamte Text praktisch nur aus einem Argument, nämlich: Es gab früher keine industrielle Produktion, sondern nur das Handwerk, was deshalb »sicher« war.
Im »Sprech-Denken« baut man sich vorher ein »Wort-Gerüst«,

welches die Argumentationslinie darstellt. In unserem Fall wären das z. B. die Worte:
1. ... goldener Boden,
2. ... keine industrielle Produktion,
3. ... gesicherte Zukunft.
Um diese Technik »Sprech-Denken« zu üben, beginnen Sie mit dem
1. Satz: **»Man sagt, das Handwerk ...«** usw. Während Sie diesen Satz sprechen, wissen Sie bereits, daß Sie im
2. Satz auf die ... **industrielle Produktion** ... hinweisen wollen. Beim Sprechen des zweiten Satzes wissen Sie bereits das Stichwort zum
3. Satz ... **gesicherte Zukunft** ... und formulieren diesen Satz. Der letzte Satz hat »reine Verstärkerfunktion«, es ist eine kurze Bekräftigung der Meinung, die Sie im Text zu Beginn geäußert haben, sozusagen der »rhetorische Beweis«.

Als Manipulationstechnik hat sich auch eine verwandte Art der »Überraschende-Pausen-Technik« erwiesen und bewährt, die

**»unfaire Pause«.**

Hierbei geht es ebenfalls darum, dann eine Pause zu machen, wenn sie nicht erwartet und sie so dargestellt wird, daß sie mindestens verunsichernd wirkt. Die Zusammenhänge sind wie folgt:
In der Kommunikation gibt es, um sie erfolgreich zu gestalten, einige – sagen wir – Grundregeln. Werden diese erfüllt, ist Kommunikation möglich, sei sie positiv oder negativ – das ist jetzt nicht wichtig. So antwortet man z. B. in unserem Kulturkreis, wenn man gefragt wird. Das hat jeder von uns schon in der Schule gelernt, insbesondere dann, wenn wir »bockig« waren und uns die Lehrkraft ermahnte: *»Du hast zu antworten, wenn du gefragt wirst!«* Die Antworten fielen bestimmt nicht immer zufriedenstellend aus, aber was macht's, entscheidend war, daß geantwortet wurde. So ist das in unserer heutigen Kommunikation des täglichen Lebens immer noch. Völlig unmöglich ist es, wenn jemand nicht antwortet oder nicht im Sinne der Frage antwortet. Damit rechnen wir nicht und reagieren auch häufig hilflos oder verständnislos.
Ein Beispiel dazu. Jemand fragt Sie höflich nach dem Weg, Sie lächeln ihn an und warten, ohne zu antworten. Sie werden Sekunden

später ein verdutztes Gesicht sehen und eher hilflose Gesten bemerken.

Ein anderes Beispiel:

Jemand fragt Sie: *»Können Sie mir sagen, wie spät es ist?«* Sie antworten: *»Ja!«* Die Erwartung ist jetzt, daß Sie die Zeit nennen, nur: Sie tun's nicht! Sie lächeln den Fragesteller wiederum an und nicken leicht mit dem Kopf. Auch hier werden Sie ein verdutztes Gesicht und hilfloses Kopfschütteln feststellen. Sie könnten nun versuchen, dem Fragesteller klarzumachen, daß Sie korrekt auf seine Frage geantwortet haben, denn Sie können in der Tat sagen, wie spät es ist. Es bleibt nur zu befürchten, daß der Fragesteller das nicht versteht. Sehr gezielt kann man das einsetzen, wenn die meist süffisante Frage gestellt wird:

*»Darf ich Sie mal etwas fragen?«*

*»Ja!«*

*»Haben Sie ein persönliches Problem?«*

»... (Schweigen)«.

*»Ja ... äh ... wollen Sie nicht antworten oder können Sie nicht? Ich habe Ihnen eine Frage gestellt ...!«*

*»So ist es! Und ich habe Ihnen höflich mit ›Ja‹ darauf geantwortet. Sie haben jetzt bereits drei Fragen gestellt. Darf ich davon ausgehen, daß Ihre vierte Frage noch persönlicher wird?«*

Sicherlich werden einige Leser an dieser Stelle einwenden, daß ein solcher Dialog zu nichts führt – schon gar nicht dazu, recht zu behalten, was ja unser Ziel ist. Dem muß zugestimmt werden – allerdings mit dem Hinweis auf unsere Definition von dialektischer Rabulistik, die von vier Säulen getragen wird, die wiederum aus einzelnen Steinen bestehen. Ein einzelner Stein, wie ihn die vorgestellte Verunsicherungstaktik darstellt, kann keine Säule bilden. Ein solcher Stein, eine solche Technik, kann allerdings im Rahmen einer Disputation ohne weiteres wichtig werden, denn die Verunsicherung des Gegners ist ein beliebtes Hilfsmittel des Rabulistikers.

Um den Gegner unsicher zu machen, kann man eine weitere Pausentechnik manipulativ einsetzen: nicht zu reagieren. Auch hier ist die Ausgangslage die Üblichkeit. Üblich ist es in der Kommunikation, daß jemand auf die Darlegungen seines Gesprächspartners antwortet und reagiert, wenn seine Ausführungen erkennbar been-

det sind. Zwischen Beendigung der Darlegungen und Beginn der Antwort vergehen höchstens zwei Sekunden – meistens wird die Antwort ohnehin unmittelbar und ohne Pause am Ende der Darlegung gegeben. Das ist normal, darauf sind wir vorbereitet, das erwarten wir – denn wir tun's ja auch!
Der Rabulist tut das nicht! Er reflektiert nicht das Gesagte. Er bleibt ruhig, aber in sichtbarer Aufmerksamkeit. Er schaut seinen Gegner an, aber er sagt nichts – obwohl dieser eine Reaktion erwartet. In dieser Situation wird der Rabulist auch auf jegliche körpersprachlichen Ausdrucksformen, Mienenspiele und Gesten verzichten, er hat ein »Poker-Face« aufgesetzt, sein Blick ist starr, hart und direkt. Keine Bewegung seines Körpers verrät ihn. **Diese Pause wird zu einem Vorwurf!**
Ihm gegenüber sitzt sein Gegner. Dieser ist arm dran, wenn er die unterschiedlichen Formen der Manipulation nicht kennt oder nicht damit umgehen kann. Wie würde ein (normaler) Verkäufer reagieren, der seine mühsam einstudierte Produkt-Nutzen-Argumentation so offensichtlich »ins Leere laufen sieht«? Der Verkäufer wird das Schweigen und den starren Blick als klare Ablehnung und also dahingehend deuten, daß unmittelbar von ihm nun neue Konditionen, ja neue Zugeständnisse angeboten werden müssen, um nicht den Abbruch dieses Gespräches zu riskieren, denn: »... alles deutet doch darauf hin, daß der Käufer ... usw.!« Wie gesagt, der arme Mann! Er ist in diesen Nachteil geraten, weil sein Gegenüber anders handelte und reagierte, als er erwartete.
Eine wirkungsvolle Variante besteht darin, daß man den Argumenten seines Gegenübers mit gezielter Mimik folgt und den Gegner somit »führt«. Der Ausdruck kann über die gesamte Bandbreite der Mimik gehen und alle Facetten beinhalten – **wichtig ist allein die Täuschung.** Die Benennung eines Vorteils kann mit Erstaunen, hochgezogenen Augenbrauen, spitzen Lippen, wohlwollendem Lächeln usw. begleitet werden. Ebenso kann die Benennung irgendwelcher Schwierigkeiten mit verständnisvollem Stirnkräuseln, gequältem, süß-saurem Lächeln, Hinundherwiegen des Kopfes und einem mitleidsvollen »Tja« sowie einem empörten Öffnen des Mundes bei gleichzeitigem Lufteinholen und sparsamen Stimuli (»na also, so was!«) kommentiert werden. Der Gegner wird sich »verstanden« fühlen und reden, reden, reden; sicherlich auch

über Dinge, über die er besser nicht geredet hätte ...! Denn der dialektische Rabulist ist ein Meister im Herauslocken von Breitseiten, die bekanntlich treffsicher zu beschießen sind! Entweder er hat mit dieser Variante der »mimischen Führung« eine Fülle von Angriffspunkten gewonnen, auf die er sich »einschießen« kann, oder aber – wenn er z. B. nichts erkennt oder diesen Weg nicht gehen will – er reagiert zum Schluß völlig anders, als es der Gesprächsverlauf mit seiner mimischen Unterstützung und Begleitung erwarten ließ. So könnte er z. B. zum Ende des Gespräches bereits seine Miene »verfinstern« und nach Beendigung des Redebeitrages mit »versteinerter Miene« und demonstrativer Gesprächspause seinen Gegner verunsichern. Der Gesprächspartner, der noch vor Minuten das Gefühl des Verständnisses glaubte erkennen zu können und viele vertrauliche Details schilderte, sieht sich plötzlich und unvermittelt vor einem Abgrund. Seine Überzeugung stärkt sich blitzschnell: Er muß etwas falsch gemacht haben, etwas Falsches gesagt haben! Sein Entsetzen mischt sich meist mit einer direkten oder indirekten Entschuldigung und ... das ist wichtig ... der Bereitschaft zu einem Zugeständnis – wie immer dieses aussieht. Er ist verunsichert, weil sein Gegenüber anders gehandelt und reagiert hat, als er erwartete und es – zum Kuckuck – auch üblich ist.

Anders zu reagieren, als es erwartet wird und »üblich« ist, das ist eine scharfe, immerwährende Waffe des dialektischen Rabulisten. In unseren Seminaren standen gerade dieser Überzeugung einige Teilnehmer fast ablehnend gegenüber – insbesondere, wenn es im Zusammenhang mit rhetorischen Ausdrucksformen verwendet werden sollte. Sie erwarteten nämlich von der dialektischen Rabulistik ein paar flotte Sprüche und einige Techniken zur Wortverdrehung, die sie bisher noch nicht kennengelernt hatten, die ihnen – warum auch immer – verborgen geblieben sein mußten und mit deren Hilfe man – wie auf wunderbare Weise – seine Gegner ständig überfahren kann. Wenn das so einfach wäre, dann wäre die Welt voller dialektischer Rabulisten – bei Gott: eine gräßliche Vorstellung!

*»Also«,* lautete die berechtigte Frage der Teilnehmer unserer Rabulistik-Seminare, *»wie wird man zum erfolgreichen dialektischen Rabulisten?«*

Unsere Antwort darauf war eindeutig, wenn auch nicht für alle befriedigend, denn unsere Auffassung ist es, daß die dialektische Rabulistik nicht aus der Tasche gezogen und angewendet werden kann wie ein Goethe-Zitat oder ein lateinisches Sprichwort. Auch der Vergleich mit dem Erlernen einer fremden Sprache hinkt.
**Dem Ziel näher kommt die Erklärung, daß der dialektische Rabulist Mitglied einer unanständigen Sekte oder einer nicht gesellschaftsfähigen Partei ist – mit dem wichtigen Unterschied, daß ihm seine Mitgliedschaft zur Unanständigkeit äußerlich nicht anzusehen ist.**

**c) Redeaufbau in Überzeugungsreden**

Ein arabisches Sprichwort sagt:
**»Wenn du redest,**
**muß deine Rede besser sein,**
**als dein Schweigen gewesen wäre.«**
Ein erfolgreicher Redner weiß es:
*Ein Redebeitrag beginnt nicht mit »Reden«, sondern mit SCHWEIGEN.* Das gilt um so mehr, je mehr Teilnehmer anwesend sind. Während man in der Zweierdiskussion die Taktik nach den erkannten Verhaltensweisen und Reaktionen des Gesprächspartners orientieren kann, ist in der Gruppe oft nur die starre Durchführung eines gewählten Konzeptes möglich. Der Grund liegt sehr häufig darin, daß es in einer Gruppe – anders als in einer Zweierdiskussion – oft eine Pro- und eine Kontra-Meinung gibt, auf die nicht zu jedem Aspekt mit einer neuen Strategie eingegangen werden kann. Wer vor einer Gruppe überzeugen will, sollte den Redeaufbau in Auftakt und Gliederung wie folgt gestalten:

**Der Redeaufbau**

*Auftakt*

Sie beginnen nicht mit Reden, sondern mit SCHWEIGEN:
1 Ruhiger, gut ausbalancierter Stand
(wie ein Fels im Meer!)
2 Unauffällige Postierung der Hände
(etwas oberhalb der Gürtellinie)
3 Rundum Blickkontakt
(Kräftemessen!)

4 Einmal tief durchatmen!
(beruhigt und stärkt)
5 Mit einer kleinen, kontaktfördernden Bewegung zum Sprechen ansetzen
(körperlicher Ausdruck muß dem sprachlichen vorausgehen!)

**Gliederung**

Über die optimale Gliederung seines Themas muß jeder Fachmann selbst entscheiden. Formale Faustregeln sind:
- Reden Sie so kurz wie möglich.
- Schaffen Sie einen Spannungsbogen, der vom motivierenden Einstieg über einen gutgegliederten Hauptteil bis zu einem starken Abschluß reicht:

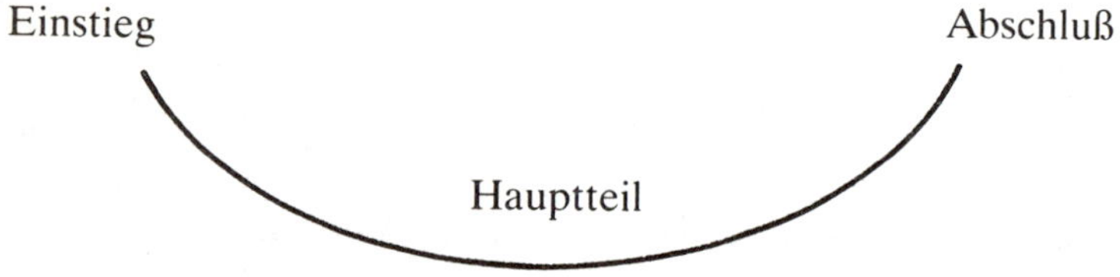


- Üben Sie Einleitung und Schluß so, daß Sie in der Ernst-Situation in diesen beiden wichtigsten Phasen Ihrer Rede souverän auftreten können. (Auf Ihren »ersten« und Ihren »letzten« Eindruck kommt es besonders an.)

Für die **Meinungsrede** bieten sich folgende Gliederungsmöglichkeiten an:
- die W-Fragen-Methode
(was, wie, wer, wann, wo, warum?)
- die chronologische Methode
(Vergangenheit – Gegenwart – Zukunft)
- Die Gegensatz-Methode
(Vorteile/Nachteile, Chancen/Risiken usw.)

Vorsicht vor der assoziativen Methode: Wenn sich der Redner seinen unwillkürlichen Einfällen überläßt, geht der rote Faden leicht verloren.
Formal gesehen hat sich die **Fünfsatzmethode** besonders bewährt. Sie ist die gebräuchlichste Form knapper und zielstrebiger Argu-

mentation: Nach dem Einstieg (Satz 1) kommt man in drei weiteren Sätzen zu einem Zwecksatz (Satz 5), der eine konkrete Schlußfolgerung zieht. Die sechs häufigsten Spielarten der Fünfsatzmethode sind:

**1. »Kette«**

Die Einzelpunkte sind streng logisch (Beispiel A) oder chronologisch (Beispiel B) angeordnet.

Beispiel A

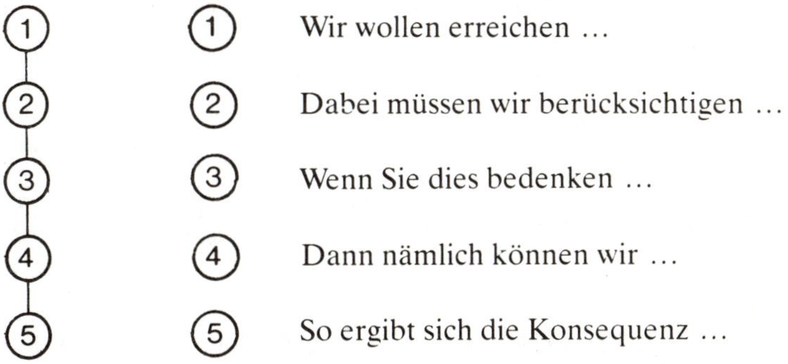


Beispiel B

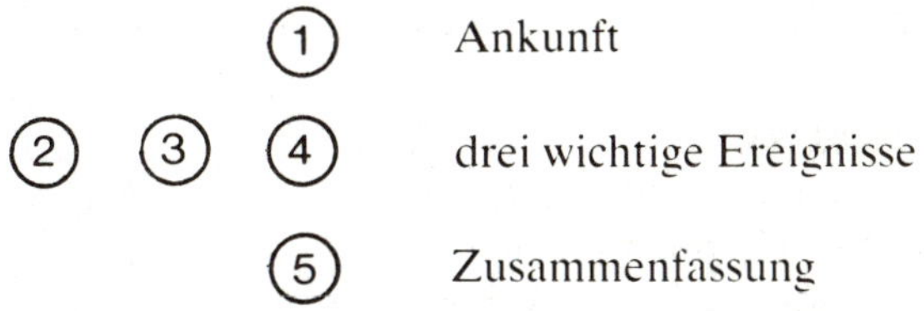

**2. »Rhombus«**

Eine Gliederungsform nach dem Schema:
Einleitung – drei Hauptteile – Schluß

Beispiele:

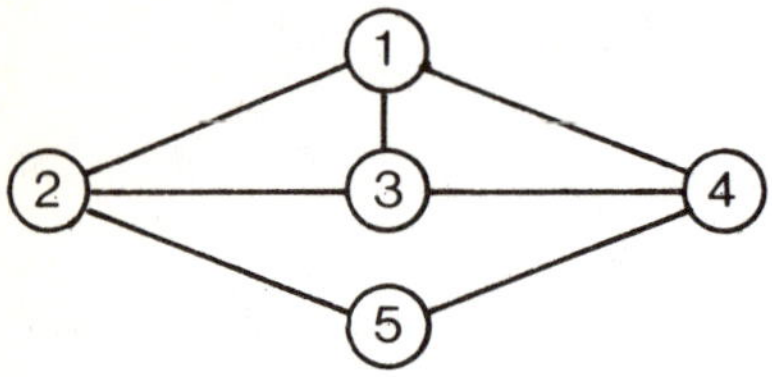


① Standpunkt
② ③ ④ Begründungen
⑤ Aufforderung

① Frage
② ③ ④ Antworten
⑤ Folgerung

**Taktischer Hinweis:** Wenn es sich um ein kritisches Publikum handelt, empfiehlt es sich, mit Argumenten/Gründen zu beginnen und den eigenen Standpunkt erst zum Schluß zu formulieren. Eine sofortige, klare These reizt emotional stark engagierte Zuhörer zum Widerspruch, so daß sie die anschließende Begründung meist gar nicht mehr zur Kenntnis nehmen.

**3. Dialektische Methode**

Wertfrei meint Dialektik die Kunst, die zwischen verschiedenen Standpunkten versteckte Wahrheit zu suchen; insbesondere durch das Aufdecken von Widersprüchen.

Beispiel:

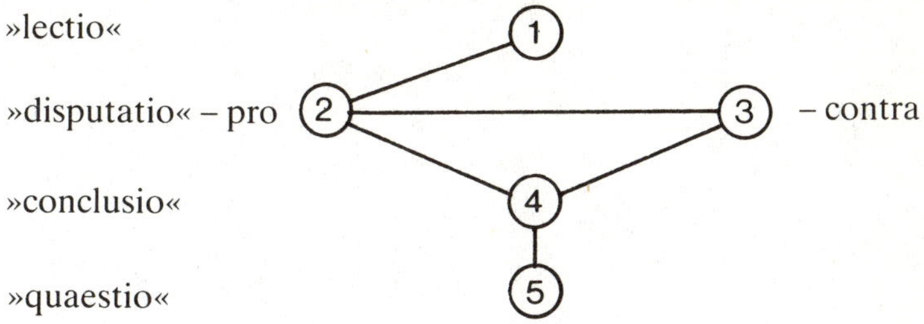


1 Sie gehen davon aus …
2 Unter anderem erklären Sie …
3 Dem ist jedoch entgegenzuhalten …
4 Wenn man beide Gesichtspunkte abwägt …
5 Aus diesem Grund schlage ich vor …

**4. »Sonderfall«**
Dabei wird argumentiert, daß die herrschende Meinung für den konkreten Fall nicht gültig sei.

Beispiel:

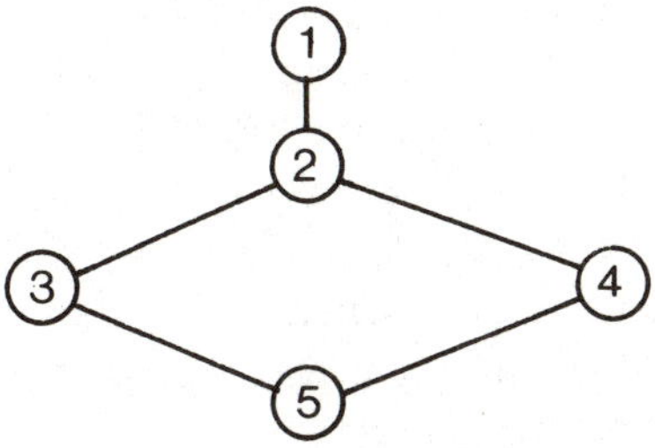


(1) Viele glauben …
(2) In unserer speziellen Situation aber …
(3) Denn entscheidend ist …
(4) Außerdem ist zu beachten …
(5) Daraus folgt …

**5. »Keine Alternativen«**
Zwei Thesen und ihre Begründungen werden abgewiesen, um daraus ein neues Argument entwickeln zu können, das wiederum als Einstieg in einen weiteren Fünfsatz dienen kann.

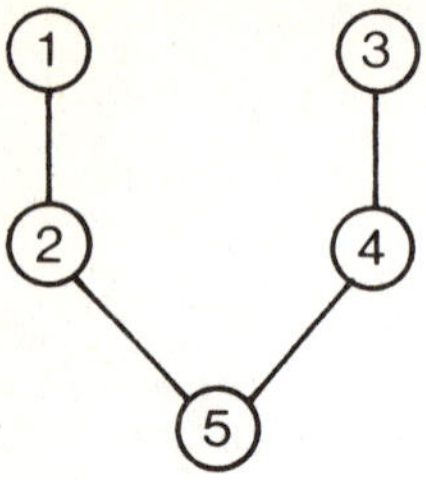

(1) Die Vertreter von X behaupten …

(2) Zur Begründung führen sie an …

(3) Die Anhänger von Y dagegen …

(4) Sie begründen …

(5) Keiner trifft den Kern des Problems. Nach meiner Meinung …

**6. »Kompromiß«**

Diese Methode ermöglicht es, die Diskussion in eine neue Richtung zu bringen, ohne daß sich die Gesprächspartner mißachtet fühlen.

Beispiel:

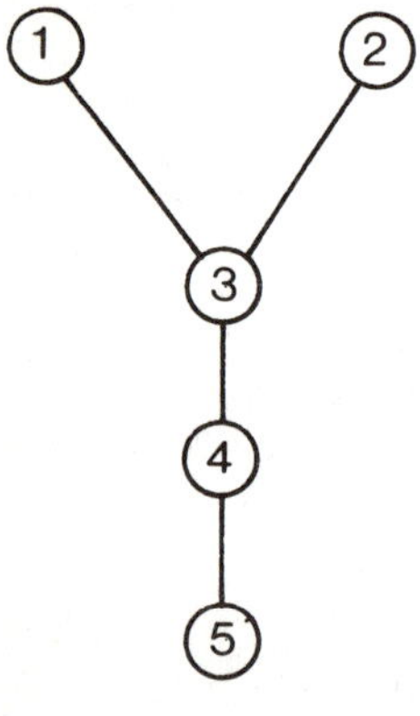

(1) A behauptet …

(2) B widerspricht …

(3) In einem Punkt stimmen die beiden überein …

(4) Hier liegt ein Lösungsansatz, denn letztlich …

(5) Wir sollten daher …

**d) Sprechtechnik**

In den meisten Rhetorik-Büchern ist zu lesen, daß die Stimme eines Sprechers möglichst nicht gleichmäßig, sondern »moduliert« sein soll. Das bedeutet, ein Sprecher soll durch Resonanz, Klangfarbe und Tempo seiner Sprechweise Aufmerksamkeit erzeugen. Entsprechend wird in Rhetorik-Seminaren besondere Aufmerk-

samkeit auf die Einhaltung bestimmter Regeln zur Sprechtechnik gelegt. Zu leises, zu lautes, zu schnelles, zu langsames, zu monotones Sprechen – alles ist verpönt. Es gibt eine Fülle von rhetorischen Regeln hierzu.
Die Rabulistik hat nur eine Regel: Es müssen *die* Ausdrucksformen und Elemente der Sprechtechnik eingesetzt werden, die geeignet sind, das Ziel zu erreichen, nämlich recht zu behalten. Ob diese den Regeln der allgemeinen Rhetorik-Lehre entsprechen, ist völlig unwichtig. Die Überlegenheit des gesprochenen Wortes gegenüber dem geschriebenen Wort zeigt sich besonders eindrucksvoll in einer Sprechtechnik, die »vom üblichen« abweicht.
Der dialektische Rabulistiker hat alle rhetorischen Ausdrucksformen und Stilelemente einzusetzen. **Wichtig ist nur, daß er Suggestivität erzeugt.** Dieses Erzeugen einer Suggestion ist darum so unendlich wichtig, weil der Rabulist ständig bemüht sein muß, eine drohende Analyse zu verhindern. Wenn es dem Gegner erst gelingt, z. B. mit Gegenfragen, originellen Einwänden oder knallharten Fakten, dem Rabulisten in die Parade zu fahren, ist es meistens sehr schwer, beim Gegner oder den anderen Zuhörern eine neue Überzeugung aufzubauen. Das kostet Zeit, die er nicht hat. Er muß dann improvisieren – manchmal auch tricksen. Improvisation ist jedoch das Gegenteil von Konzeption. Die Konzeption aber ist das Rückgrat des dialektischen Rabulisten. Seine Konzeption sollte und darf nicht zerstört werden, wenn das Ziel erreicht werden soll, »auf alle Fälle recht zu behalten«.
Die Sprechtechnik des Rabulisten ist ebensowenig von seiner Mimik und Gestik zu trennen wie vom dialektischen Aufbau des Rabulistik-Konzeptes. Damit soll gesagt werden, daß die suggestive Wirkung von mehreren Elementen abhängig ist, die gleichzeitig und verknüpft eingesetzt werden müssen. Hier öffnet sich leider ein deskriptives Problem, welches in Rabulistik-Seminaren vermieden werden kann. Die Rabulistikelemente müssen hier der Reihe nach linear dargestellt werden und können nicht gleichzeitig in ihrer wichtigsten Funktion, nämlich der Verknüpfung untereinander, aufgezeigt werden.
Welche rhetorischen Elemente der Rabulistiker wann und wie einsetzt, ist von verschiedenen Faktoren abhängig. Es ist überflüssig, zu erwähnen, daß in einem kleinen Kreis eine schreiende Stimme

lächerlich wirken und vor einer großen Gruppe eine leise Stimme wenig überzeugen kann. Die Kunst des überzeugenden, eindrucksvollen und mitreißenden Rabulisten liegt im suggestiven Wechsel von Sprechtechnik, Mimik, Gestik, Kinesik auf dem Territorium der unfairen Dialektik.

In Einzelfällen kann es richtig sein, leise und betont monoton zu beginnen, um dann – z. B. nach einer »unfairen Pause« – den Gegner überfallartig mit lauter, akzentuierter Stimme und aggressiver Mimik und Gestik zu schockieren, doch den drohenden Wechsel von Schock in Empörung beim Gegner dadurch aufzufangen, daß man plötzlich wieder leise, fast ängstlich, traurig und nachdenklich Stimme und Blick senkt, sich fast schuldig zeigt, stimmlich, mimisch und gestisch um Verständnis bittend ein lächelndes, friedvolles Arrangement zu treffen sich anschickt – um dann plötzlich wieder unerwartet, dominant, wortgewaltig, schock- und überfallartig den Schlußakkord zu setzen – mit seinem stärksten Argument.

Immer abhängig vom Einzelfall kann die umgekehrte Vorgehensweise ebenfalls Erfolg haben. Der Beginn ist lautstark, drohend und unversöhnlich in Aussprache und Ton. Ihr Ziel ist es, bewußt eine Abwehrhaltung aufzubauen, von der Sie jedoch wissen, daß diese nur temporär ist, weil sie von Ihnen erzeugt wurde. Sie richtet sich nach Ihrer Art, nicht nach dem Inhalt dessen, was Sie sagen. Der Sinn besteht darin, die Aufmerksamkeit und auch die Abwehrmechanismen des Gegners auf Attribute zu lenken, die Sie »mit dem Worte des Bedauerns« bereit sind aufzugeben. Dieses Spiel kann erfolgreich insbesondere mit Leuten betrieben werden, die »Formalisten« sind, die also auf Stil und Ton den gleichen oder oft erkennbar mehr Wert legen als auf Inhalte. Das einzige Problem des Rabulistikers ist ein psychologisches. Es besteht darin, daß er sich »maßregeln« lassen muß, weil er eben halt so »unhöflich, unkorrekt und unerzogen« auftrat. Doch ein wahrer Rabulist steckt dieses ein und lächelt – innerlich und damit unerkannt.

Welche Arten der Sprechtechnik Sie überhaupt einsetzen können, ist ohne Zweifel abhängig von Ihren rhetorischen Fähigkeiten resp. von den Erweiterungs- und Entwicklungsmöglichkeiten. Unsere Erkenntnis aus einer mehr als zehnjährigen Seminarerfahrung ist es, daß die Vermittlung rhetorischer Kenntnisse, das »Erlernen« rhetorischer Ausdrucksformen für jeden Teilnehmer möglich ist, und zwar so, daß sich ein deutlich erkennbarer, positiver Unterschied zwischen »alten« und »neuen« rhetorischen Ausdrucksformen bei jedem Teilnehmer zeigt. Der Knackpunkt ist stets nur das Wollen, selten das Können.

Nochmals: Das Wichtigste in den rhetorischen Ausdrucksformen eines dialektischen Rabulisten ist die **Suggestion.** Wer bereits über ein Mindestmaß an Suggestibilität verfügt, sollte dieses durch »kompatible« Suggestivitäten ergänzen. Damit ist gemeint, daß man nicht gegensätzliche, sondern stets nur komplementäre Techniken erwerben und anwenden soll, also es müssen Techniken sein, die zu einem »passen«. Nichts ist peinlicher, als das Erkennen »aufgesetzter« Techniken durch den Gegner. Die Technik muß »ein Stück von einem selbst sein«, sie darf nicht als »andressiert« erkennbar werden. Im Gegensatz dazu könnte der- oder diejenige, der/die nur über geringe suggestive Fähigkeiten verfügt, lernen, mit »mit eigenen Suggestionen umzugehen und neue zu erwerben«. So könnte z. B. jemand, der im Grunde sehr schnell spricht, lernen, einige wichtige Sätze und Passagen abgehackt, und/oder im Stakkato zu sprechen. Wer (fast) grundsätzlich laut spricht, könnte lernen, Passagen seiner Rede betont leise, am Rande des akustischen Nichtverstehens zu sprechen. Umgekehrt müßte derjenige, der stets zu leise spricht, trainieren, einige Worte und Sätze so betont (... und gekonnt) laut zu sprechen, daß seine Zuhörer nahezu erschrecken.

Der Sinn, der dahinter steht, ist unschwer erkennbar: Die Erwartungshaltung der Umwelt bei Zeitgenossen mit eingegrenzten suggestiven Fähigkeiten ist, daß oftmals nur ein WAS, selten jedoch ein WIE erwartet wird. Mit anderen Worten: Die argumentative Durchsetzungskraft ist von vornherein dadurch restriktiviert, daß es keine ausgeprägten rhetorisch-suggestiven Fähigkeiten gibt, die variabel eingesetzt werden können. Man »kennt sich und die gegnerische Rhetorik« – was könnte »uns überraschen«? Jeder hat das in Diskussionsrunden schon erlebt: Es gibt einen Diskutanten, der gute, logische Argumente bringt, aber sich letztlich nicht durchsetzen kann. Durchgesetzt hat sich derjenige, der durch rhetorische Fähigkeiten das Panier ergreift, publikumswirksame Formulierungen verwendet, komplizierte Sachverhalte auf einen verblüffend einfachen Nenner bringt und alles zum Schluß habituell mit volkstümlichen Platitüden bekräftigt – unter dem Beifall der Zuhörer (oder besser: der manipulierten Masse).

**Suggestion in der Rhetorik ist bis zu einem gewissen Grad erlernbar.**

**Suggestive Rhetorik ist die Muttersprache des dialektischen Rabulisten.**

**Ohne Suggestibilität ist die Rabulistik wie ein Fahrrad ohne Kette.**

### e) Charisma – erlernbar?

Das Charisma (gr.-lat. = Gnadengabe) ist die besondere Ausstrahlungskraft eines Menschen. »Er hat ein starkes/hohes/ausgeprägtes Charisma«, »Ein Mensch von ungewöhnlicher charismatischer Kraft«, »Er hat kein Charisma« – also er ist erfolglos ...!

Charisma, das ist das Zauberwort unserer Zeit, wenn es um Erfolg im Umgang mit Menschen geht. Und in der Tat, jeder kennt das: Ein Mensch betritt einen fast leeren Raum – und dieser Raum ist plötzlich gefüllt! Nicht, daß dieser Mensch den Raum etwa durch seine Körperformen füllte, nein, es »paßt einfach neben diesen Menschen kein zweiter«! Ein beneidenswerter Mensch?

Das Psychogramm dieser Menschen ist keinesfalls nur positiv. Die Psychoanalytiker wissen, daß diese Menschen quasi »unter dem Zwang« stehen, stets »eine Rolle spielen zu müssen«. Mit anderen Worten, diese Menschen »müssen auftreten«, ob sie wollen oder nicht. Sie »müssen sich präsentieren, im Mittelpunkt stehen« – unabhängig davon, ob sie dieses gerne oder mit Verachtung tun, freiwillig oder unfreiwillig, infolge narzißtischer Veranlagungen oder erlernter Verhaltensmuster. Wer Menschen mit einem starken Charisma intensiv beobachtet, auch in den kleinen, undramatischen Dingen des Lebens, wird möglicherweise erkennen, daß diese Menschen oftmals den Eindruck erwecken, niemals »so sein zu dürfen, wie sie gerne möchten«. Bei manchen dieser Zeitgenossen kommt man zu dem Schluß, daß sie »Gefangene ihres Charismas« sind, oftmals auch deswegen, weil sie der Erwartungshaltung ihrer Umwelt entsprechen wollen – oder müssen.

Aber, aber! Welcher Aspirant auf dialektische Rabulistik könnte sich den Wunsch nach (etwas mehr) Charisma versagen? Charisma und Suggestivkraft – ein wahrlich starkes Team der Rabulistik! Charisma ist sicher nicht »erlernbar«. Aber der Auffassung »Charisma hat man oder man hat es nicht« können wir uns auch nicht anschließen. Wir glauben, daß in bestimmten Grenzen charismatische Fähigkeiten trainierbar, erlernbar und darstellbar sind.

Der Begriff »Charisma« ist nicht näher definiert, und es ist auch nicht klar umrissen, welche Eigenschaften und Fähigkeiten das Charisma ausmachen. Einleuchtend scheint zu sein, daß charismatische Fähigkeiten sich stets nur auf die Persönlichkeit des Menschen beziehen, der sie hat, oder umgekehrt: Die Persönlichkeit des Menschen wird auch durch sein Charisma bestimmt. Damit ist festgelegt, daß Charisma kein beschreibbarer Katalog von Eigenschaften oder Fähigkeiten ist. Wir alle kennen Menschen in unserem persönlichen, gesellschaftlichen oder politischen Umfeld, die eine hohe Ausstrahlungskraft besitzen, obwohl sie äußerlich kaum ansprechend oder besonders auffällig wirken. Andere wiederum haben prägnante äußerliche Merkmale, die auf eine hohe Suggestivkraft und ein starkes Charisma schließen lassen, wie z. B. sehr dunkle, buschige Augenbrauen, stechende Augen, eigentümlich-unverwechselbare Frisur, kräftige, imponierende Gestalt – und doch: Ein kurzes Gespräch lehrt uns, daß wir einem Menschen gegenüberstehen, der keinesfalls besonders wirkt, der einfach so ist, wie »du und ich« ...!

Doch halt! Als dialektischer Rabulistiker müssen wir einige charismatische Eigenschaften »trainieren« und Fähigkeiten erwerben, die mit der Suggestivkraft »kompatibel« sind. Das erscheint keinesfalls so unmöglich, wie es sich – zugegebenermaßen – zunächst anhört, obwohl das Argument »Charisma hat man oder man hat es nicht« in der Vorstellungskraft vieler Zeitgenossen sehr stark verwurzelt ist.

Das »echte« Charisma ist – sehr grob gesehen – von drei Bedingungen abhängig:

1. der äußeren Erscheinung (Körperumfang und Größe, Kleidung etc.),
2. der Kinesik, Mimik und Gestik ... in Abstimmung mit ...
3. der Rhetorik und Dialektik.

Das »unechte« Charisma ist ein Ergebnis von PR-Managern und

Werbefachleuten, die sehr häufig die Aufgabe haben, farblose Politiker »charismatisch aufzupolieren«. Das gelingt im großen und ganzen deswegen, weil die Sichtbarkeit des »neuen (unechten) Charismas« in den Medien stattfindet, in denen das »echte Charisma« unsichtbar ist, wie z. B. im Fernsehen. Mit den heutigen Mitteln, sei es Maske, Beleuchtung, Technik und situatives Design, ist es möglich, einem Menschen die Züge sowohl eines Mephisto wie auch eines Biedermanns zu verleihen. Die Schneidetechnik ermöglicht die fast nahtlose Zusammenfassung von den Rhetorik- und Kinesik-Sequenzen, die uns dann z. B. einen perfekten, makellosen Politiker »vorgaukeln«. Wer diese »Kunstexemplare aus der charismatischen Retorte« allerdings aus nächster Nähe und ohne Zwang zum »Verhalten« kennenlernt, weiß, was mit »unechtem Charisma« gemeint ist.

Ein Mensch, der ein »echtes« Charisma hat, hat diese besondere Ausstrahlung auch dann, wenn er nichts sagt. Wir wollen aber das Erkennen von Charisma klar trennen von einer Autoritätsgläubigkeit der Umwelt oder einer Machtdemonstration der betreffenden Person. Eine starke Persönlichkeit wirkt durch sich selbst, nicht durch ein Amt. Die reine Ausstrahlung durch »sich selbst«, ohne verbale Signale und Kinesik, kann nur sehr bedingt »antrainiert« werden. Ohne Zweifel gehört dazu zunächst einmal ein »kontrolliertes Verhalten« – aber kein »andressiertes« Auftreten. Selbstbewußtsein und Selbstverständnis sind weitere Komponenten – aber sobald Arroganz und Überheblichkeit, Selbstüberschätzung und Besserwisserei erkennbar werden, schlägt alles ins Gegenteil um. Charme, Lässigkeit, Strenge, Disziplin, Toleranz, Bildung, Lächeln, Ernsthaftigkeit, Überzeugungskraft usw. usw. – alle diese und viele andere Attribute machen das Charisma aus. Doch Charisma ist nicht gleich Charisma, und die Ausstrahlungskraft des einen kann und wird auf anderen Attributen beruhen als beim anderen. Und doch haben alle eine Gemeinsamkeit, um die es hier auch geht: das Innehaben von Gegensätzlichkeiten persönlicher Eigenschaften, die Möglichkeit, durch Polarisation von Verhaltensweisen, dargebracht in einem Feld der charakterlichen Ausgeglichenheit, seine Umwelt zu fesseln, in Atem zu halten, zu überzeugen – kurz: anders zu sein als die anderen, das ist ein wesentliches gemeinsames Kennzeichen von charismatischen Menschen.

Beteiligt sind also stets (scheinbare) Gegensätzlichkeiten bzw. Polarisation, oder einfacher gesagt: **die Fähigkeit zum »Wechselbad«.** Hier liegt eines der Geheimnisse der Wirkung von rhetorischen Redefiguren, die bereits in der Antike für einen Teil der Ausstrahlungskraft z. B. eines Redners sorgten. Und wer bekannte Redner der Geschichte oder Gegenwart auf den Aspekt des »rhetorischen Wechselbades« hin prüft, wird feststellen, daß die z. T. großartige Wirkung ihrer Reden bei den Zuhörern zumeist auf dem Wechselbad von »heiß zu kalt« beruht. So ist z. B. von LENIN bekannt, daß er in Reden zunächst seine politischen Gegner verächtlich, sogar lächerlich machte und in der Wahl seiner Mittel keineswegs zimperlich war. Er wartete stets mit dem Wechselbad so lange, bis er seine Zuhörerschaft nahezu geschlossen auf »die eine Seite« gebracht hatte, bis sie z. B. alle lachten oder demonstrativ seine Schadenfreude an der Lächerlichmachung teilten. Nach einem kurzen Redebogen hieb er unmittelbar darauf mit dem anderen Extrem auf seine Gegner ein, indem er sie z. B. »gewissenlose Verführer«, »Lügner« und »blutsaugende Kapitalisten« schalt – dargebracht in einer kraftvollen, ernsten Rhetorik. Die Zuhörer, die sich zum Teil noch im Gemütszustand des Lachens oder der Schadenfreude befanden, wurden »gezwungen«, umzuschalten von Lachen auf Empörung. Jeder weiß, daß das ohne Zwischenstation bei erwachsenen Menschen kaum möglich ist. Wer sich also noch im Zustand des Lachens befindet, aber eigentlich – wie sein Nachbar – empört sein müßte, der gerät kurzzeitig in einen Gefühlskonflikt, dem bleibt »das Lachen im Halse stecken«, der erliegt dem »Wechselbad« seiner Gefühle. Man anerkennt, daß das dem Redner gelungen ist. Herbert Wehner, Helmut Schmidt, Franz-Josef Strauß – sie alle verstanden es meisterhaft, auf diesem Klavier zu spielen.

**f) Rabulistische Redefiguren**

Rhetorische Rede- bzw. Satzfiguren sind bekannt, und die Fülle dieser Redefiguren ist schier unerschöpflich; hier ist jedoch nicht der Platz, diese akribisch aufzulisten, um sie dem Leser anzubieten – das mag dieser mittels ausgewählter Literatur zur reinen Rhetorik selbst vornehmen. Wir wollen an dieser Stelle nur die Redefiguren vorstellen, die uns in der dialektischen Rabulistik

helfen können. Wir nennen sie darum auch »rabulistische Redefiguren«.
Grundsätzlich sind rhetorische Figuren ein Hilfsmittel zur besseren oder anderen Darstellung der gesprochenen oder geschriebenen Sprache. Mit Hilfe dieser Figuren kann man aus einer langweiligen Sprache eine attraktive, bildhafte, überzeugende Sprache formen. Die Spielarten sind – wie gesagt – nahezu unerschöpflich, und jeder kann nach seiner »rhetorischen Fasson« selig werden.
Dem dialektischen Rabulistiker jedoch ist es nicht unbedingt ein Herzenswunsch, »schön und wahr« zu reden, sondern er will recht bekommen und behalten. Darum steht auch nicht die »Freude an der Rhetorik und der Sprache« im Vordergrund, sondern die Möglichkeiten ihrer Manipulation.
Aus dem Abschnitt »Charisma« wissen wir, daß das »Wechselbad« und die Polarisation wichtige charismatische Hilfsmittel sind. Als rabulistische Redefiguren unterliegen sie jedoch dem Primat der Verdrehung. Damit ist gemeint, daß in der Gegenüberstellung von Gegensätzen oder gegensätzlicher Meinungen mindestens eine Meinung oder ein Gegensatz verfälscht, sinnentstellt oder halbwahr dargestellt wird. Ob dieses der Anfang oder das Ende der beiden Gegensätze ist, ob die z. B. halbwahre Darstellung den ersten oder den zweiten Gegensatz bildet, ist abhängig von der weiteren Absicht. Wer z. B. am Schluß seiner Polarisierung eine moralische Aufforderung zum Handeln darstellen will, sollte zweckmäßigerweise den halbwahren Teil des Gegensatzes zum Schluß bringen.

**»Polaritäten«**

---

| | |
|---|---|
| Normalform: | »Er sollte mit den Unwahrheiten gegen uns aufhören!« |
| Rabulisiert: | *»Wenn er aufhört, über uns Lügen zu erzählen, werden wir aufhören, über ihn die Wahrheit zu verbreiten!«* |

---

| | |
|---|---|
| Normalform: | »Diese Reform könnte sozial Schwache benachteiligen und hat darum keine Zukunft!« |
| Rabulisiert: | *»Wenn eine Reform bereits in der Gegenwart die sozial Schwachen benachteiligt, dann hat das Soziale keine Zukunft mehr! Wollen Sie wirklich eine Reform des Sozialen ohne Zukunft?«* |
| Normalform: | »Sie haben sich mit Engagement für das Problem eingesetzt und argumentiert!« |
| Rabulisiert: | *»Herr Vorredner! Wir alle hörten und verstanden Sie, denn Sie haben eine wunderschöne Stimme – aber wir hörten nichts Vernünftiges von Ihnen, vor allem keine Argumente! Verstehen SIE das?«* |
| Normalform: | »Den Himmel auf Erden haben wir, wenn sich alle Menschen vertragen. Die Hölle ist es, wenn Neid und Mißgunst regieren!« |
| Rabulisiert: | *»Heaven is where the police are British, the cooks French, the mechanics German, the lovers Italian and it is all organized by the Swiss. Hell is where the chiefs are British, the mechanics French, the lovers Swiss, the police German and it is all organized by the Italians!«* |

**»Wechselbad:«**

Bei dieser rabulistischen Figur geht es darum, daß der Zuhörer oder Gegner in einen »Stimmungsstrudel« gerät, der ihn psychisch unsicher machen soll, den Gegner also quasi »psychologisch vorbereiten« soll, den letztendlichen Vorschlag des Rabulisten zu akzeptieren. Diese Methode wird sehr häufig im Zusammenhang mit dem überfallartigen Überreden und der Aufforderung zum sofortigen Handeln verbunden. Besonders häßliche Beispiele sind die Vertreter, die an der Wohnungstür meist älteren, unerfahrenen

Mitbürgern Waren zu oft sehr ungünstigen Konditionen verkaufen. Damit für diesen Mißbrauch die Erfolgsquote nicht zu hoch wird, hat der Gesetzgeber auch entsprechende Riegel vorgeschoben (Rücktrittsrecht innerhalb acht Tagen etc.).
Die Vorgehensweise besteht darin, daß zum Streitgegenstand extreme Positionen benannt werden, die den Sachverhalt sowohl stark positiv als auch stark negativ beschreiben. Je nach Streitlage und Absicht kann daran die sofortige Aufforderung zum Handeln angebunden werden.
Entsprechend können auch das eigene emotionale Verhalten sowie die gesamte Kinesik als gegensätzliche Positionen im »Wechselbad« eingesetzt werden.

Beispiele:

**Negative Position** | **Positive Position**

---

*»Bei der Entscheidung zu A besteht für uns alle die große Gefahr, mit unvorhergesehenen und nicht kalkulierbaren Kosten belastet zu werden,* ---- *die Alternative B jedoch gibt uns jeden erdenklichen Freiraum, Kosten und Lasten vernünftig zu lösen!*

*Die Frage ist also:*
*Entscheiden wir uns für das Risiko* ---- *oder die Vernunft?«*

---

**Angriff/Attacke** | **Charme/Versöhnung**

---

*»Die schäbigen und miesen Inhalte Ihrer unglaubwürdigen Replik beweisen erneut, wie tief Sie nun in der Negation verwurzelt sind und was*

*Ihr Geist der Verneinung anzurichten vermag, ---------- und das, ... obwohl ... uns allen, insbesondere mir, Frau Meier, bekannt ist, mit welcher Liebenswürdigkeit und – bitte lassen Sie mich das sagen – mit welcher »sachlichen Schönheit« Sie uns anfänglich Ihre Argumente als einen bunten Strauß der Meinungsvielfalt präsentierten. Wir haben das nicht vergessen.*

*Doch nun fragen wir uns alle: Was hat Sie zu dieser Wandlung veranlaßt? Und ich frage Sie, um Ihre Entscheidung jetzt und hier vor allen Beteiligten zu hören:*

*Wollen Sie weiterhin polemischen Kampf, der uns allen schadet, ---------------- oder wollen Sie zurück zur liebenswürdigen Sachlichkeit, die uns ... im Umgang miteinander ... vor allem aber der Sache nutzt?*

*Sie, Frau Meier, haben jetzt und hier zu entscheiden!!«*

-----------------------------------

**»Ironie«**

Die Ironie und der versteckte Spott sind eine **»blanke Waffe«** des Rabulisten, die stets parat ist. Der subtile oder aggressive Einsatz ist auch hier abhängig von den rhetorischen Fähigkeiten des Rabulisten und dem Streitgegenstand. Diese rabulistischen Redefiguren überschneiden sich mit den »Wortspielereien« in der Dialektik (siehe Kap. 2.3). Ihre Wirkung hängt jedoch sehr stark vom Einsatz des Mienenspiels und von stimmlichen Variationen ab.

**Beispiel:**
*»Unserer Opposition wünschen wir ein frohes Fest und der Regierung eine schöne Bescherung!«*
*»Sie haben ein bemerkenswertes Outfit, bezaubernde Kleidung und schöne Zähne! Gibt's die Kleidung denn auch gereinigt und die Zähne in Weiß?«*
*»Ihre Argumente wurden glatt und schneidig vorgetragen, und jeder merkte sofort: Ihre Argumente sind mehr als flüssig. Ihre Argumente sind überflüssig!«*
*»Sie haben den ›alten Zöpfen‹ – wie Sie das nennen – den Kampf angesagt. Sie wollen sie abschneiden und nennen das ›modern gehandelt‹. Ich nenne das ›fromm gehandelt‹. Denn schon in der Bibel steht: Selig sind die Beschnittenen!«*

---

**»Argumenten-Kette«**

Auch bei dieser Redefigur gibt es Überschneidungen in der Dialektik, und zwar im Bereich »Logik«. Die Grundfigur ist hierbei, daß man einen Ausdruck des vorangegangenen Satzes im folgenden Satz wieder aufgreift – meist zu Beginn des Satzes –, die Kette in Spannung und Plausibilität von Satz zu Satz steigert und somit den Eindruck erzeugt, daß man eine logische, konsequente Gedankenentwicklung darstellt, die durch einen Überrumpelungseffekt die gedankliche Analyse beim Gegner verhindern soll. Der letzte Satz ist sinnvollerweise die eigene Meinung zur Sachlage insgesamt, die zu bestätigen ist. Das Fatale an der Kette ist, daß – um den letzten Satz zu widerlegen – zunächst alle Vorsätze auf ihren Wahrheitsgehalt und ihre Logik überprüft und Verdrehungen »aufgespürt« werden müssen. Das kostet Zeit, die Ihr Gegner nicht hat – oder besser, die Sie ihm nicht geben sollten.
Das wohl bekannteste Scherz-Beispiel ist die Behauptung und der »Beweis«, daß Katzen in den Kühlschrank gehören:
*Katzen sind Lebewesen,*
*Lebewesen sind sterblich,*
*Sterbliches ist verderblich,*
*Verderbliches gehört in den Kühlschrank,*
*also gehören Katzen in den Kühlschrank!*

Die Argumenten-Kette überschneidet sich ebenfalls mit der »unfairen Stufenregel« und liefert somit zusätzlich den Beweis, daß es in der dialektischen Rabulistik stets darauf ankommt, die Verdrehung in einer scheinbaren Logik zu verstecken, die – perfekt gemacht – nahezu unauffindbar wird, wenn sie auf der Ebene der emotionalen Beziehungen rhetorisch überzeugend dargestellt wird. Und eines muß an dieser Stelle auch hinzugefügt werden: Die meisten Menschen wollen gar keine »Analyse« anstellen. Sie wollen eine plausible Erklärung, mit der sie sich identifizieren und leben können. Viele Denkstrukturen unserer Mitbürger sind einfach. Was kompliziert ist, ist verdächtig.

Franz-Josef Strauß wußte:

*»Wir müssen kompliziert denken – aber einfach reden!«*

Auch das ist ohne Zweifel ein brauchbarer Grundsatz in der dialektischen Rabulistik. Der Rabulist muß bereits im Vorfeld wissen und rhetorisch blitzschnell umsetzen, welchen Sachverhalt er verdrehen will. Seine Darstellung allerdings muß stets einfach, überzeugend und doch auf seine Art und Weise – demagogisch sein.

Nochmals: In diesem Buch geht es ausschließlich darum, »recht zu bekommen und zu behalten«. Für Ethik und Moral gibt es andere Bücher.

Rabulistisch ist die Kette dann eingesetzt, wenn durch einen **scheinbar konsequent-logischen Aufbau** die Behauptung des Gegners ad absurdum geführt wird. Der »scheinbare« logische Aufbau impliziert jedoch zugleich die Verdrehung, in der unauffindbar die Unlogik inkarniert ist:

*»In Ihrer Ideologie bringen Sie zum Ausdruck, daß Ihr politisches Handeln einzig auf das menschliche Wohl gerichtet sei. Das menschliche Wohl ist – wie wir wissen – das Glück, unser Leben frei nach unseren eigenen Vorstellungen zu gestalten. Unsere eigenen Vorstellungen jedoch leben von Ideen, die wir ständig neu entwickeln müssen. Ideologien haben den Vorteil, daß sie einem ersparen, Ideen haben zu müssen! Was also, Herr Kollege, sollen freie Menschen mit IHRER Ideologie?*

Besonders wirksam ist das Verstecken der Verdrehung in einem »Scheinargument«. Wir stellen dieses im Kapitel 2.3 dar.

**»Anapher – Epiphora – Polyptoton«**

Alle Begriffe stammen aus der griechischen bzw. der lateinischen Sprache und beschreiben rhetorische Redefiguren. **»Anapher«** bezeichnet die Wiederholung eines Wortes oder mehrerer Wörter **zu Beginn** aufeinanderfolgender Sätze oder Satzteile, und **»Epiphora«** bezeichnet die Wiederholung eines oder mehrerer Wörter **am Ende** aufeinanderfolgender Sätze oder Satzteile. **»Polyptoton«** ist die **Wiederholung** desselben Wortes in einem Satz in verschiedenen Beugeformen (Kasus).
Besonders überzeugende Wirkung kann auch die Kombination aller drei Redefiguren erzeugen, wenn sie i. w. S. dramatisch eingesetzt wird.

**Beispiele:**

**Anapher:** *»Wir fordern, daß die sozialen Errungenschaften moderner Zivilisation auch für die Schwarzen Afrikas gelten. Wir fordern, daß die Freien und Reichen dieser Welt der Dritten Welt helfen – wir fordern soziale Gleichheit und Gerechtigkeit für alle Menschen dieser Welt!«*

**Epiphora:** *»Die Geltung sozialer Errungenschaften moderner Zivilisation auch für die Schwarzen Afrikas – das fordern wir! Daß die Freien und Reichen dieser Welt der Dritten Welt helfen – das fordern wir! Die soziale Gleichheit und Gerechtigkeit für alle Menschen dieser Welt – das fordern wir!«*

**Polyptoton:** *»Der alte Zustand der Natur kehrt wieder, wo der ›Mensch dem Menschen‹ gegenübersteht.«*

**Kombination:** *»Wir fordern, daß die sozialen Errungenschaften moderner Zivilisation auch für die Schwarzen Afrikas gelten, daß der freie Mensch dem Menschen der Dritten Welt hilft und daß soziale Gleichheit und Gerechtigkeit für alle Menschen dieser Welt bestehen – das fordern wir!«*

**»Klimax«**

Die rhetorische Figur »Klimax« erwirkt eine starke Eindringlichkeit und erzeugt bei den Zuhörern Spannung. Es geht darum, mit der Steigerung des Ausdrucks den Übergang vom weniger Wichtigen zum Wichtigen zu beschreiben. Die Klimax unterscheidet sich von der »Kette« und der »unfairen Stufenregel« insofern, als hier streng eine Reihenfolge eingehalten wird – im Gegensatz möglicherweise zu den anderen genannten Formen. Bei dieser Redefigur wird die Eindringlichkeit allein durch die Steigerung erzeugt. In der rabulisierten Form steht die eigentliche Verdrehung oder das, was durchgesetzt werden soll, stets am Ende der Klimax, um die Einbettung in ein überzeugendes Gedankengebäude aufzuzeigen und dem Gegner die Möglichkeit zu nehmen, gegen den Streitgegenstand allein zu argumentieren. Der Gegner soll also gezwungen werden, auch die Verhältnisse und Tatsachen, die bereits allgemein als »anerkannte Werte« gelten, mit zu verwerfen – das muß schiefgehen, weil es bei den Zuhörern nicht ankommt! Wenn es ihm dennoch gelingt, den Streitgegenstand herauszulösen, um ihn als »Einzelfall« zu behandeln, dann hat der rabulistische Disputant »gute Karten« in der Hand, denn es ist nun ein leichtes, eine permanente Analogie zum eigenen Streitgegenstand herzustellen, um mittels Synergieeffekten die Untrennbarkeit aller aufgezählten Sachverhalte mit dem eigenen Sachverhalt zu beweisen. Es ist zugleich ein eindringlicher Appell an die Zuhörer, der entsprechend dem Sachverhalt dramatisch oder lächerlichmachend, ernst, drohend, warnend, heiter usw. sein kann – in jedem Fall hat die Klimax demagogischen Charakter. Die besondere Wirkung erzielt man durch Verwendung von lateinischen Rechtsregeln und Rechtssprichwörtern (siehe Punkt 2.1.2) sowie eine (scheinbar) überflüssige Häufung von Appellen (»pleonastische Redundanz«) am Ende des Satzes, meist gebildet mit »ja« oder »nein«, oder auch »Ich warne Sie, ich warne Sie!«. Diese Redefigur ist ohne Zweifel die beliebteste Form der Argumentation in Wahlreden – wenn sie nur nicht so häufig »danebenginge«, denn die Redner mißachten oft grundsätzliche rhetorische Regeln.

*Beispiel:* (Sachverhalt: Ein Umweltsünder soll verurteilt und bestraft werden, obgleich Rechtsgrundsätze und die Rechtsprechung noch unausgegoren sind – das Umweltbewußtsein der Bevölkerung ist allerdings gut ausgeprägt.)

*»Wir lehren unsere Kinder, nur die Wahrheit zu sprechen und nicht die Sachen des anderen an sich zu nehmen, wie auch wir es von den Eltern lernten; – – – – –*

*– – – – – wir wehren uns als Christen getreu den Zehn Geboten gegen Lügen, Stehlen und Unrecht – – – – –*

*– – – – – und darum gilt: Wer sich am Eigentum anderer vergreift, versündigt sich an christlichen Sitten, ist ein Dieb und wird bestraft;– – – – –*

*– – – – – doch wer – schlimmer noch – die Umwelt schädigt, versündigt sich an der menschlichen Gemeinschaft, weil er ihr Lebensformen stiehlt, die Gott uns gab! – – – – –*

*– – – – – Qui non improbat, probat – wer nicht mißbilligt, billigt. Das galt schon als römisches Recht. – – – – –*

*– – – – – Dürfen WIR darum dieses große Vergehen gegen die menschliche Gemeinschaft ungestraft lassen? – – – – –*

*– – – – – Ich sage nein, nein und immer wieder nein!«*

– – – – – – – – – – – – – – – – – – – – – – – – – – – – – – – – – – – –

**»Topik«**

Das Fremdwörterbuch definiert »Topik« (gr.-lat.) wie folgt: »Die mit dem Schein von Gründlichkeit auftretende antike Redekunst.« Topische Redefiguren sind äußerst beliebt in der Jurisprudenz, denn die Juristen arbeiten bzw. argumentieren mit Normen, Gesetzen und Rechtsfällen. Somit eignet sich die Topik in der juristischen Rhetorik insbesondere dann gut, wenn Autoritäten, wie

z. B. StGB, BGH, BGB oder zeitgemäße, gültige Meinungen als Quasi-Rechtsgrundsätze verwendet werden. Weder in Meinungsreden vor einem Publikum, weder in einer Zweierdiskussion und schon gar nicht vor Gericht ist es ratsam oder als gute Taktik zu bezeichnen, gültige Normen, Rechtsgrundsätze oder die anerkannte Ethik und Moral der Gesellschaft in Frage zu stellen. Klüger und damit auch erfolgsträchtiger ist die Detaillierung des Sachverhaltes sowie der Vergleich mit anderen Sachverhalten, um die Plausibilität anhand bereits geltender Normen zu beweisen. »Nichts kann so sehr mißbraucht werden wie Autoritäten«, sagt F. HAFT, Professor für Strafrecht, und führt in seinem Buch »Juristische Rhetorik« (Freiburg 1985) weiter aus: »Selbst in Diskussionen ist ein derartiger Mißbrauch möglich, indem man sich auf den anwesenden, schon angejahrten und im Zweifel bereits halb entschlummerten Ehrenpräsidenten beruft, mit dem man sich in voller Übereinstimmung wisse, wenn man dies und jenes sage. Der aufgeschreckte Ehrenpräsident wird erstens gar nicht wissen, worum es geht, zweitens viel zu vornehm sein, um den Redner zu widerlegen, und drittens frühestens nach einer halben Stunde zu einer Richtigstellung das Wort erhalten, wenn ohnehin alles zu spät ist.« Ein exzellentes Beispiel zur Gläubigkeit an Autoritäten, wie es nur ein Jurist so brillant formulieren kann, zeigt F. Haft im gleichen Buch auf: »Ein Satz wie: ›Der Montag folgt auf den Sonntag‹ erscheint dem Juristen nackt und trivial. Derselbe Satz erhält durch Zitate juristischen Adel, z. B.: ›Der Montag (dazu RGSt 7, 14; 13, 26; BVerfGE 17, 8) folgt (a. M. Muller-Seibermann in: NJW 77, 1788 „schließt sich an" – dagegen treffend AG Dietzenbach in: Kritische Justiz 78, 55) auf den Sonntag (h. M. entgegen der Sonntagsvorausgehungstheorie, die auf Savigny zurückgeht, aber bereits durch Ihering in seiner Schrift „Der Kampf um den Montag", Leipzig 1859, widerlegt wurde. Zum Ganzen auch Baumann: Sonntag, Montag und was dann? Kritische Gedanken zur Woche, Berlin 1977).‹« – Zitatende.
Die methodische Vorgehensweise erfolgt dazu nach zwei wissenschaftlichen Methoden, der Deduktion und der Induktion. Die Deduktion beschreibt die Ableitung des Einzelnen vom Allgemeinen bzw. aus dem Allgemeinen heraus. Das bedeutet, daß aus Normen, Werten, Grundsätzen, Vorschriften, Gesetzen usw. argumen-

tiert werden muß, damit die Zuhörer bzw. der Gegner gezwungen wird, in gültigen Normen und Grundsätzen zu denken, um diese für alle Fälle gelten zu lassen. Sodann ist induktiv vorzugehen. Die Induktion ist die Hinführung vom Einzelnen zum Allgemeinen. Die Zuhörer bzw. der Gegner muß sich nun gedanklich mit dem Einzelfall, zu dem wir recht haben wollen, durch unsere induktive Vorgehensweise beschäftigen. Die Kunst besteht darin, nun den Nachweis dadurch zu führen, daß der Einzelfall den Normen des Allgemeinen entspricht – was bei der zuvor deutlichen Herausarbeitung gültiger Normen nicht schwierig ist. Die Konklusion, d. h. die letztendliche Schlußfolgerung, kann dann nur die sein, daß »Recht auch Recht bleiben muß«, daß »Gleiches Recht für alle« in einem Rechtsstaat immer noch Gültigkeit hat und daß man nicht im »Einzelfall verurteilen kann, was allgemeines Recht ist und anerkannt ist« – usw.

Die formale Darstellung der topischen Redefigur sieht wie folgt aus:

| von **DEDUKTION** | | über **INDUKTION** | zur **KONKLUSION** | |
|---|---|---|---|---|
| Normen, Werte, Grundsätze | Gültigkeit für die Allgemeinheit | Einzelfalldarstellung | Entsprechung allgemeiner Normen/Werte | recht geben/ haben |

**»Allegorie und Litotes«**

Diese beiden rhetorischen Redefiguren müssen eigentlich getrennt betrachtet werden, denn man kann jede für sich einsetzen. Der Rabulist jedoch ist auf die besondere Wirkung seiner Rede bedacht, darum setzt er – wo immer es möglich ist – beide zugleich ein. Die Allegorie (gr.-lat.) ist »das Anderssagen«. Dadurch wird versucht, mit rational faßbaren Darstellungen einen z. B. abstrakten Begriff bildhaft darzustellen (»Die Liebe ist wie ein Sonnenstrahl in dunkelsten Tagen«, »Seine Kochkunst ist ein liebenswürdiger Angriff auf unsere lukullischen Schwächen«, usw.). Die Litotes (gr.-lat.) ist eine Redefigur, die durch doppelte Verneinung oder durch Verneinung des Gegenteils eine vorsichtige Behauptung ausdrückt und die dadurch eine (oft ironisierende) Hervorhebung des Gesagten bewirkt (z. B. »Er ist nicht der schlechteste Lehrer«, »Er ist nicht ohne Talent«, »Er ist nicht gerade ein blendender Rhetoriker«, »Er ist kein Adonis, und die Frau ist nicht gerade eine Schönheit« usw.).

Beispiele:

*»Die DDR kann nicht wie eine Eisscholle in einer aufgewärmten Badewanne herumschwimmen!«* (Kommentar von Otto Graf Lambsdorff [FDP] anläßlich des 28. Jahrestages des Baues der Berliner Mauer am 13. August 1989 im Zusammenhang mit Glasnost und Perestrojka).
*»Mal ist er wie ein Fels in der Brandung, mal wie Butter in der Sonne; oft ist er höflich wie ein König, dann wieder rabiat wie ein Revolutionär. Er fesselt und polarisiert – er ist nicht der schlechteste Volkstribun!«*

*2.1.1.2 Figurative Meanings*
Wir hätten dieses Kapitel auch überschreiben können mit »übertragene Bedeutungen« – aber wir möchten ein wenig über Deutsch für Deutschmuffel referieren und Ihnen und uns die Frage stellen, mit welcher Sprache wir weitermachen, wenn wir mit unserer Muttersprache am Ende sind ...? Nichts ist aktueller und anerkannter, als die Verballhornung der deutschen Sprache und die Suche sowie der Gebrauch eines Ausdruckes in einer Fremdsprache (meist engl.-amerik.), der im Grunde als deutsches Wort die gesuchte Bedeutung umfassend beschreibt. Doch wie langweilig, heutzutage nach einem »Papier« oder »Zettel« zu verlangen. man verlangt **»paper«.** Die auszuteilenden »Unterlagen« ... so ein Unsinn! Das sind **»handouts«** – was sonst? Und was – bitte schön – wollen manche Leute mit »guten Verbindungen«, diese sprachlichen Habenichtse? Die sollten sich doch **»connections«** schaffen, dann hätten die was! Und überhaupt: Das richtige **»feeling«** muß man haben, denn wie ärmlich muß jemand sein, der nur »Gefühl« hat ...! Da fehlt doch bloß noch die dümmliche Umschreibung mit »zweiseitig«! So ein Schmarr'n! Mir san **»bilateral«** – sunst nix, host mi ...! (Ein bayerischer Kollege nannte es – unfreiwillig – einmal »bierlateral«...!)

Natürlich gibt es – wie wir alle wissen – immer mindestens zwei Möglichkeiten, sich auszudrücken, meistens jedoch mehrere. So kann man z. B. sagen:
**»Chef, Sie sind ein Genie!«**
Man kann aber auch sagen:
**»Chef, Sie sind bei Gott kein Rindviech!«**
Selbst wenn ein Mitarbeiter in beiden Fällen seinem Chef eine ehrlich gemeinte Anerkennung aussprechen wollte, so dürfte er zumindest im letzten Fall von der Wirkung seines Lobes – sagen wir – überrascht sein. Wenn sich der Begriffsgehalt eines Wortes, also das, was es ursprünglich meint, vom Beziehungsgehalt des Wortes, also das, was man »auch darunter verstehen kann«, deutlich unterscheidet, dann kann und wird das zu (unbeabsichtigten) Peinlichkeiten führen. Ein Beispiel (wenn auch ein altes ...) kann mit dem Wort »Toilette« gegeben werden. Das Wort kommt aus der französischen Sprache und bezeichnet **Damenkleidung,** aber auch: Körperpflege, Frisiertisch, Waschraum etc.«. Frau Neureich flüstert ihrem Mann während der Opernaufführung zu: »Erstaunlich, wieviel unterschiedliche Toiletten es hier gibt.« Herr Neureich: »Ich rieche nichts!«
Die Verballhornung der deutschen Sprache allerdings ist kein neues Thema. Und seit die »Putzfrau« zur »Raumkosmetikerin« avancierte, gab und gibt es genügend Beispiele:

| | |
|---|---|
| **Sehnsucht** .... | wird degradiert zur **»subjektiv erlebten Mangellage«,** |
| **Liebe** ....... | ist **»emotionale Fixierung«,** |
| **Kind** ........ | ist **»Objekt elterlicher Fremdbestimmung«,** |
| **Kuß** ........ | **»Berührung der oberen Enden zweier Verdauungskanäle«,** |
| **Müllkippe** .... | wird zum **»Entsorgungspark«,** und niemand – schon gar kein Sicherheitsbeamter – redet noch vom ... **gezielten Todesschuß; nein, es ist der finale Rettungsschuß«.** |

Das **»Neudeutsche«** wartet mit einer Reihe von sprachlichen Profilierungen auf:

| **»Neudeutsch«** | **Umgangssprachlich** |
|---|---|
| *»Die Produktionsergebnisse der Agrarökonomen sind umgekehrt proportional zu ihren Intelligenzquotienten.«* | »Die dümmsten Bauern haben die dicksten Kartoffeln!« |

Einen besonderen publizistischen »Leckerbissen« für »übertragene Bedeutungen« konnte man in der FRANKFURTER RUNDSCHAU vom 15.7.1980 lesen (zit. in D. Wunderlich, Arbeitsbuch Semantik, Königstein/Ts. 1980). Es ging darum, daß der bayerische Kultusminister Hans Maier über die Köpfe eines zur Begutachtung und Entscheidung extra bestellten Gremiums hinweg einen Literaturpreis vergab – was immer er sich damit vergab ... oder gewann: der Spott war ihm sicher, und die Glosse »saß« ...:
*»Die Klaue des Löwen« hat der bayerische Kultusminister Prof. Hans Maier in den Arbeiten der Autoren vermißt, die ihm von einer sechsköpfigen, von Maier bestellten Jury zur Förderung durch den »Bayerischen Förderpreis für Literatur« vorgeschlagen worden waren. Deshalb hat er sich souverän über deren Votum hinweggesetzt, weil er höchstpersönlich im schmalen Werk des Schriftstellers Udo Steinke die »Klaue des Löwen« erblickt hatte. Steinke erhielt 10.000 DM, Jurymitglieder traten zurück, Maier wurde öffentlich kritisiert.*
*Der Kultusminister muß aber ein Fabeltier gesucht und gefunden haben; man sollte ihn dazu beglückwünschen: Denn ein Löwe mit Klauen dürfte so selten sein wie ein Pferd mit Pranken oder ein Adler mit Hufen. Oder sollte er die embryonale Form des Pegasus gemeint haben? Wie wird dann aber aus einem Löwen mit Klauen ein Pferd mit Flügeln? Ist in Bayern denn alles möglich, was anderswo mit einem bayerischen Lehnwort als »hirnrissig« bezeichnet wird?*
*Mag der Herr Professor sich bei der Metapher biologisch vergriffen haben – wenngleich ja bloß ein kratzender Löwe harmloser ist als*

*einer, der Prankenschläge austeilt –, so ist das Miß- (oder soll man sagen: Mist-)Verhältnis, das man im überwiegend noch ländlichen Bayern zu Schriftstellern hat, mittlerweile ja schon fast sprichwörtlich. Zwar steht der gebildete Politologe, der schon Feinsinniges zu seinem Landsmann Jean Paul geäußert hat, nicht unbedingt im Verdacht, die biologischen Klassifizierungen seiner Parteifreunde Strauß und Stoiber für Schriftsteller zu teilen – wenn er sie auch, juristisch gesprochen, »billigend in Kauf genommen hat«. Dabei könnte jedoch etwas an ihm hängengeblieben sein und die Klaue des Löwen der geheime Pferdefuß des Professors Maier sein. Denn unter »Klaue« führt Mackensens »Neues Wörterbuch der Sprache« auch den »Hakenfortsatz am Bein vieler Kerbtiere« auf – also jener Insektentypen, unter denen sich auch einige Schriftsteller befinden. Womit schließlich die »Klaue des Löwen« nur die genaue Metapher für den Hakenfortsatz am Bein einer Schmeißfliege wäre und der gescholtene Akt des bayerischen Kultussouverän insgeheim: ein Widerstandsakt. Wenn das Franz-Josef wüßte!*

*Haben Sie zur Nacht gebetet, Herr Kultusminister?«*

Bei D. Wunderlich findet sich ebenfalls eine Glosse aus einer DDR-Satire-Zeitschrift:

*Die im Prinzip stürmische Entwicklung der Sprache der DDR kommt noch nicht auf allen Ebenen planmäßig und proportional zur Durchführung. Bei unseren Medien, die ja bekanntlich Medien für alles sind, ist diese Frage bereits schon vor einem längeren Perspektivzeitraum hoch angebunden und zielgerichtet sowie von der Breite her effektiv durchgestellt worden. Redaktionsschnell lag das Ergebnis vor: Blattdeutsch – eine Sprache, die uns gerade noch gefehlt hat.*

*Ähnliche Initiativen gibt es auch auf anderen Gebieten, wobei ins Auge fällt, daß wir auf dem Papier im Durchschnitt besser vorangekommen sind als im mündlichen Bereich. Noch intensiver als bisher sollten wir uns in erster Linie der Problematik des Sprichwortes zuwenden, und zwar auf der Grundlage der Basis des Planes der Intensivierung des Niveaus der Volkstümlichkeit des deutschen Sprichworts! Auf der Strecke des Sprichworts sehen wir, um es einmal zugespitzt zu sagen, »ganz schön alt aus«.*

*Ein ewiggestriger, altdeutscher Sprachgebrauch, der teilweise noch bedenklich weit in die Ära des Feudalismus hinabreicht, feiert Jahr für Jahr aufs neue fröhliche Urständ, ohne daß wir im Selbstlauf einen Schritt vorangekommen sind. Hier ist ein entscheidender Tempoverlust zugelassen worden, den es durch verstärkte Anstrengungen aufzuholen gilt.*

**Ohne Fleiß keinen Preis!**

*Oder, wie man zeitgemäß formulieren sollte:*

**Ohne Arbeitsintensität kein in Geld ausgedrückter Wert der Ware!**

*Das ist wissenschaftlich exakt, das ist präzise und, was nicht hoch genug veranschlagt werden kann, völlig unverständlich.*

*Ein weiteres Beispiel:*

**Wer langsam fährt, kommt auch zum Ziel.**

*Sollten wir nicht hochmodisch so formulieren:*

**Wer ein Fahrzeug mit stark reduzierter Geschwindigkeit lenkt, wird zweifellos die Zielstellung hundertprozentig erfüllen, aber nur bedingt termingerecht.**

*Oder:*

**Durch Schaden wird man klug.**

*Dieser Satz ist natürlich im Zeitalter des wissenschaftlich-technischen Fortschritts unhaltbar. Wir sagen besser:*

**Havarien maximieren die intellektuelle Potenz.**

*Wer mit seiner Muttersprache am Ende ist, sollte es unbedingt einmal mit Latein versuchen.*

*Statt:*

**Unrecht gut gedeihet nicht –**

*sollte es besser heißen:*

**Illegal erworbenes Privateigentum und dynamisches Wachstum schließen einander aus.**

*Nicht:*

**Der Erste Eindruck ist der Beste –**

*sondern:*

**Die Primärimpression ist die Optimalste.**

*Nicht:*

**Lügen haben kurze Beine –**

*sondern:*
**Unzutreffende Informationen verfügen über Extremitäten von nur minimalem Aktionsradius.**

*Statt:*
**Wer nicht hören will, muß fühlen –**
*besser:*
**Wer die akustische Rezeption nicht akzeptiert, für den ist es obligatorisch, emotional zu reagieren.**

*Modernisierung und Rationalisierung unserer Sprichwörter sind jedoch nicht allein im bewährten griechisch-römischen Stil voranzutreiben. Dies ist vielmehr einer von mehreren gangbaren Wegen. Ich schätze so ein, daß man auch mal so reden sollte, wie einem der Schnabel gewachsen ist, dennoch aber vollinhaltlich auf der Höhe unserer Zeit.*

*Gestern noch sagten wir:*
**Der kluge Mann baut vor.**
*Morgen schon sagen wir:*
**Der hochqualifizierte Bürger errichtet einen Erker.**

*Oder immer noch sagen gewisse Leute:*
**Wie die Alten sungen, so zwitschern auch die Jungen.**
*Machen wir uns den Satz doch endlich mundgerecht, und sagen wir ganz einfach:*
**Wie sich die Bürger im höheren Lebensalter der Vokalmusik widmen, so ahmen die Jugendlichen Vogelstimmen nach.**

*Weiter voran bei der Volkstümlichmachung unserer Sprichwörter! Jeder kann seinen Beitrag leisten.*
**Probieren geht über studieren!**
*Oder, wie wir künftig sagen wollen:*
**Testen hat den Vorrang vor jeder Hoch- und Fachschulausbildung. (Ernst Röhl)“**

Spott und Satire sind sehr häufig geeignet, die Aufmerksamkeit von Zuhörern auf sich zu ziehen. Besondere Bedeutung erhalten sie dann, wenn es gelingt, durch Ironie, Glossen, Satiren usw. vom eigentlichen Kern der Sache abzulenken, um auf »Nebenkriegsschauplätzen« den Streit auszutragen – und zu gewinnen. Es ist allerdings darauf hinzuweisen, daß z. B. sprachliche Überzeichnungen im Prinzip nur dann »funktionieren«, wenn Sie betont überzogen bzw. erkennbar ironisch eingesetzt werden. Ansonsten wäre zu befürchten, daß aus der Überzeichnung ein Bumerang wird, der zurückkommt und peinlich ist. Das folgende Beispiel ist alt, aber deutlich: Niemand kann (ungestraft) einem anderen Menschen das Zitat des Götz von Berlichingen sagen. Man kann aber die übertragene Bedeutung wählen und sagen: *»Wenn Sie das täten, was Sie mich können, käme ich überhaupt nicht mehr zum Sitzen!«* – das versteht jeder. Ein netter Dialog ist auch von Heinz Erhard überliefert:

Szene: anwesend *Heinz Erhard,* seine Sekretärin, eine dritte Person. Heinz Erhard zur Sekretärin: *»Fliege von mir, großer, weißer Vogel!«* Sie geht. Dritte Person zu Heinz Erhard: *»Warum nennen Sie Ihre Sekretärin ›großer, weißer Vogel‹?«* Heinz Erhard: *»Na, Mensch, wenn ich dumme Gans sage, läuft die zur Gewerkschaft ...!«*

Der Einsatz von doppeldeutigen Redewendungen oder auch nur Worten ist ein wichtiges Hilfsmittel in der Rabulistik. Die Ursache, warum es Doppeldeutigkeiten überhaupt gibt, liegt in erster Linie darin, daß es nicht dasselbe ist, wenn zwei dasselbe sagen. Das bekannteste Beispiel kennen viele:

*»Da hätte der Schiedsrichter aber pfeifen müssen!«*
*»Wieso?«*
*»War doch klar Abseits!«*
*»Nee.«*
*»Klar war's Abseits!«*
*»Na, dann hätte er doch gepfiffen!«*

Oder:

*»Jetzt wird es aber Zeit, daß radikale Parteien verboten werden!«*
*»Darüber kann man verschiedener Ansicht sein. Radikale Parteien erzeugen doch Polarisierungen und sorgen somit für mehr politisches Bewußtsein!«*

*»Na, vielen Dank für solche Art von politischem Bewußtsein. Das führt doch geradezu in die Diktatur, das kennen wir doch alle! Radikale Parteien sollten verboten werden!«*
*»Das sagen Sie, aber ich finde, das wäre undemokratisch. Im übrigen: Eine intakte Demokratie hält alle Belastungen aus, sonst ist es keine Demokratie!«*
*»Dann erklären Sie mir mal, was Sie unter ›Demokratie‹ verstehen!«*

Wie solche Gespräche weitergehen, oder besser: wie sie enden, kennt jeder von uns. Die Frage entsteht: Sind das »echte Meinungsverschiedenheiten«, die u. U. einen handfesten Streit auslösen können? Das kann getrost bezweifelt werden, denn diese sogenannten »Meinungsverschiedenheiten« lassen sich auf einen unterschiedlichen Wortgebrauch der beiden Disputanten zurückführen. Mit anderen Worten: **Es ist eine »unechte Meinungsverschiedenheit«.** Es ist eine Verschiedenheit im Sprachlichen, weil jeder glaubt, der andere verstehe unter dem Ausdruck, Begriff, Wort dasselbe wie man selbst. Dieser »unechte« Disput läßt sich lösen, sobald sich ein Gesprächspartner bemüht festzustellen, ob beide unter einem bestimmten Begriff auch dasselbe verstehen. Allerdings muß »richtig« gefragt werden, sonst scheitert auch dieser Versuch und endet womöglich in einem »echten Streit«. Was »Abseits« ist, beschreiben sehr klar die international gültigen Fußballregeln, und doch gibt es mindestens ebenso viel weitere Auslegungen, wie es Fußballfans gibt – insbesondere dann, wenn jemand glaubt, die Regel sei gegen seine Mannschaft ausgelegt worden. Und die Frage *»Was verstehen Sie denn unter Demokratie?«* ist deswegen falsch, weil es über den Begriff »Demokratie« begriffliche Allgemeinplätze gibt, die in einem nutzlosen Wortgeklingel enden. »Richtige Fragen« wären z. B.:
*»Welche Polarisierungen erzeugen Radikale?«*
*»Warum ist es undemokratisch, Radikale zu verbieten?«*
*»Warum wäre eine Demokratie mit Radikalen-Verbot keine ›intakte Demokratie‹?«* usw.
Die Regel ist, daß immer dann nutzlose, mühsame Auseinandersetzungen die Folge sind, wenn die Meinungsverschiedenheiten zwar in der Sache gesucht werden, aber im Sprachlichen liegen,

weil z. B. verschiedene Auffassungen über ein Wort, einen Begriff etc. vorhanden sind.
Der überzeugte Rabulist ist in der Regel daran jedoch nicht interessiert, sondern setzt gezielt Worte und Begriffe ein, die »vielseitig verwendbar« und vor allem doppeldeutig sind. Damit kann verhindert werden, daß eine vorschnelle Entscheidung aufgrund einer klaren Begriffs- und somit Sachlage gegen ihn fällt. Der gezielte Einsatz von Doppeldeutigkeiten und übertragenen Bedeutungen gewinnt im Zusammenhang mit den Strategien besonderes Gewicht (siehe Kapitel 3.1, wird dort näher erläutert).
Diese Vorgehensweise ist allerdings nicht neu, wird von vielen sogleich erkannt und mit den Worten kommentiert: »Das ist doch die alte Masche!« Hierzu muß eines gesagt werden:
Ein »ertappter« Rabulist ist nicht gerade auf der Siegerstraße. Es ist darum von außerordentlicher Bedeutung, daß jeder, der sich auf dem gefährlichen Felde der dialektischen Rabulistik bewegt, stets einige »Abwehrmittel« parat hat. Die besten Abwehrmittel gegen z. B. Empörung, Widerlegung, Lächerlichmachung durch die anderen sind Aphorismen, lustige Bemerkungen, witzige Verse usw., die geeignet sind, daß man sich bei Gebrauch »selbst auf die Schippe nimmt« – man »verlängert« damit z. B. die Verächtlichmachung des Gegners so weit, daß sie unglaubwürdig wird. Diese Methode ist übrigens der sogenannte »Kunstgriff Nr. 1« von *A. Schopenhauer,* den wir u. a. noch ausführlicher im Kapitel 3 darstellen werden.

Beispiel:

*Situation:* Der Gegner hat – dargestellt mit einigen Fremdworten/ Fachausdrücken – den Rabulisten dabei »ertappt«, daß dieser einen Schaden geltend machen wollte, den der Rabulist selbst zu tragen hat und erklärt: *»Damit ist bewiesen, daß Sie den Schaden zu tragen haben!«*
Der Rabulist antwortet (lächelnd):
*»Herr Kollege, Sie sagen ja im Prinzip: Havarien maximieren die intellektuelle Potenz – der Volksmund sagt's einfacher, nämlich: Durch Schaden wird man klug. Und da Sie, lieber Herr Kollege, die Klugheit so auffällig in Anspruch genommen haben, bin ich sehr ge-*

*spannt auf Ihre Argumente, die Sie noch in Reserve haben, denn das, was Sie gerade gesagt haben, können doch wohl unmöglich Ihre besten Argumente gewesen sein!«*

### 2.1.2 Wort- und Sprachspiele

Es ist bereits mehrfach gesagt worden, daß ein dialektischer Rabulistiker über einen ausreichenden Schatz von Zitaten, Sprichwörtern, Aphorismen, Sprüchen etc. verfügen muß, denn diese können als originelle Unterstreichung, aber auch als »Notbremse« eingesetzt werden. Es gibt eine Vielzahl von Veröffentlichungen über Zitate, »geflügelte Worte«, Sprüche, lustige Formulierungen usw. Wer bestimmte Tageszeitungen regelmäßig liest und die dort veröffentlichten Zitate sammelt, verfügt schon über einen entsprechenden Zitatenschatz. Sicherlich ist niemand in der Lage, alle Zitate zu behalten, aber darauf kommt es auch nicht an. Wichtig ist, daß man sich eine kleine »Grundsammlung« anlegt, die nach und nach durch originelle Sprüche etc. erweitert wird. Hinzu kommt, daß die Originalität, die Verwendbarkeit und das »Passen« sehr differenziert sowohl vom Rabulisten als auch vom Zuhörer eingeschätzt werden kann. Der wahre Rabulist ist daher stets auf der Suche nach neuen, treffsicheren und originellen Zitaten, Sprüchen, Redewendungen etc. Die hier aufgeführten Zitate etc. sind nur eine kleine Auswahl und eher als »Einstieg« gedacht.

#### *2.1.2.1 Lustige Sprüche, schlagfertige Formulierungen*

Wir kennen zwar die Aufgabe nicht, aber wir bringen das Doppelte!

Bei uns kann jeder werden, was er will – ob er will oder nicht!

Wir wissen zwar nicht, was wir wollen, aber das mit ganzer Kraft!

Wo wir sind, klappt nichts – aber wir können nicht überall sein.

Jeder macht, was er will – keiner macht, was er soll – aber alle machen mit.

Damit immer mehr immer weniger tun können, müssen immer weniger immer mehr tun.

Wir arbeiten Hand in Hand – was die eine nicht schafft, läßt die andere liegen.

Jeder wird so lange befördert, bis er mit Sicherheit unwirksam ist.

Operative Hektik ersetzt geistige Windstille.

Der Mensch steht im Mittelpunkt und somit allen im Weg.

Hauptsache, es geht vorwärts – die Richtung ist egal.

Wir suchen Menschen, die bereit sind, unten anzufangen – und auch dort zu bleiben.

Meine Meinung steht fest – bitte verwirren Sie mich nicht mit Tatsachen!

Sie spielen heute wohl »Beamten-Mikado?« Wer sich zuerst bewegt, hat verloren!

Der 08/15-Typ:
Null Hirn, acht Wochen Urlaub und 15 Monatsgehälter!

Herr Kollege, es ist bewundernswert, wie Sie das selbstgestellte Problem gelöst haben. Leider war es das falsche Problem.

Ich habe im Grunde viel Verständnis für den Kollegen, denn bis vor fünf Jahren dachte ich auch noch so!

Herr Kollege, Ihr Beitrag enthält viel Neues und viel Gutes. Aber das Gute ist nicht neu und das Neue nicht gut!

Der Herr Kollege arbeitet mit einem Vorschlaghammer, um eine Erdnuß zu knacken.

Offensichtlich glaubt der Kollege, daß es als Belohnung für seinen Redebeitrag ein Mittagessen umsonst gibt.

Der Kollege betreibt:

Management by crocodile:
Das Maul aufreißen, auch wenn einem das Wasser bis zum Halse steht.

Management by Känguruh:
Große Sprünge bei leerem Beutel.

Management by Champignons:
Alle Vorgänge im Dunkeln, ab und zu mit Dreck bewerfen, und sobald einer den Kopf rausreckt, abschneiden!

Management by gear-wheels:
Wenn der Oberste nur eine kleine Drehung macht, kommen die Untersten gleich ins Rotieren.

Management by Wrangler-Jeans:
An jeder Schwachstelle eine Niete.

Management by potatoes:
Rein in die Kartoffeln, raus aus den Kartoffeln.

*2.1.2.2 Aphorismen und Zitate*

Wir müssen kompliziert denken, aber einfach reden. *(Franz-Josef Strauß)*

Ich bin ein Preuße, kennt ihr meine Farben? (Beginn eines Gedichtes von *Johann Bernhard Thiersch* zum Geburtstag Friedrich Wilhelms III. 1833)

Setz' einen Frosch auf einen weißen Stuhl, er hüpft doch wieder in den schwarzen Pfuhl. (Epigramm »Das Element« in »Morgenblatt für die gebildeten Stände« vom 9.–22. Nov. 1826)

Ein Kompromiß, das ist die Kunst, einen Kuchen so zu verteilen, daß jeder meint, er habe das größte Stück bekommen. *(Ludwig Ehrhard)*

Lächeln ist die charmanteste Art, die Zähne zu zeigen.

Der Spott endet, wo das Verständnis beginnt. *(Ebner-Eschenbach)*

Tritt fest auf, mach's Maul auf, hör' bald auf! *(Martin Luther)*

Im Krieg zwischen den Geschlechtern hat es noch nie Kriegsdienstverweigerer gegeben. (Quelle unbekannt)

Wir sind nicht nur verantwortlich für das, was wir tun, sondern auch für das, was wir nicht tun. *(Molière)*

Wenn es die Affen dahin bringen könnten, Langeweile zu haben, so könnten Sie Menschen werden. *(Goethe)*

Freiheit ist immer die Freiheit der Minderheit. *(Rosa Luxemburg)*

Der unbequeme Staatsbürger ist das Ideal der Demokratie. *(Theodor Heuss)*

Ich teile Ihre Meinung nicht, ich werde aber bis zu meinem letzten Atemzug kämpfen, daß Sie Ihre Meinung frei äußern können. *(Voltaire)*

Was man dem Volk dreimal sagt, hält das Volk für wahr. *(Heinrich von Kleist)*

Journalistik ist die Kunst, das Volk glauben zu machen, was die Regierung für gut findet. *(Heinrich von Kleist)*

Menschen, die im dummen Gehorsam sich unter das Joch der despotischen Obrigkeit beugen, sind nicht viel besser als Vieh, das vor seinem Treiber hergeht und nichts mehr hört als das Klatschen der Geißel. Ein unruhiges, zu Rebellionen geneigtes Volk ist gewöhnlich ein großes Volk. (*Price,* brit. Schriftsteller d. 18. Jhdts.)

Wer nach einer hilfreichen Hand Ausschau halten will, findet sie am besten am Ende des eigenen Armes. (Quelle unbekannt)

Nichts bringt zwei Nachbarn so nahe wie ein guter Zaun. *(Robert Frost)*

Ständiger Gebrauch nutzt alles ab, sogar Freundschaften. (Quelle unbekannt)

Es gehört zur Weisheit, gelegentlich ein bißchen töricht zu sein. *(Wilhelm Raabe)*

Es wird nie soviel gelogen, wie vor Wahlen, nach Jagden und in Bewerbungsschreiben. (Quelle unbekannt)

Ein Trost in bezug auf die moderne Kunst besteht darin, daß die Dinge nicht wirklich so häßlich sind, wie sie gemalt werden. *(R. Berkeley)*

Frauen mit Vergangenheit und Männer mit Zukunft ergeben keine schlechte Mischung. *(Jean Cocteau)*

Freunde, nur Mut! Lächelt und sprecht: »Die Menschen sind gut, bloß die Leute sind schlecht!« *(Erich Kästner)*

Wer als alter Mann ein junges Mädchen heiratet, kauft ein Buch, das andere lesen werden. (Libanesisches Sprichwort)

Wenn man alle Gesetze studieren wollte, hätte man gar keine Zeit, sie zu übertreten. (Quelle unbekannt)

Ein guter Charakter kann den Erfolg im Leben unter Umständen außerordentlich behindern. (Quelle unbekannt)

Unsere Mängel sind unsere besten Lehrer, aber gegen die besten Lehrer ist man immer undankbar. *(F. Nietzsche)*

Wer sich in Gefahr begibt, kommt darin um. (Buch Jesus Sirach 3, 24)

O Herr, er will mich fressen … (oder einfacher): Tobias sechs, Vers drei. (Tob 6, 3 wendet man gern an, um in Gesellschaft ein unverhohlenes, unhöfliches Gähnen zu rügen)

Es gibt mehr Ding' im Himmel und auf Erden, als eure Schulweisheit sich träumen läßt. (*W. Shakespeare,* Hamlet I, 5)

Laßt wohlbeleibte Männer um mich sein. (*W. Shakespeare,* Julius Cäsar I, 2)

Minister fallen wie Butterbrote: gewöhnlich auf die gute Seite. (*L. Börne* 1829)

Nichts ist dauerhafter (auch: beständiger) als der Wechsel. (Mehrere Quellen: *Heraklit, Börne, Heine* u. a.)

Ab nach Kassel. (Redensart von hessischen Landsern, die in den nordamerikanischen Freiheitskriegen dem englischen König zur Verfügung gestellt wurden)

Der Berg kreißte und gebar eine Maus (auch: ein Mäuslein). (*Horaz,* Vers 139)

Durch weise Weiber wird das Haus erbaut; eine Närrin aber zerbricht's mit ihrem Tun. (Bibel, Sprüche 14, 1)

So gebet dem Kaiser, was des Kaisers ist, und Gott, was Gottes ist! (Bibel, Matthäus 22, Vers 21)

Der schwanzlosen Kuh treibt Gott selbst die Fliegen hinweg. (Nigerianisches Sprichwort)

Die Ehre ist das äußere Gewissen, und das Gewissen ist die innere Ehre. *(A. Schopenhauer)*

Verlache den kleinen Kern nicht. Eines Tages wird er ein Palmenbaum sein. (Angolanisches Sprichwort)

Wer aller Menschen Freund ist, der ist der meine nicht. *(Molière)*

### *2.1.2.3 Unflätigkeiten, Sponti-Sprüche und Frechheiten*

Man ist so jung, wie man sich an-fühlt.

Natürlich gibt der Klügere nach – so lange, bis er der Dumme ist.

Er meint schon, er wär' der Käse, dabei stinkt er nur.

Wer im Bohnenfeld arbeitet, darf sich Blähungen leisten.

So schwelet mir die Frage im Gebeiß: Hat man nicht lieber ein Katze im Sack als eine Attrappe in der Hose?

Wenn man erst einmal einen Namen hat, ist es ganz egal, wie man heißt.

Keiner ist unnütz. Er kann immer noch als schlechtes Beispiel dienen. *(Erich Kästner)*

Wer besser aussieht als ich, ist entweder geschminkt oder ein Schauspieler.

Ihr Redebeitrag ist zu Ende. Ich danke Ihnen für dieses Gewäsch.

Das haben Sie schön gesagt, Herr Kollege. Vielleicht kriegen Sie dafür das Kamener Kreuz am Bande.

Wenn ich dich nochmals mit meiner Frau erwische, dann kannst du sie behalten.

Tut mir leid, Chef, daß ich so spät komme. Aber die Ampel leuchtete dauernd gelb auf, und da hab' ich gewartet bis »Grün« kommt.

Der Kollege ist im Plattengeschäft. Ja, der ist Fliesenleger …

Ach, Sie sind in der Filmbranche? Regisseur bei Tesa-Film?

Herr Kollege, Sie wirken so erregend. Waren Sie früher Diplom-Hektiker beim Wettbewerb?

Wer trägt bei Ihnen eigentlich die sauberen Hemden?

Auch ein blinder Säufer findet mal 'nen Korn.

Auf Leute, die nie singen, sollte man pfeifen – auch wenn's falsch ist.

Viele Köche verderben die Köchin.

Die Worte fallen mir heute wieder leicht aus dem Gehege meiner Zähne – doch ist dies besser, als wenn mir das Gehege meiner Zähne ins Wort fällt. (Heinz Erhard)

Die Größe des Kollegen ist unverkennbar. Vielleicht war er vorher Testfahrer bei Match-Box.

Manchmal ist es leichter, den Mund zu halten, als eine Rede. (H. Erhard)

Eine wahrhaft große Führungspersönlichkeit. Vielleicht war er früher mal Lokomotivführer bei Märklin.

Der Kollege gilt als Architekt des Vertrages, ja, sicher war er einmal Maurer bei Lego.

Er hat eine Schlüsselposition im Unternehmen – er ist Nachtwächter.

Er hat 500 Leute unter sich – er ist Friedhofsgärtner.

Haben Sie schon gegessen? O, ja, schon oft!

Ich hole das Letzte aus mir heraus, sagte der Marathonläufer – und auch der Beamte beim Nasenbohren.

Lieber ein offenes Hemd als ein offenes Bein.

Die Kollegin ist wie eine Flasche Milch. Wenn man sie stehenläßt, wird sie sauer.

Das ist Meinungsaustausch: wenn ein Mitarbeiter mit seiner Meinung zum Chef geht – und mit dessen Meinung zurückkehrt.

Wer viel arbeitet, hat meistens keine Zeit, Geld zu verdienen.

Herr Kollege, Sie schweigen? Das ist ja ein ganz neuer Ton, den Sie da anschlagen!

Ich kann gar nicht entlassen werden. Sklaven müssen verkauft werden!

Sie haben recht. Der Kollege ist zu dumm zum Zigarettenholen! Fällt hin und verbiegt das Viermarkstück!

Mancher, der glaubt, er sei beschlagen, merkt gar nicht, daß er im Grunde nur behämmert ist.

Seit die Abteilung beschlossen hat, aus lauter Angst vor der Revision sich täglich in die Hosen zu machen, haben wir genau die Leitung, die den vollen Hosen entspricht.

Herr Kollege, wer hat Ihnen eigentlich diesen Unsinn aufs Manuskript geschrieben?

Ihr Auftritt ist ja bemerkenswert. Aber wissen Sie eigentlich, was Ihre Frau jetzt gerade macht?

Vergessen Sie ja nicht, in der Pause einen Kaffee zu trinken, sonst müssen Sie sich nachher wieder durch Reden wachhalten!

Können Sie auch einmal etwas zur Sache beitragen, statt nur forsche Forderungen in den Raum zu stellen?

Sie spielen sich auf, als wären Sie ein Erbonkel von Allah.

Wer A sagt, muß nicht B sagen. Er kann auch erkennen, daß A falsch war.

Nach dem Spiel kommen König und Bauer in den gleichen Beutel.

Ein Schweißfuß kommt selten allein.

Lieber soziales Klimbim als atomares Bumbum.

Zuviel Motor schadet der Motorik.

Die Männer sind wie Toiletten – entweder besetzt oder beschissen.

Wer im Glashaus sitzt, hat immer frische Scherben.

Für seinen Verkauf in Frankreich bot ihm der Chef das Pompidou an.

Lieber heute aktiv als morgen radioaktiv.

Bleiben Sie ruhig bei dieser Meinung. Für Sie ist die gut genug.

Es ist menschlich human, Wehrlose nicht zu treten. Warum soll ich Sie treten, wo Sie doch geistig wehrlos sind? (R. Lay).

Reden Sie nur so weiter, bei Ihrem Vorleben ist das kein Wunder.

Ich wiederhole mich, weil ich versuche, Ihrer bescheidenen Intelligenz Rechnung zu tragen. Seien Sie mir doch dankbar dafür.

Wenn ich Sie so höre und ansehe: Ihr Äußeres stimmt mit Ihrem Inneren überein – durch und durch schlampig.

So wie Sie aussehen – so reden Sie auch!

Ihre Meinung ist zwar aus dem 19. Jahrhundert. Aber alle alten Sachen werden von Jahr zu Jahr wertvoller (W. Mitsch).

In Ihrer geistigen Gesellschaft fühle ich mich so deplaziert wie ein Freidenker auf einem Katholikentag (W. Mitsch).

#### *2.1.2.4 Lateinische Zitate und Sprüche*

Amat victoria curam = der Sieg liebt die Sorge. (Denkspruch des Kaisers Matthias)

Amicus certus in re incerta cernitur = der sichere Freund wird in unsicherer Lage erkannt; Freunde in der Not gehen zehn auf ein Lot. (Enn. bei Cic. Am. 17, 64)

Fecisti nega = leugne, was du (Böses) getan hast.

Fortes fortuna (adiuvat) = dem Tapferen hilft das Glück; frisch gewagt ist halb gewonnen. (Terenz Phormio 1, 4)

Furor Teutonicus = deutsches Ungestüm.

Habeamus papam = wir haben (endlich) einen Papst.

Habitus non facit monachum = die Kutte macht noch nicht den Mönch; der Hut macht nicht den Doktor.

Impavidum ferient ruinea = die Trümmer werden einen Unerschrockenen treffen. (Horaz, Oden 3; 3, 7)

Ineptis! = dummes Zeug!

In flagranti = auf frischer Tat. (Codex Just.)

In memoriam = zum Gedächtnis.

In optima forma = in bester Form.

Ius primae noctis = das Recht der ersten Nacht.

Iuvat cibus post opus = nach getaner Arbeit schmeckt das Essen.

Magnum vectigal parsimonia = Sparsamkeit ist gutes Einkommen; was man erspart, ist gewonnen. (Cicero)

Macte! = Heil dir, Glück zu!

Male sit tibi! = hole dich der Henker!

Mundus vult decipi, ergo decipiatur = die Welt will betrogen sein, darum werde sie betrogen. (Papst Paul IV., gest. 1559)

Nudis verbis = mit nackten Worten.

Nulla regula sine exeptione = keine Regel ohne Ausnahme.

Ora et labora! = bete und arbeite!

Panem et circenses! = Brot und Spiele (der Ruf des röm. Volkes nach den vom Staat zu liefernden Speisen und Vergnügungen).

Paupertas non est probro = Armut schändet nicht.

Petere licet = bitten ist erlaubt.

Pia fraus = frommer Betrug. (Ovid, Met. 9, 711)

Praeter speciem stultus est = er ist dümmer, als er aussieht. (Plaut., Most. 4; 2, 49)

Primus inter pares = der Erste unter den Gleichen.

Primis omnium = der Erste von allen.

Qualis rex, talis grex = (wie der König, so die Herde) wie der Herr, so der Knecht.

Ratio ad nummum convinet = die Rechnung stimmt auf den Pfennig.

Res est in potu = die Sache ist im Hafen; es hat keine Gefahr. (Plaut., Merc. 4; 7, 48)

Salva fama = mit Vorbehalt und ohne Nachteil des guten Rufes.

Salve regina! = sei gegrüßt, Königin. (Ein an die Jungfrau Maria gerichteter Gesang in der kathol. Kirche)

O sancta simplicitas = o heilige Einfalt. (J. Hus 1415 auf dem Scheiterhaufen, als er sah, daß ein Bauer Holz zu den Flammen herbeitrug)

Semper homo bonus tiro est = ein guter Mensch bleibt stets ein Anfänger. (Martial 12, 51)

Tabula rasa = eig. eine geschabte, glattgestrichene Wachstafel; daher eine glatte, leere Kupfer- oder Steinplatte. Syn. für rigoros Ordnung schaffen.

Terminus technicus = ein Kunstwort, Fachausdruck.

Tunica pallio propior = das Hemd ist mir näher als der Rock. (Plaut., Trin. 5, 2, 30)

Ubi bene, ibi patria = wo mir's wohl geht, da ist mein Vaterland. (Aristophanes, Plutos)

Ubi lex, ibi poena = wo ein Gesetz ist, da ist auch Strafe.

Una hirundo non facit ver = eine Schwalbe macht noch keinen Sommer.

Utile dulce = das Nützliche mit dem Angenehmen (vereinigen). (Horaz, Ars poet. 343)

Vae victis! = wehe den Besiegten! (Brennus, 390 v. Chr.)

Veritas odium parit = Wahrheit erzeugt Haß.

Vivere est militare = leben heißt kämpfen. (Sen., Epist. 96)

### 2.1.2.5 *Lateinische Rechtsregeln*

Ab abusu ad usum non valet consequentia = Mißbrauch erlaubt keinen Schluß auf ein Gebrauchsrecht.

Abusus non tollit usum = Mißbrauch hebt ein Gebrauchsrecht nicht auf.

Actio non datur non damnificato = wer nicht geschädigt ist, dem wird keine Klage gegeben (auch wenn die gesetzlichen Erfordernisse an sich erfüllt sind).

Beati possidentes = glücklich die Besitzenden. Wer eine Sache besitzt, ist im Vorteil, und wer sie beansprucht, muß sein Recht beweisen.

Bonis nocet, qui malis parcit = wer die Bösen schont, schädigt die Guten.

Calor iracundiae non excusat a delicto = Zorneshitze entschuldigt kein Delikt.

Contumax non appellat = der Säumige appelliert nicht. Gegen ein Versäumnisurteil gibt es nur kurzfristig das Rechtsmittel des Einspruchs. Unterbleibt dieser, so wird es rechtskräftig.

Crimina morte extinguntur = Verbrechen werden durch den Tod getilgt.

Da mihi factum, dabo tibi jus = sage (gib) mir den Tatbestand, und ich werde dir das Recht geben.

Duc aut dota! = heirate oder statte aus! Wer eine unbescholtene Jungfrau verführt hat, muß sie entweder heiraten oder ihr eine angemessene Ausstattung geben.

Ea, quae sunt stilo, non operantur = was zum Stil gehört, bewirkt nichts.

Ex nihilo nihil = aus nichts wird nichts. Bedeutung: ohne Rechtshandlung keine Rechtswirkung.

Falsa demonstratio non nocet = eine falsche Bezeichnung schadet nicht. Bedeutung: solange fest steht, was gemeint war, schadet eine falsche Bezeichnung der Gültigkeit des Rechtsgeschäftes nicht.

Fides hosti servanda = dem Feinde ist Wort zu halten.

Ignorantie non currit tempus = dem Unwissenden läuft keine Frist.

Index animi sermo = die Rede zeigt die Absicht an.

In dubio pro reo = im Zweifel zugunsten des Angeklagten.

Infitiatio non est furtum = Ableugnen ist kein Diebstahl.

Injuriam ipse facias, ubi non vindices = wenn du Unrecht nicht verfolgst, begehst du es selbst.

Jura ossibus inhaerent = die Rechte hängen an den Knochen. Bedeutung: Bei mehreren zuständigen Rechtsordnungen entscheidet die staatliche Zugehörigkeit der Person.

Jus ex facto oritur = Recht geht aus Tatsachen hervor.

Lex moneat, non docet = ein Gesetz soll anweisen und nicht belehren.

Lex punit mendacium = das Gesetz ahndet Lügen.

Maledicta expositio, quae corrumpit textum = verwünschte Auslegung, die den Text verdreht (ist abzulehnen).

Negatio conclusionis est error in lege = ein Verstoß gegen die Logik ist ein Rechtsfehler.

Nemo compellitur contrahere = niemand wird zu einem Vertrag gezwungen.

Non facit fraudem, qui facit, quod debet = wer tut, was schuldig ist, tut kein Unrecht.

Nullo actore nullus judex = wo kein Kläger, da kein Richter.

Omnia probant, quod non singula = alles zusammen beweist, was keins allein beweisen würde.

Optimus interpres rerum usus = der beste Deuter der Dinge ist ihr Gebrauch.

Pacta sunt servanda = Verträge müssen eingehalten werden.

Periculum est emtoris = die Gefahr trägt der Käufer.

Qualia extrema, talia media = wie die Enden, so die Mitte.

Qui jocatur, non menitur = wer scherzt, lügt nicht (ist also keine Täuschung).

Qui non improbat, probat = wer nicht mißbilligt, billigt.

Qui non laborat, nec manducet = wer nicht arbeitet, soll auch nicht essen.

Roma locuta causa finita = hat Rom gesprochen, ist die Sache beendet.

Silent leges inter arma = wenn die Waffen sprechen, schweigen die Gesetze (nach Cicero).

Superflua non nocet = Überflüssiges schadet nicht.

Tempus regit actum = die Zeit regiert das Geschäft.

Ubi periculum, ibi lucrum = wo die Gefahr, da der Gewinn.

Venter non patitur moram = der Bauch duldet keinen Verzug.

Victoria pauperem fraudat = ein Sieg betrügt den Armen (Bedeutung: Arme können ihren Sieg nicht auskosten).

Volenti non fit injuria = dem Willigen geschieht kein Unrecht.

Vox populi – vox dei = Volkes Stimme – Gottes Stimme.

Suum cuique = jedem das Seine.

### 2.1.3 Einsatz von Fremdworten

Der gezielte Einsatz von Fremdworten ist für einen erfolgreichen Rabulisten unerläßlich. In den meisten Fällen besteht jedoch die Kunst nicht etwa darin, einen Gegner mit Fremdworten zu überschütten, um ihn möglicherweise zu blockieren. Das mag vielleicht im Einzelfall gelingen. Es ist aber eine »sehr verdächtige« Methode, mit einem Überschwall an Fremdworten jemandem zu imponieren oder ihn gedanklich zu blockieren, zumal »Fremdworte«

ohnehin bei vielen Zeitgenossen ein »Reizthema« sind – also zum sofortigen Widerspruch reizen. Der Erfolg ist dann meistens auf der Seite derjenigen, die die einfache Frage stellen: *»Ach, können Sie das auch in deutsch ausdrücken oder sind Sie mit Ihrer Muttersprache am Ende?«*

Unabhängig vom Einsatz in der Rabulistik gibt es aber Zeitgenossen, die ganz einfach Spaß am sinnvollen Einsatz (richtiger) Fremdworte haben. Diese Gruppe ist ebensowenig »verdächtig«, wie etwa bestimmte Personen, meist Wissenschaftler in den Disziplinen Medizin, Physik, Geisteswissenschaften u. v. a. m., die ohne Fachbezeichnungen – und das sind meistens Fremdworte – nicht auskommen. Veranstalten Sie selbst also keine »Hatz« auf Fremdworte; wenn Sie ein Wort nicht verstehen, schreiben Sie es sich auf und schauen Sie im Fremdwörterbuch nach. Meistens lernen Sie dann noch ein weiteres Fremdwort hinzu, meist den Gegensatz zu dem gesuchten Wort, und erweitern somit über Ihren allgemeinen Wortschatz auch Ihren Fremdwortschatz und können diesen dann gezielt einsetzen. Allerdings sollten Sie aber vollkommen sicher sein, daß Sie Fremdworte auch »richtig« verwenden. Peinlich, peinlich, wenn Sie sagen: *»Ich will mich darüber nicht alternieren«* – und meinen »ärgern, aufregen« (das heißt nämlich »alterieren«); »alternieren« heißt wechseln, einander ablösen. Wenn Sie über Sterblichkeit reden, sollten Sie – wenn überhaupt – nur das Fremdwort »Mortalität« verwenden. Peinlich, wenn Sie von »Mortadella« o. ä. reden. Und wenn Sie etwas über eine Person in den Annalen (Jahrbücher) gelesen haben, so ist diese noch längst keine »An(n)al-Person«.

Aber auch der »richtige Einsatz« von Fremdworten schützt nicht unbedingt vor Heiterkeitserfolgen bei Zuhörern. Wenn Sie z. B. die Worte »angenommener Mißklang« in Fremdworte verklausulieren, dann entsteht daraus eine »fiktive Kakophonie« – und so wird daraus ein tatsächlicher Mißklang. Das können Sie in diesem Fall allerdings auch umkehren und gezielt einsetzen, indem Sie z. B. sagen: *»Für Ihre juristische Kakophonie bin ich nicht verantwortlich!«*

Auch die **Überlastung** eines Satzes mit vielen Fremdworten ist nur in Ausnahmefällen sinnvoll und erregt meistens Heiterkeit. Beispiel: *»Ihre unverschämten Verdächtigungen und Ihre jähzornige*

*Geschwätzigkeit machen mich ganz mürrisch!«* In Fremdworten: *»Ihre insolenten Insimulationen und Ihre affektlabile Loquazität machen mich ganz moros!«*

Doch es gibt eine Reihe von Menschen, die stets dadurch brillieren wollen, daß sie »mit Fremdworten um sich werfen«. Dieses ist oft »billiges Profilieren« und der klägliche Versuch, Eindruck schinden zu wollen – verbunden mit dem Manöver, »mangelndes Experte-Sein« zu vernebeln. Solche Versuche scheitern meistens dann, wenn der Benutzer von Fremdworten diese »sinnlos« einsetzt, wenn also diese Fremdworte weder die Qualität noch die Spannung seiner Rede erhöhen. Daß dennoch der Einsatz von Fremdworten für viele »reizvoll« ist, mag daran liegen, daß viele unserer Mitmenschen durch länderübergreifende Kommunikation und Information »fremdwortgläubig« sind – vergleichbar etwa mit einer »Wissenschaftsgläubigkeit«.

In einer Rundfunksendung gab ein Hörer ein sehr originelles und anschauliches Beispiel über diese allerdings falsche Gläubigkeit vieler Mitmenschen gegenüber Fremdworten. Er »bastelte« sich ein neues Fremdwort, welches es gar nicht gibt: **»reponsulieren«,** und erzählte den Hörern, auf welche wunderbare Weise dieses Wort zu allen Gelegenheiten verwendet werden kann, ohne daß die Mitmenschen nach dem Sinn oder der Bedeutung fragen.

So bestellte er sich in einem Lokal seinen Nachtisch wie folgt: *»Würden Sie mir noch einen Pudding reponsulieren?«* – Der Ober nickte und brachte wenig später den Pudding, ohne eine Miene zu verziehen. Auf einem Postamt sagte er zu dem Schalterbeamten: *»Würden Sie bitte diesen Brief nach Stuttgart reponsulieren?«* Auf den Einwand eines in der Warteschlange stehenden anderen Postkunden, er möge doch deutsch mit dem Beamten sprechen, dieser sei schließlich kein Akademiker, antwortete der Schalterbeamte, der dieses hörte, empört: *»Hören Sie mal! Ich habe jeden Tag Hunderte von Briefen nach Stuttgart zu reponsulieren. Ich brauche Ihre Belehrung nicht! Ich weiß, was reponsulieren ist!«*

Wer Sprachen gelernt hat, z. B. Latein, Griechisch, Französisch oder Englisch, kann zumeist sehr schnell die Bedeutung von Fremdworten erfassen, weil er die Herkunft der Worte kennt. Wer keine Fremdsprachen spricht, sich aber einen entsprechenden

Fremdwortschatz zulegen will, kann dieses tun, indem deutsche Worte in Fremdworte »übersetzt« werden.
Man benötigt dazu die Wörterbücher:

| | |
|---|---|
| DEUTSCH-LATEIN | LATEIN-DEUTSCH |
| DEUTSCH-FRANZÖSISCH | FRANZÖSISCH-DEUTSCH |
| DEUTSCH-ENGLISCH | ENGLISCH-DEUTSCH |

sowie ein deutsches Fremdwörterbuch, z. B. den **Duden Band 5,** evtl. den **Band 8** (Sinn- und sachverwandte Worte) und **Band 6** (Das Aussprachewörterbuch).
Haben Sie nun ein deutsches Wort, welches Sie »verfremden« wollen, so schauen Sie in einem Wörterbuch der anderen Sprache nach. Dort finden Sie ein entsprechendes »fremdes Wort« dieser Sprache. Dieses überprüfen Sie im deutschen Fremdwörterbuch, ob es auch tatsächlich das deutsche Wort bezeichnet. Evtl. sehen Sie noch im Band 6 zur richtigen Aussprache nach und suchen sich im Band 8 eine Alternative.

Beispiele:

1. Sie suchen das Fremdwort für »Erweiterung«.

| | |
|---|---|
| franz. Wort | = amplification |
| Fremdwörterbuch | = Amplifikation |

2. Sie suchen das Fremdwort für »jugendlich«.

| | |
|---|---|
| lat. Wort | = juvenilis |
| Fremdwörterbuch | = juvenil |

3. Sie suchen das Fremdwort für »Verläßlichkeit«.

| | |
|---|---|
| engl. Wort | = reliable (verläßlich) |
| Fremdwörterbuch | = Reliabilität |

Doch nochmals: Der Einsatz von Fremdworten muß für einen überzeugten Rabulisten gezielt, oft nach »System«, erfolgen. Wenn ein (durchsichtiger) Zweck, wie z. B. »Zuschütten mit Fremdworten«, die Mittel heiligen soll, wird dieses vom Gegner

sehr schnell als Vertuschung des Nichtkönnens durch sprachliches Imponiergehabe erkannt – und angesprochen. Das ist für den Anwender dann meistens peinlich.
Der erfolgreiche Rabulist verfügt über subtile Methoden, was den Einsatz von Fremdworten angeht. Eine »dialektisch elegante« Methode besteht darin, quasi im »Nebenwort« das Fremdwort zu übersetzen oder das deutsche Wort voranzustellen, um dann zu sagen: »Wie man es mit einem Fachwort ausdrückt« – das Fremdwort zu benennen. Das Ziel dieser Methode muß es sein, den Gegner durch erst bekannte und dann weniger bekannte Fremdworte zu »führen«. Wer ein bekanntes Fremdwort hört und die Bedeutung noch im Nebenwort erklärt bekommt, wird sicher murmeln: »Ich weiß, ich weiß«, oder er wird einen erkennbaren Stimulus abgeben, wie z. B. Nicken mit dem Kopf, abwägende bzw. zustimmende Mimik oder akustische Signale wie »Hm« o. ä. Wer so seinen Gegner einerseits für Fremdworte »aufschließt« und ihn andererseits mit bekannten oder erklärten Fremdworten »einlullt«, kann in den meisten Fällen ziemlich sicher sein, daß derjenige, der zuvor die Erklärung der Fremdworte (teils überheblich) ablehnte oder mit Selbstwissen kommentierte, zu einem bestimmten Zeitpunkt bei bestimmten Fremdworten keine Nachfragen stellt – auch wenn ihm die Bedeutung nicht vollends klar ist (vgl. Kap. 3.1.3, B. 2/6.).
Das ist eine wichtige Ausgangslage bzw. Vorbereitung für weitere dialektisch-rabulistische Vorgehensweisen. Sehr oft verfolgt man ja die Strategie, den Gegner in Widersprüche zu verwickeln. Die Widersprüche findet man selbstverständlich am besten dort, wo der Gegner am schwächsten ist. Das müssen keinesfalls immer einzelne Streitpunkte sein – das wäre zu schön (und zu leicht). Meistens weiß es der Gegner auch und wird sich entsprechend wappnen.
**Das Spiel, den Gegner mit Fremdworten zu verwirren, um ihm auf diesem Wege Widersprüche nachzuweisen oder ihn – was nicht unterschätzt werden sollte – auf sprachlich-psychologischem Wege zu demoralisieren, ist ein meist sehr erfolgreiches Spiel.**
**Zu einer scharfen Waffe wird diese Methode, wenn Sie einige der bisher kennengelernten rabulistischen Elemente in der Rhetorik, wie z. B. die unfaire Stufenregel bzw. andere Gesprächstechniken,**

**lateinische Zitate etc., in Verbindung mit gekonnter, z. B. suggestiver Sprachtechnik einsetzen.**
Aber: Wie schon zu anderen rabulistischen Teilen ausgesagt, bringt eine solche Methode alleine meist nichts, sie ist **nur wirksam, wenn sie ein Teil, eine Maßnahme, des gesamten rabulistischen Konzeptes ist.** Es muß nochmals wiederholt werden: Die vier Säulen, auf denen die dialektische Rabulistik steht, sind mit ihren einzelnen »Steinen« die »Grammatik und die Vokabeln« zur dialektisch-rabulistischen Sprache.

## 2.2 Kinesik

Das erste, was wir von einem Menschen beurteilend wahrnehmen, ist sein Kopf, sein Gesicht, seine Mimik. Kameraleute von Film und Fernsehen sowie insbesondere Fotografen wissen um dieses Phänomen – und setzen ihre Kenntnisse dazu gezielt ein. Oftmals viel später erfahren Fernsehzuschauer, Kinobesucher oder Zeitschriftenleser, daß der betreffende Politiker, die Filmdiva oder das Sexy-Modell in Wirklichkeit z. B. vom Körperwuchs kleine Menschen sind. Der »großartige« Politiker ist tatsächlich nicht größer als 1,55 m; die stolze Diva mißt gerade 1,64 m – also beileibe kein »Gardemaß« –, aber überragt immerhin das Fotomodell um »satte 2 cm«. Dennoch haben Kopf, Gesichtsausdruck und Mimik auf uns einen gewissen Eindruck gemacht – gleichgültig, ob positiv oder negativ. Wir alle wissen allerdings auch, daß wir ein eventuelles (Vor-)Urteil revidieren, wenn wir den betreffenden Menschen in »Lebensgröße« sehen und (neben seiner verbalen Sprache) seine gesamte Gestik und Körperhaltung ebenso konkret wahrnehmen können wie andere nonverbale Ausdrucksmittel, wie z. B. Kleidung, Schmuck, Statussymbole, Territorialverhalten, Olfaktorik (Geruchsausstrahlung) etc. Diese Erkenntnis führt uns immer wieder auf einen entscheidenden Punkt zurück: Es gibt keine körpersprachliche Aussage, die für sich alleine steht und spricht und aufgrund derer wir zu einem »Urteil« gelangen könnten. Alle Versuche, äußere Gesichts- und Körperformen in ein Schema der Beurteilung innerer Eigenschaften von Menschen zu pressen, sind wissenschaftlich unhaltbar und gehören in die Rubrik »psychologischer Unfug«. Bedauerlicherweise werden die ernsthaften psychologischen Bemühungen namhafter Wissenschaftler auf diesem Gebiet, die sich z. B. mit menschlichen Typologien, Physiognomie oder Konstitutionslehren beschäftigen und wissenschaftliche Empfehlungen hinterlassen haben, auf diese Art und Weise unterminiert.

### 2.2.1 Physiognomik – und ihre Grenzen

Unter Physiognomik versteht man die Kunst, aus der äußeren Erscheinung wie z. B. dem Gesichtsausdruck auf die inneren Eigenschaften zu schließen. Angesprochen ist damit das menschliche Antlitz, speziell das Gesicht, als Ausdrucksträger in Ruhe (d. h. ohne Mimik). In der physiognomischen Forschung (**Physiognomik** als Lehre vom Ausdrucksgehalt des Gesichts) benützt man Fotos (u. a. auch Montage gleicher Gesichtshälften), Schemazeichnungen, Durchschnittsbilder und Lernexperimente. Die bisherigen Ergebnisse haben gezeigt, daß die Validität (Gültigkeit) von Urteilen aufgrund des durch die Physiognomik vermittelten Eindrucks gering ist. Allerdings ergeben sich in den Urteilen gewisse systematische Tendenzen, die von verschiedenen Faktoren abhängen. Das bedeutet konkret: Physiognomische Merkmale treten in ihrer Bedeutung für die Urteilsbildung gegenüber mimischen Äußerungen stark zurück.
In vielen Veröffentlichungen werden Zusammenhänge zwischen Kopfform und inneren Eigenschaften dargestellt, die u. E. nicht haltbar sind, wie z. B.:

Abb. 1

**QUADRATSCHÄDEL**
er soll Energie, sicheres Urteil, Willensfestigkeit und Begabung für exakte Wissenschaften verraten.

Abb. 2

**RUNDSCHÄDEL**
soll für Initiative, rasches Urteil, Hilfsbereitschaft und Umgänglichkeit sprechen.

Abb. 3

**OVALKOPF**
soll beweglichen Geist, geistige Elastizität, daß man sich nicht gerne von anderen beherrschen läßt, anzeigen.

Abb. 4

**DREIECKSKOPF**
soll Klugheit, Diplomatie, List und Schlagfertigkeit anzeigen.

**KONISCHER TRAPEZSCHÄDEL**
soll sachliches Urteil, Begabung zur Lösung praktischer Aufgaben, Umgänglichkeit und unkomplizierte Lebensphilosophie signalisieren.

Abb. 5

Quelle: H. Rückle, Körpersprache für Manager, Landsberg a. L. 1989

Im Zusammenhang mit der Mimik sind insbesondere Kopfformen, äußere Kopfeigenarten und Gesichtsausdruck von Bedeutung – alle wirken auf uns sehr unterschiedlich. Doch sie müssen sehr unterschiedlich betrachtet und gewertet werden. Die Auffassung z. B. **»runder Kopf gleich rundes Urteil«** hat in der Menschenkenntnis die gleiche Qualifikation wie z. B. im Gerichtssaal der »Rechtsgrundsatz«: *»Lange Haare gleich kurzer Prozeß.«* Beides kommt natürlich vor – beides ist *dumm und schädlich* zugleich.
Die Deutung des äußeren Ausdrucks als Erklärung innerer Eigenschaften ist jedoch sehr verbreitet und hat tiefenpsychologische Gründe. Alle Menschen haben nämlich ein Grundbedürfnis, »zurechtzukommen«, sich zu »orientieren«, wodurch sehr schnell eine »Kategorisierung« des anderen stattfindet. Von meist wenigen Eindrücken des Aussehens, des Verhaltens und der Eigenarten schließen viele oft vorschnell auf den Charakter des betreffenden Menschen, um den Zustand der »Unsicherheit« (nicht zu verwechseln mit »Angst«): Was ist das für ein Mensch? zu beenden. **Wir »machen uns ein Bild« von dem anderen.**
Solange die Signale, die verbalen und nonverbalen Botschaften sowie die erkennbaren Faktoren des anderen, wie z. B. seine Kopfform, seine Gesichtsform, seine Mimik etc., mit »unserem Bild«, das wir uns (meist vorschnell) über ihn oder sie gemacht haben, übereinstimmen, so lange befinden wir uns im **»vertrauten Zustand«** der eigenen Erfahrungen (»typisch Beamter«, »typisch

Frau«, »typisch Ausländer« usw.) und reagieren meist selbst »typisch«. Sobald sich jedoch ein Mensch nicht in »unser Bild« als **»typisch«** einordnen läßt, wir also keine eigenen Erfahrungen mit diesem Menschentyp haben, befinden wir uns außerhalb eines »vertrauten Zustandes«. Das »Bild« unseres Gegenübers erscheint uns fremd, wir reagieren selbst auch nicht mehr »typisch«, und oft ist unsere Reaktion Angst, Aggressivität oder Flucht.

Für die Wissenschaft ist die Frage, warum wir einen Menschen in ein vorgefertigtes »Typenschema« einordnen, statt jeden Menschen individuell zu sehen, beantwortet. Die »allgemeine Orientierung« – insbesondere in der sozialen Umwelt – ist ein Grundbedürfnis und daher von höherer Bedeutung als eine individuell-persönliche Erkenntnis. Unerwartete, gegenwärtige und zukünftige Ereignisse sollen dadurch besser bewältigt werden können – man hat sich »orientiert«.

**ORIENTIERTHEIT SCHAFFT VERTRAUEN** – und die für einen Menschen reproduzierbare Klarheit des Orientiertseins ist eine wichtige Komponente des darauf bezogenen sozialen Verhaltens. Also: Die »Nicht-Orientierung« hat ein anderes soziales Verhalten zur Folge als die (vertraute) Orientierung – auch wenn diese nach Klischees und Vorurteilen erfolgt. Mit anderen Worten: **»Orientiertsein« ist eine Art »innere Ordnung«, die das soziale Verhalten von Menschen bestimmt.** Eine große Rolle spielen in diesem Zusammenhang auch die individuelle Informationsaufnahme und die spezifische Verarbeitung von Informationen. Mit diesem umfangreichen Wissensgebiet beschäftigt sich u. a. die Wahrnehmungspsychologie.

Diese Faktoren führen dazu, daß wir uns von anderen Menschen ein »stereotypes« (starres) Bild machen wollen – und es auch tun! Die hehren Kernsprüche »Ich beurteile einen Menschen erst, wenn ich ihn länger kenne«, können getrost belächelt werden.

Typisieren, Schematisieren, Kategorisieren sind normaler Ausdruck eines individuellen sozialen Verhaltens. Es gibt keine Zweifel darüber, »daß man typisiert«, es gibt allerdings erhebliche Auffassungsunterschiede darüber, »wie man es tun sollte« – damit beschäftigt sich u. a. die Typenlehre.

So ist es kaum verwunderlich, daß sich bereits in der Antike die Anfänge der Typenlehre finden (*Hippokrates,* griech. Arzt, 460–377

v. Chr., und *Galen,* griech. Arzt, 129–199 n. Chr.). Diese Typologien wurden im Laufe der Jahrhunderte immer wieder aufgegriffen und erweitert. Bedeutende Abhandlungen sind zu finden in den Lehren von *I. Kant,* dt. Philosoph, 1724–1804, *W. Wundt,* dt. Psychologe, 1832–1920, *I. P. Pawlow,* russ. Physiologe, 1849–1936, usw. Insbesondere der deutsche Psychiater und Psychologe *E. Kretschmer* (1888–1964) hat in seiner *»Konstitutionstypologie«* Körperbau und Charakter (1921/61) in einen Zusammenhang gestellt, an den sich andere Typologien bis zu einem gewissen Grade anlehnten (z. B. *C. C. Jung,* Psychiater und Psychotherapeut, 1875–1961, *K. Jaspers,* Philosoph, 1883–1969, u. v. a.).

### 2.2.2 Körperbau als Beurteilungskriterium?

Was ist »wissenschaftlich gesichert«, was ist »wahr«, was ist »widerlegt«? – das sind Kernfragen jeder wissenschaftlichen Disziplin, insbesondere in der differentiellen Psychologie, die sich mit den Ursachen und Bedingungen von Verhaltensunterschieden sowohl bei Individuen als auch bei »künstlichen«, d. h. unter bestimmten Merkmalsaspekten zusammengefaßten Gruppen beschäftigt, wobei sie sich noch nicht so recht als eigenständige Disziplin aufgrund ihrer geringen Abgrenzbarkeit innerhalb der psychologischen Wissenschaften hat etablieren können, obwohl sie weit mehr als andere Disziplinen der Psychologie in einer vorwissenschaftlichen Tradition verankert ist (die allgemeine Psychologie hat demgegenüber die seelischen Funktionen [z. B. Wahrnehmung, Denken etc.] selbst zu ihrem eigentlichen Gegenstand, indem sie vom Einzelfall unabhängige Gesetzlichkeiten erforscht). Ein besonderer Meilenstein in der Geschichte der differentiellen Psychologie sind die weithin bekannt gewordenen Körperbauformen der *Kretschmer*schen Konstitutionstypologie, obwohl der praktische Wert für die Beurteilung einzelner Persönlichkeiten im Alltag aus verschiedenartigen Gründen sehr begrenzt ist. Die *Kretschmer*sche Typenlehre, die einen Zusammenhang zwischen Körperbau und Charakter annahm, hat sich zwar für die Psychologie als unbrauchbar erwiesen, dennoch lohnt sich die Betrachtung für jeden, der Einblick in die Vielfalt menschlicher Widersprüchlichkeit gewinnen möchte. So hat sich *Kretschmer* hauptsächlich mit den beiden großen Geisteserkrankungen »Schizophrenie« und »manisch-depressives Irresein« auseinandergesetzt und bei der Behandlung seiner Patienten immer wieder die Beobachtung gemacht, daß diese beiden Krankheiten besonders im Zusammenhang mit einem ganz bestimmten Körperbau dieser Patienten auftraten. Seine Regel: schizophrene Krankheit häufig bei leptosomen Typen, manisch-depressive Psychose mehr bei pyknischen Typen und die Anfallskrankheit Epilepsie bei eher athletischen Typen. Erstaunlicherweise ist *Kretschmer* in der Schlußfolgerung einen Weg gegangen, der sich auch an einer anderen Stelle des sozialen Verhaltens von Menschen findet: der Motivationstheorie von *A. Maslow* (Motivation and Personality, New York 1954). *Maslow* erkannte bei psychisch kranken Kindern eine gewisse Regel in der Befriedigung von Bedürfnissen, die er in einer »Pyramide« zusammenfaßte. Nach weiteren Studien erstellte dann *Maslow* die unter der Bezeichnung bekannt gewordene »Motivationspyramide«, die in fünf Stufen die Grundbedürfnisse von Menschen darstellt, lange Zeit Gültigkeit besaß und noch heute einen aktuellen Bezug hat. Auch *Kretschmer* ist diesen Weg gegangen und hat einen Bezug zwischen gesunden Menschen und ihrem Körperbau, eine leib-seelische Parallelität, konstruiert und hat seine »Biotypen« als »psychophysische Merkmalskonzentrate« empirischer Nachweisung verstanden (bildstatistische Verfahren von *Katz* und *Galton* 1953). *Maslow, Kretschmer* und andere haben ein Problem: Der wissenschaftliche Befund, reduziert auf ein paar Bilder mit Kurzbeschreibungen, wird heute unter rein »rationalen« Aspekten gesehen, bewertet, beurteilt und – verurteilt. Wissenschaftliche Vorgehensweisen und Akribie bleiben auf der Strecke, ebenso wie die Möglichkeiten wissenschaftlich zeitgemäßer Modifizierung und Weiterentwicklung. Wir, die betroffenen Menschen, »typisieren«, weil es einfach Vertrautheiten schafft und (scheinbar) zuverlässig ist. Doch in der typologischen Sehweise liegt die Gefahr, daß Menschen »endgültig eingeschätzt« werden. Die (vor allem) theoretische Beschäftigung mit Typologien kann diesem Trend und einem möglichen Vorurteil entgegenwirken. Dafür können zwei Gründe genannt werden:

1. Durch die Beschäftigung mit Menschen-»Typen« wird z. B. ein Verkäufer für die Vielfalt der Typen »sensibilisiert«. Das schafft die Voraussetzung erst einmal dafür, daß keine »Stereotypen«

gebildet werden, die das Verhalten eines Menschen einem anderen gegenüber negativ determinieren.

2. Das Vorgehen, aus dem Verhalten verschiedener »Kundentypen« Schlüsse bezüglich des eigenen Verhaltens zu ziehen, also mithin »kundentypisch« zu reagieren, ist grundsätzlich nicht falsch – sofern es nicht zu einem »stereotypen Verhalten« wird. Im positiven Sinne führt es dazu, daß der Verkäufer zu einer fundierten, besseren Menschenkenntnis gelangt.

Wer sich also mit »Typologien« beschäftigt (im folgenden als Beispiel »Die Körperbautypen nach *Ernst Kretschmer*), ohne sich »Stereotypen« zu schaffen, wählt den Weg der Bereitschaft zur erfolgreichen Kommunikation mit anderen Menschen. Die Gründe liegen vorwiegend darin, daß sich ein Mensch »zwingt«, eigene starre Verhaltensmuster in der Begegnung mit Menschen zugunsten eines flexiblen, offenen Verhaltens aufzugeben. So ist z. B. die Begegnung mit Menschen im Rahmen eines Verkaufsgespräches oft nur von kurzer Dauer. In dieser begrenzten Zeit muß sich ein Verkäufer zumeist auf Sachinhalte, technische Daten oder Darstellung von Produkteigenschaften konzentrieren.

Das bedeutet: Je nach »Kundentyp« muß er jeweils »richtig« das Gespräch eröffnen, den Bedarf erfragen, Wertvorstellungen aufbauen, das Angebot unterbreiten, Einwände beantworten und den Verkaufsabschluß betreiben. Mit anderen Worten: Ein guter Verkäufer ist ständig »auf seinen Kunden konzentriert«. Damit ist aber zugleich auch klargestellt, daß es keine allgemeingültigen Regeln für den Umgang mit Menschen – und hier in unserem Beispiel mit »Kundentypen« – geben kann.

## Die Körperbautypen nach Ernst Kretschmer

**Schizothyme**

| | |
|---|---|
| *Körperbautyp* | *leptosom* (schlankwüchsig) |
| Körperliche Merkmale | Gesicht steile oder verkürzte Eiform, scharfes Winkelprofil, oft vorspringende Nase, Kinnpartie zurücktretend, schmale, hagere Gestalt, oft aufgeschossen, schmale abfallende Schultern, langer magerer Hals, flacher Brustkorb, lange schmale Hände |

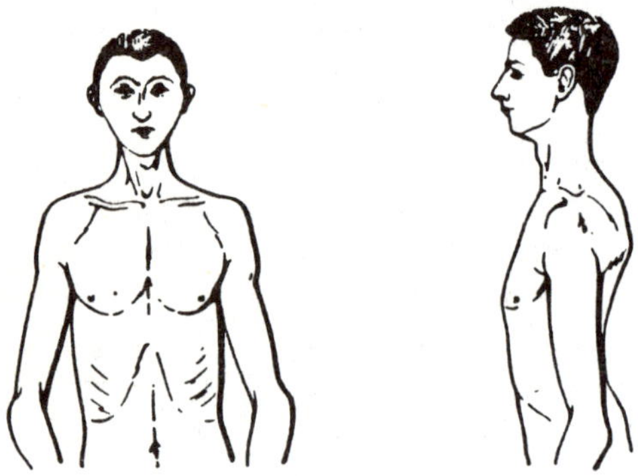

*Leptosomer Typ (nach: E. Kretschmer)*

*Psychische Eigenschaften*

| | |
|---|---|
| Temperament | überempfindlich-kühl |
| Gefühlsbereich | sensibel, verhalten, erregbar oder stumpf, wenig einfühlungsfähig, nervös |
| Willensbereich | gespannt, entschlossen, zielstrebig, konsequent, wenig beeinflußbar, starke Selbstbeherrschung |
| Denkbereich | einseitig, abstrakt, theoretisch, begrifflich, nüchtern, mehr objektiv, sachlich, oft sprunghaft |
| Umweltverhalten | zurückhaltend, verschlossen, wenig gesellig, korrekt, steif, förmlich |

**Zyklothyme**

| | |
|---|---|
| *Körperbautyp* | *pyknisch* (rundwüchsig) |
| Körperliche Merkmale | breites, schildförmiges Gesicht, hohe gewölbte Stirn, schwach gebogenes Profil, oft Doppelkinn, Neigung zur Glatzenbildung, kurzer dikker Hals, gedrungene Figur, zarte Glieder, weiche Muskulatur, Neigung zu Fettansatz, kurze breite Hände |

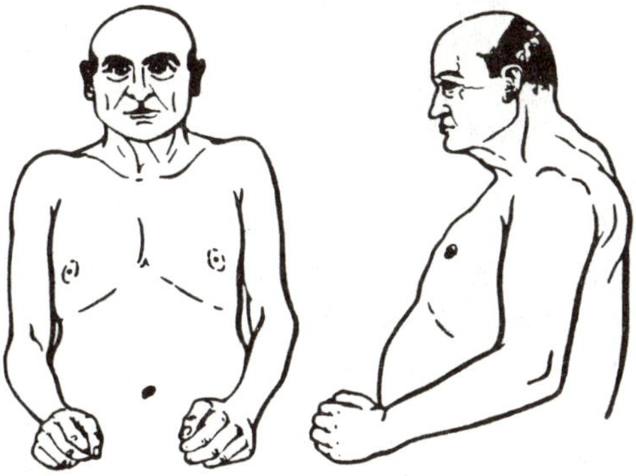

*Pyknischer Typ (nach E. Kretschmer)*

| | |
|---|---|
| *Psychische Eigenschaften* | |
| Temperament | heiter-traurig |
| Gefühlsbereich | gutmütig, warmherzig, weich, einfühlungsfähig, humorvoll, ausgeglichen |
| Willensbereich | elastisch, impulsiv, wenig zielstrebig und ausdauernd, beeinflußbar, wenig Selbstbeherrschung |
| Denkbereich | vielseitig, konkret, praktisch, weitschweifig, mehr subjektiv, persönlich, flüssiger Gedankenablauf |
| Umweltverhalten | zugänglich, offen, gesellig, anpassungsfähig, mitteilsam, gewandt |

**Visköse**

| | |
|---|---|
| *Körperbautyp* | *athletisch* (kraftwüchsig) |
| Körperliche Merkmale | derber Hochkopf, hohes Mittelgesicht, wulstige Augenbrauenbögen, mächtige Kinnlade, Boxergesicht mit stumpfer breiter Nase, massive robuste Gestalt, breite Schultern, schmale Hüften, kräftig entwickelte Brust, große derbe Hände, pratzig wirkend |

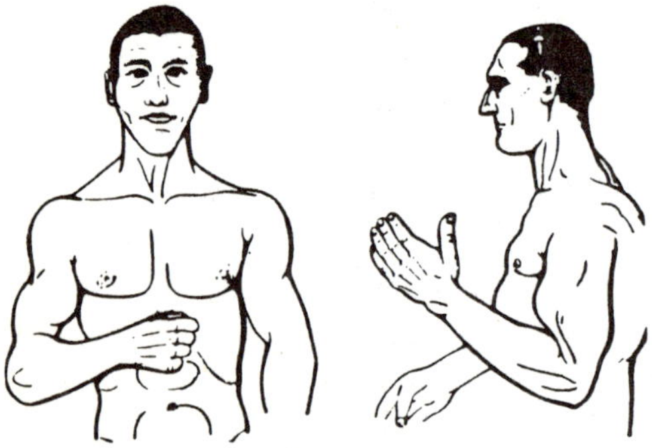

*Athletischer Typ (nach E. Kretschmer)*

| | |
|---|---|
| *Psychische Eigenschaften* | |
| Temperament | phlegmatisch-explosiv |
| Gefühlsbereich | unempfindlich, gleichmütig, dickfellig, gelassen, stabil |
| Willensbereich | zäh, ausdauernd, belastungsfähig, steifnackig, widerstandsfähig, unlenksam |
| Denkbereich | schlicht, verständig, gründlich, karg, trocken, oft pedantisch, wortkarg, wenig beweglich |
| Umweltverhalten | wenig ansprechbar, duldsam, passiv, gesellig, starr, ungewandt |

Die Beschreibungen sind dem Buch entnommen: Menschenkenntnis im Alltag, *Rudolf Spith,* C. Bertelsmann Verlag, Gütersloh 1967, S. 137.

### 2.2.3 Der »Augen-Blick«

Können Sie sich die Beschreibung eines Menschen über seine Wirkung auf andere vorstellen, in der die Augen nicht erwähnt wurden? Kein Teil des menschlichen Körpers ist in Musik, Literatur, Dichtung und im Alltag so oft und vielfältig beschrieben worden, wie die Augen. Die Augen sind das Fenster zum Inneren, ein Spiegel unserer Seele. Und in der Tat: 60–80% unserer Sinneseindrücke werden mit den Augen wahrgenommen – das beweist die Wichtigkeit dieses Organs. Entsprechend können wir auch in den »Augen anderer lesen«, allerdings sind die Interpretationen sehr unterschiedlich. Zwar können wir erkennen, welche Augen auf uns gerichtet sind und »wie« sie sind, z. B. stechend, glasig, hohl, leer, durchdringend, hart, blitzend, schelmisch, freudig, wütend, verliebt, haßerfüllt usw. Aber aus der Wahrnehmungspsychologie wissen wir auch, daß das, was wir selbst wahrnehmen, von der Situation abhängig ist, in die wir eintreten, und von der Einstellung, die wir (gegenwärtig) haben. Mit anderen Worten: Die Augen eines uns verhaßten Menschen werden uns in einem Gespräch, in dem wir uns in die Augen sehen können, entsprechend negativ vorkommen, z. B. »Er hat falsche Augen«, »Er kann mir nicht in die Augen sehen«, »Wenn Blicke töten könnten«, »Seine Augen lügen« usw. Umgekehrt werden z. B. Verliebte in ihren Augen nur Positives entdecken, man kann sich »stundenlang« in die Augen schauen, man »erblickt Vertrauen«, und eine kleine Träne in den Augen der Geliebten hat schon mancher Verliebte als einen »persönlichen Schicksalsschlag« gedeutet, den es mit viel Liebe und Zärtlichkeit wieder in Glück umzuwandeln gilt – und wenn es sein muß, unter Zuhilfenahme eines winzigen Geschenkes, wie z. B. Pelzmantel, Brillantring ... o. ä.

Mit den Augen »erzeugen« wir also unsere Blicke, die »eiskalt« oder »warm«, »lieb« oder »wütend«, »ruhend« oder »durchdringend« usw. sein können. »Dahinschmelzen« können wir, wenn uns z. B. der lachende Blick eines glücklichen Kindes trifft, und wir sind innerlich »aufgewühlt«, wenn wir das Glück hatten, in die Augen eines bedeutenden Zeitgenossen zu blicken, der Menschen etwas zu sagen hat. Wir können »erschaudern«, wenn wir in Augen eines Mörders sehen, und wir können »zur Ruhe kommen«, Vertrauen aufbauen, wenn wir Hoffnung und Menschenliebe in den

Augen z. B. eines Seelsorgers, eines Arztes, einer Pflegeperson usw. erkennen, »lesen« können.
Es überrascht nicht, daß die Physiognomie einen schier unerschöpflichen Katalog über charakterliche und pathologische Eigenschaften bereithält, der je nach Augenposition, Form, Farbe, (gegenwärtigem) Zustand Rückschlüsse gestattet, wie z. B.: glasig = höchste Schwäche, wäßrig = krankhafte Gemütsbewegung, Umgebung runzelig = Leber und Nieren gefährdet, usw.
**Wie zu allen anderen physiognomischen Erklärungen sagen wir auch zu diesem Punkt, daß wir dem Laien keinerlei Deutungen in dieser Richtung empfehlen können.** Zwar können Menschen, die sich gut kennen und sich oft sehen, auch bereits an dem Zustand der Augen erkennen, daß »da was war oder ist«, wie z. B. »verweinte Augen« = Hinweis auf Kummer, Trauer, Schmerz usw., »gerötete Augen, wäßrig« = evtl. Hinweis auf überstarken Alkoholgenuß, wenig Schlaf, durchzechte Nacht usw. Aber für den Laien sind diese Deutungen begrenzt. **Insbesondere Hinweise auf pathologische Zustände sollte man unbedingt den Fachärzten überlassen** (Augenärzte, Allgemeinmedizin, Inneres usw.). Ebenso ist die Deutung charakterlicher Eigenschaften aus den Augen eines Menschen heraus mit größter Vorsicht zu genießen. Was wir aus den Augen eines Menschen ablesen können, sind z. T. physische Gegenwartszustände und psychische Gemütslagen – aber auch meist nur als Momentaufnahmen. Ein Beispiel dazu:
Schwermut und Depressionen sind zumeist dadurch gekennzeichnet, daß sie Menschen »überfallen«, unregelmäßig auftreten, sehr unterschiedliche Wirkungen infolge verschiedener Intensität aufweisen und somit zeitlich weder zu bestimmen, zu erwarten noch zu begrenzen sind. Schwermut gilt als eine nahezu unheilbare Krankheit. Diese Depressionen sind stets mit bestimmten körpersprachlichen Ausdrucksformen verbunden: hängenden Schultern und Gliedmaßen, schleppendem Schritt, in sich zusammengesunken, der Kopf wird schwer und hängt meist schräg nach unten, mal wandern die Blicke langsam, fast teilnahmslos, mal stieren sie auf einen bestimmten Punkt, die Augenlider verdecken die Augen halb, die Mundwinkel sind gesenkt, das Heben des Kopfes erfolgt langsam, mühsam, die Augen sind feucht, oftmals gerötet, und der Blick ist teilnahmslos, leer, gleichgültig. Man muß kein Arzt sein,

um einen solchen Zustand erkennen zu können. Nun gibt es aber sehr unterschiedliche Formen der Schwermütigkeit, und eine häufige Art tritt mit unterschiedlicher Intensität – wie gesagt – intervallartig mit den beschriebenen Symptomen auf. Das muß aber nicht bedeuten, daß dieser Mensch nun ständig an diesen Symptomen insgesamt oder an Teilen davon leidet – im Gegenteil. Die Gemütsverfassung kann umschlagen in Heiterkeit, Unverdrossenheit, Aktivität, Leistungswillen und Arbeitseifer, Vergnügungsabsicht usw. – je nach Krankheitsbild. Entsprechend ändern sich auch die körpersprachlichen Ausdrucksformen und die Sprache der Augen, der Ausdruck, der Blick. Der Mensch kann plötzlich wieder lachen, die gesamte Mimik und Gestik ist im positiven Bereich, und die Augen glänzen, können sogar glühen, funkeln und sprühen vor Tatendrang. Der Volksmund kennt diesen Zustand und sagt dazu: *Himmelhochjauchzend – zu Tode betrübt.*

Ergo: Wer einen solchen Menschen nicht länger kennt und damit um seine Krankheit weiß, kann aus dem gegenwärtigen, momentanen Blick dieses Menschen weder auf charakterliche Eigenschaften noch auf pathologische Zustände schließen. Wir können an den Augen also meistens nur den gegenwärtigen Gemüts- und Gefühlszustand »sicher« erkennen.

Doch anders als bei anderen Organen kann man mit Blicken »spielen«, die Augen bewußt »anders« einsetzen, als es unser momentaner Gefühlszustand zeigen würde – man kann mit den Augen »täuschen«. Jeder Schauspieler muß das beherrschen, wenn die Rolle überzeugend gespielt werden soll, und in der Werbung sind die Augen, der Blick, verbunden mit einer entsprechenden Mimik und Gestik, ein ganz wesentliches Instrument der Überzeugung. Daß das nicht immer, ja sogar sehr selten »klappt«, davon kann sich jeder überzeugen, der – statt auf die wohlproportionierten Formen der Fotomodelle – einmal in die leeren Augen dieser Modelle sieht und sich nur auf deren ausdruckslosen Blick konzentriert. Weil das die Fotografen natürlich auch wissen, aber eben die »Augen als Fenster zum Inneren« zwar drumherum anmalen, unterschiedlich ausleuchten, aber Augen in ihrer echten, inneren Überzeugung nicht verändern können, lenken sie mit allerlei Tricks und fotografischen »Actions« die Blicke des Konsumenten auf andere Teile der bildlichen Darstellung.

Doch diejenigen, die »täuschen« wollen, verbinden den Ausdruck ihrer Blicke meistens mit einer entsprechenden Mimik und Gestik, wie z. B. der ertappte Dieb, der mit weitaufgerissenen Augen, hochgezogenen Augenbrauen, Längs- und Querfalten auf der Stirn, beide Handflächeninnenseiten in Unschuldsgeste vor der Brust und mit einem langgezogenen »Was, ich?« im weitgeöffneten Mund seine Unschuld beteuert und gar nicht versteht, warum man ausgerechnet ihn einen Dieb schilt.
Es erscheint wenig sinnvoll, die Vielfalt der Möglichkeiten einzelner Körperteile und Organe, wie Augen, Augenbrauen, Lippenbewegungen usw., zu beschreiben. Die Fälle, in denen z. B. nur und ausschließlich die Augen als mimisches Ausdrucksmittel eingesetzt werden, sind einerseits sehr selten und zum anderen meist nur kurzfristig sowie auch bewußt eingesetzt. **Erst das Zusammenspiel mehrerer Ausdrucksformen in der Mimik läßt Rückschlüsse auf momentane Einstellungen, psychische Zustände und Gefühlslagen zu.** Eine weitere Sicherheit in diesen Beurteilungen bringen gestische Ausdrucksformen und Körperhaltungen. **Deutlich muß gesagt werden, daß es keine Maßstäbe gibt, die eine Bewertung hinsichtlich der Wichtigkeit bzw. Priorität zulassen. Man kann also nicht sagen, die Mimik ist als Beurteilungskriterium wichtiger als die Gestik und die Gestik wichtiger als die Körperhaltung.**
Mimik, Gestik und Körperhaltung sind die drei Säulen der Kinesik, der körpersprachlichen Ausdrucksformen. Die Körpersprache kann für sich selbst sprechen. Doch meistens ist sie begleitender, ergänzender oder unterstützender Teil des gesprochenen Wortes. Auch beim gesprochenen Wort können wir nicht unbedingt nur einen Teil betrachten, wenn wir einen Menschen in seiner Gesamtheit, sein Ganzes, beurteilen wollen, wie z. B. nur die Rhetorik. Sprechen und Sprache, Rhetorik und Dialektik, Mimik, Gestik und Körperhaltung – sie alle gemeinsam bilden ein sich ergänzendes Beurteilungskonglomerat, welches vorsichtig und sehr behutsam eingesetzt werden sollte.
Noch wichtiger erscheint die Frage, »was« man an einem Menschen beurteilen will. Ein Problem in der Beurteilung besteht darin, daß wir als Beurteilende gerne rationalisieren möchten, was wir beurteilt haben, also es auch verifiziert sehen wollen, weil wir uns dann als Menschen in einem befriedigenden Gemütszustand

befinden. So sei nochmals daran erinnert, was wir schon beschrieben haben: **Jeder Mensch benötigt eine innere Orientierung. »Orientiertsein schafft Vertrauen«, und so strebt jeder Mensch nach Orientierung, ob er wissenschaftlich analysiert, grob fahrlässig schematisiert oder unwissentlich rationalisiert.** Eine charakterliche Beurteilung von Menschen nur über Kinesik, Rhetorik und Dialektik ist ebenso unzureichend wie etwa eine Beurteilung ausschließlich über einen handgeschriebenen Lebenslauf. Fähige Personalberater, die mit der Suche und Auswahl von Führungskräften beschäftigt sind, wissen um die Unvollständigkeit ihrer Beurteilungskriterien aufgrund von ausschließlich schriftlichen Bewerbungsunterlagen und verschweigen es auch nicht. Selbstverständlich kann eine bestimmte Vorauswahl nach festgelegten Kriterien getroffen werden, wie z. B. Ausbildung und Werdegang, Berufserfahrung etc. Aber schon die Art und Weise der Bewerbung an sich, die Unterlagen, das Lichtbild, die Schriftsätze und viele andere Dinge sind nicht in ein sicheres Beurteilungsschema zu pressen. Um wesentlich sicherer in der charakterlichen Beurteilung dieses Bewerbers zu werden, muß man diesen persönlich sprechen. Er wird eingeladen, er sitzt vor dem Personalberater oder dem Personalchef, und nun beginnt ein Ritual. Beide wissen es und beide haben darum auch oft ritualisierte Verhaltensweisen. Im Grunde geht es um die Ermittlung der fachlichen und sozialen Kompetenz des Bewerbers. In den meisten Fällen beginnt das Ritual mit der Darstellung oder Erläuterung des fachlichen Werdegangs – aber **die Ermittlung der Fachkompetenz tritt in ihrer Wichtigkeit deutlich hinter der Sozialkompetenz zurück, je höher die Position angesiedelt ist** (was jedoch nicht heißen soll, daß sie gänzlich unwichtig wäre!). Die Sozialkompetenz ist ein Begriff zur Beschreibung des Sozialverhaltens. Damit ist vor allem die Befähigung des Individuums gemeint, sich selber helfen zu können und sozialen Kontakt zu Mitmenschen aufzunehmen. Verbunden ist hiermit auch die Verantwortung des Menschen für sich selber und für andere Individuen – also ein Grad der Sozialreife. In der Sozialpsychologie wird z. B. in Analogie zum IQ die Ermittlung eines SQ (Sozialquotient) vorgezogen.

Doch welche Möglichkeiten hat ein Personalchef oder Personalberater, im Rahmen eines Zwei-Stunden-Gespräches den Grad der

Sozialreife festzustellen, der für die meisten Unternehmen (mit wenigen Ausnahmen) in Führungspositionen wichtiger ist als die Fachkompetenz? Dazu kann z. B. ein Personalberater ein »Spiel« veranstalten, wozu er allerdings meist einen Kollegen benötigt. Nach abgesprochenen »Rollen« und Festlegung einer Gesprächsstrategie übernimmt ein Berater die Rolle eines zugänglichen, freundlichen Beraters und der andere die Rolle des (fast) unhöflichen, mürrischen, stets zweifelnden Beraters. In der Verhandlungstechnik kennt man diese Vorgehensweise als das »Gut-und-Böse-Spiel«. Im Wechselbad von Höflichkeit und arrogantem Zweifel, progressiven und suggestiven Fragen, wohlwollend-positiver und offen ablehnender Mimik und Gestik der Berater entsteht für den Bewerber eine unangenehme Streßsituation, die oft durch gezielte Störungen noch verschärft wird (überheizter Besprechungsraum, häufiges Telefonklingeln, mehrfaches Eintreten der Sekretärin, nervöse Stimuli wie z. B. Trommeln mit den Fingernägeln oder Klopfen mit dem Bleistift usw.). Das Ziel dieser »psychologischen Kriegführung« ist die Ermittlung des verbalen und des nonverbalen Verhaltens in Streßsituationen, um wichtige Anhaltspunkte für die Beurteilung der Sozialkompetenz des Bewerbers zu gewinnen. Was hier grob, durchsichtig und eher plump beschrieben wurde, um das Beispiel anschaulich zu machen, wird in der unternehmerischen Wirklichkeit, in den Chefetagen namhafter Firmen, oft unbemerkt vom Bewerber, raffiniert und in vornehmem Ton perfekt durchgeführt. Wer dann z. B. seine Bewerbungsunterlagen mit den Worten zurückerhält: »Aus rein sachlichen Erwägungen müssen wir Ihnen leider mitteilen ... usw.«, der möge – wenn er noch kann – still vor sich hinlächeln. Lächeln sollte er deswegen, weil solche Formulierungen Mischungen zwischen Beruhigungspillen, Geschäftsfloskeln und Vernebelungen sind – die wahren Gründe beschreiben sie nicht. Die »wahren Gründe« liegen auf einem ganz anderen Feld, nämlich der Ebene der emotionalen Beziehungen. **In den USA wurde schon vor Jahren wissenschaftlich untersucht, daß 95 % aller Entscheidungen unseres Lebens, seien es politische, wirtschaftliche, gesellschaftliche, persönliche usw., in allen Bereichen und Größenordnungen auf der Ebene der emotionalen Beziehungen gefällt werden, und nur 5 % aller Entscheidungen sind »reine Sachentscheidungen«,** die mei-

stens auch noch Entscheidungen zwischen Maschinen sind, also z. B. zwischen Computern. Der Bewerber, der seine Bewerbungsunterlagen zurückerhalten hat, darf also deswegen getrost lächeln, weil die Ablehnung seiner Bewerbung sicher nicht die Sache zwischen zwei Computern war.
Zunächst einmal gibt es aber einen wichtigen Umkehrschluß aus den bisherigen Feststellungen:
**Wenn es so ist, daß 95 % aller Entscheidungen auf der Beziehungsebene getroffen werden, dann heißt das doch, daß man lernen muß, mit den Beziehungen, also mit den eigenen Gefühlen und Emotionen anderer, umzugehen.**

### 2.2.4 Die Sach- und die Beziehungsebene

Wenn Menschen miteinander kommunizieren, so geschieht dies auf zwei Ebenen:
- **der Sachebene,** als Ebene verstandesmäßiger Leistungen und sachlich-inhaltlicher Probleme,
- **der emotionalen Ebene,** als Ebene der Gefühle und Empfindungen, der Beziehungen und Stimmungen.

Das bedeutet, daß auf der Sachebene die rationalen Informationen mit dem »Kopf« aufgenommen werden. Dementgegen werden auf der Beziehungsebene emotionale und nicht verbalisierte

(nonverbale) Informationen »über den Bauch« aufgenommen. Doch beide Ebenen bilden eine Einheit und können nicht getrennt werden, sie beeinflussen sich ständig wechselseitig.
Ist die emotionale Ebene durch unausgesprochene Störungen und unausgetragene Konflikte gekennzeichnet, so kommt es auch auf der Sachebene zu Problemen. Wenn etwa der Vorgesetzte zu einem Mitarbeiter sagt: *»In Ihrem Vorschlag ist ein Fehler!«,* dann kann der Mitarbeiter z. B. heraushören: *»Sie haben nicht sorgfältig gearbeitet!«* oder: *»Sie haben mich enttäuscht!«* oder *»Ich habe Ihren Vorschlag mit großem Interesse gelesen, aber ...!«*
Störungen auf der Gefühlsebene werden gewöhnlich »nur« als Störungen auf der Sachebene wirksam und sichtbar, also Probleme auf der Sachebene sind oftmals verlagerte Beziehungsstörungen. Üblicherweise verhält man sich in einer Geschäftsbeziehung nur auf der Sachebene (»Bitte bleiben Sie doch sachlich ...!«). Die Signale auf der Gefühlsebene werden aus Gründen der sozialen Norm deshalb verschlüsselt und sachcodiert. Einwände auf der Sachebene sind deshalb in vielen Fällen eigentlich nur Vorwände, weil sie ihren Ursprung in unausgesprochenen und latenten Störungen auf der Gefühlsebene haben. Dieser Sachverhalt ist im Grunde allein schon deswegen paradox, weil die Gefühlswelt generell die Sachebene wesentlich stärker bestimmt als umgekehrt – Sie erinnern sich bestimmt noch an unsere Anmerkung über 95 % Entscheidungen auf der Beziehungsebene.
Um einen Menschen, der uns gegenübersteht oder -sitzt, zu beurteilen, müssen wir auf eine alte, bekannte Weisheit zurückgreifen:
**Entscheidend ist der erste Eindruck und das, was man zuletzt hört.**
Der »erste Eindruck« ist jedoch mehr von den nonverbalen Signalen abhängig als von den verbalen. Erst im Verlaufe eines Gespräches werden beide Ausdrucksformen als Beurteilungskriterien wirksam, und zum Schluß eines Gespräches können sowohl verbale als auch nonverbale Signale entscheidende Kriterien sein.
Man sollte allerdings eines nie vergessen: Die emotionale Ebene wird schon bei Ihrem Gegenüber »aktiv«, obgleich Sie noch kein Wort gesagt haben! So gibt es auch kaum eine Möglichkeit, sich dem folgenden Vorgang zu entziehen, wenn Sie unbekannten Menschen gegenübertreten (aus: SUPER SELLING, München 1989):

**WIE ENTSTEHT MEIN BILD BEI MEINEM GESPRÄCHS-PARTNER ?**

↓

↓ zunächst

**Unsicherheit !!**

↓

↓

↓

**WAS IST DAS FÜR EIN MENSCH ??**

emotionale sachliche

Infos Infos Infos Infos Infos

**Das kenn' ich doch…!**

| | | | | |
|---|---|---|---|---|
| er ist arrogant wie … | er brüllt wie … | seine Brille sieht aus wie … | er lacht wie … | er belehrt wie … |

**Kategorisierung**

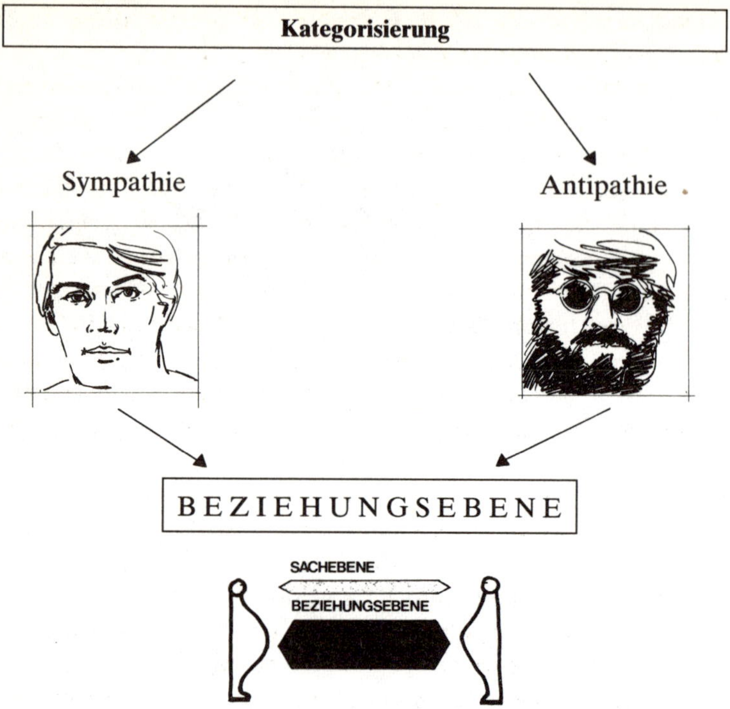


Zunächst hat jeder bei Unbekannten eine gewisse Unsicherheit, was nicht mit »Angst« zu verwechseln ist, und man fragt sich: Was ist das für ein Mensch? Sobald Sie diesen Menschen hören und sehen, werden bestimmte sachliche und emotionale Informationen in diesem Menschen »abgerufen«, die unbewußt zu Vergleichen mit vorhandenen Personen und Erfahrungen führen.

Damit befindet man sich unausweichlich auf der Beziehungsebene – und im Prinzip wird sie auch nicht mehr verlassen. Es ist nämlich gleich, ob man zu Sympathie oder zu Antipathie tendiert: Es werden bestimmte Informationen mit dem »Bauch« aufgenommen, und damit reagiert man schlicht und ergreifend wie ein Mensch und nicht wie ein Roboter oder Computer. Ein Beispiel soll das vertiefen:

Man steht einem Menschen das erste Mal gegenüber, dieser hat noch kein Wort gesagt, aber man kann ihn einfach »nicht leiden« – er ist schlicht unsympathisch, aus welchen Gründen auch immer

*(»Genau der Typ, den ich nicht mag!«, »Wenn ich solche Typen schon sehe!«, »Komischer Kauz!«* usw.).
Aber auch das kennen wir alle: Mit einem vorher scheinbar unsympathischen Menschen trinkt man ein Bier, man redet ein bißchen, tauscht Meinungen aus *(»... der hat im Grunde ganz prima Ansichten ...«),*, oder man hat mit diesem Menschen eine gemeinsame Arbeit zu erledigen und lernt ihn als einen sehr zuverlässigen, kooperativen Kollegen kennen, und nach einer gewissen Zeit wird einem dieser Mensch sogar sympathisch. Im universitären oder politischen Bereich kann dieses gerade bei den Menschen geschehen, die allein durch ihr Äußeres (Kleidung, Haartracht etc.) nicht der vorgegebenen Norm entsprechen und bei den »Nadelstreifen-Etablierten« und ihrer Jugendorganisation, den Yuppies, wenig Sympathie haben.
Selbstverständlich ist auch der umgekehrte Fall denkbar und bekannt. Jemand wirkt auf uns sehr sympathisch, und man glaubt, daß man sich gut verstehen wird. Doch nach dem ersten Termin oder der ersten Verhandlungsrunde schlägt unser Pendel von Sympathie zu Antipathie aus, und wir alle wissen aus Erfahrung, wie schwierig es ist, jetzt wieder zu einer Sympathie-Ebene zu gelangen. Viele von uns kennen das sicher vom Zusammenleben mit den eigenen Kollegen, mit dem Chef, mit einem Kunden usw. Auch im privaten Bereich gibt es eine Fülle von Beispielen hierzu, wie z. B. nachbarschaftliche Verhältnisse. Nicht selten gibt es den Fall, daß insbesondere Nachbarn, die sich zuvor scheinbar bestens verstanden haben, durch irgendeinen Vorfall zu einem jahrelangen, hefti gen Streit gelangen, der – wie so oft – auch noch gerichtlich ausgetragen wird.
Das Phänomen, daß es offensichtlich keine Garantie darüber gibt, wohin das Pendel ausschlägt, ist für einen versierten Rabulistiker von großer Bedeutung, denn es ist zu bedenken – und darum geht es vorwiegend –, daß dieses »psychologische Schema« ebenfalls beim Gegner »abläuft«. Daraus lassen sich einige Erkenntnisse ableiten:

1. Der sogenannte »erste Eindruck« ist von nonverbalen Signalen und verbalen Aspekten abhängig.
2. Es gibt durchaus eigene nonverbale Signale, die selbst beeinflußbar sind und daher zur Manipulation des Gegners einge-

setzt werden können, sowohl positive wie auch negative Signale.

3. In den überwiegenden Fällen ist es Aufgabe des versierten Rabulistikers, dafür zu sorgen, daß das Pendel beim Gegner zum positiven Bereich ausschlägt. Nur in wenigen Fällen ist es ratsam, von vornherein die Ebene der Antipathie zu wählen.

**Die nonverbalen Signale eines Menschen und die Wirkung auf andere sind wie eine Sprache.** Entweder man beherrscht diese Sprache, dann »spricht« man nicht nur, sondern kann damit andere perfekt ansprechen und sie verstehen, oder sie ist mangelhaft ausgeprägt, dann hat sie kaum Wirkung auf andere und bleibt eine stumpfe Waffe, denn sie wird nicht wahrgenommen. Nonverbale Signale aber sind Schlüsselpunkte der Wahrnehmung in der nichtgesprochenen Kommunikation; es ist also ein Verhalten, welches – ohne eigentliches Sprechen einer Sprache – menschliche Beziehungen gewollt oder ungewollt in Gang setzt, aufrechterhält oder steuert. Die Medien dazu können grob in zwei Bereiche eingeteilt werden:

**a) Intrinsische Kinesik**

(also Signale, die von innen her, aus eigenem Antrieb oder als naturgegebene Phänomene entstehen):

- Mimik
- Gestik
- Körpersprache, Handlungen
- Empfindlichkeit der Haut auf Berührungsreize (Haptik) und Temperatur
- Physiognomie, wie z. B. Kopfform, Ohren, Augen etc.
- Rhetorische Aspekte

**b) Extrinsische Kinesik**

(also Signale, die von außen her angeregt und eher bewußt eingesetzt werden):

- Aussehen, Kleidung, Haartracht etc.
- Statussymbole + Image
- Stil- und Umgangsformen, Individualdistanz, Revierverhalten, Machtsignale, Körperorientierungen usw.
- Paralinguale Phänomene: Stimmqualität (Phonemik), Sprechpausen/Schweigen und nichtsprachliche Laute wie Lachen, Gähnen, Grunzen, Pfeifen, Rülpsen usw.

– Geruchsausstrahlung (Olfaktorik)

Der aufmerksame Leser wird selbstverständlich erkannt haben, daß einige Aspekte sowohl der intrinsischen wie auch der extrinsischen Kinesik zugeordnet werden können. So können selbstverständlich die Mimik und die Gestik bewußt eingesetzt werden, und damit wären es extrinsische Merkmale. Doch hier geht es nicht um eine streng wissenschaftliche Definition, sondern um eine pragmatische Einteilung, die uns zeigen soll, welche nonverbalen Signale der Rabulist beherrschen und einsetzen muß.

Wir haben bereits im Kapitel 2.1.1.1 »Gesprächstechniken« unter Punkt »e) Charisma – erlernbar?« auf die hohe Bedeutung der drei Bedingungen

1. äußere Erscheinung,
2. Kinesik ... in Abstimmung mit ...
3. Rhetorik und Dialektik

hingewiesen und entsprechende Ausführungen gemacht. Es sei nochmals deutlich gesagt: Rabulistik ist ohne Einsatz der Kinesik undenkbar und meist wirkungslos. Eine wirkungslose Rabulistik jedoch kann das Ziel nicht erreichen, das erreicht werden soll: auf alle Fälle recht behalten. Aus diesem Grunde wurde die Wichtigkeit des Einsatzes aller Elemente, auch Düpierung mit körpersprachlichen Ausdrucksformen, suggestiver und aufgesetzter Mimik, taktisches Einsetzen der Gestik zum Zwecke der Täuschung usw., schon in der Einleitung unterstrichen. **Einen Schönheitspreis wird der Rabulist allerdings nicht gewinnen.**

Wenn Rabulistik in der Kinesik eingesetzt werden soll, dann muß die Ausgangsbasis die erklärbaren und bekannten Formen körpersprachlicher Aussagen sein. Erst zufolge dieses Kennens ist es möglich, entscheidende nonverbale Signale zur Verwirrung, Täuschung oder Manipulation z. B. umgekehrt einzusetzen. Wer glaubt, das sei »ein übles Spiel«, dem sollte vorgehalten werden, wie wohl seine Kinesik-Reaktion war, als ihn nach einer netten Feier auf dem Heimweg mit dem eigenen PKW eine Polizeistreife anhielt und fragte, ob er etwas getrunken hätte ..., oder was sagte er nach Rückkehr aus dem Urlaub mit wunderschönen Andenken, die das zulässige Limit weit überschritten, am Zoll auf die Frage des Beamten, ob er etwas zu verzollen hätte ...? Von den Angaben gegenüber dem Finanzamt wollen wir gar nicht erst reden ...!

### 2.2.5 Mimik

Es lautet ein alter Grundsatz:

**Ein Rabulist lächelt charmant – wenn er die Zähne zeigt!**

Im Normalfall erzeugen Blicke Sympathie, es sei denn, jemand »durchdringt« uns mit seinen »Röntgenblicken«, oder ein Sprecher bringt es fertig, mit ständigem Augenaufschlag gen Himmel zu unser aller Chef zu blicken; auch das »Vorbeisehen« an einem Gesprächspartner wirkt meistens unsympathisch. Im Grunde genommen stellen die folgenden Beispiele mimische Wirkungen dar, die uns allen bekannt sind und – das ist entscheidend – auf die meisten Mitmenschen so wirken, wie sie beschrieben sind. Die Kunst in der Rabulistik besteht eben darin, den Gegner glauben zu machen, daß Sie sich gegenwärtig in der Stimmungslage befinden, die Ihre Mimik aussagt. Tatsächlich jedoch kann Ihr Gefühlszustand ein ganz anderer sein, aber Sie wollen mit Ihrer jetzigen Mimik den Gegner z. B. manipulieren. Das könnte z. B. dadurch geschehen, daß Sie einen zu ruhigen Gegner »aus der Reserve locken« wollen, indem Sie permanent arrogant lächeln (eher: grinsen), oder daß Sie die Vorhaltungen Ihres Gegners dadurch verstärken, indem Sie eine schuldbewußte Miene zeigen, denn Ihr Gegner soll schließlich »durch viel Reden viel Breitseite bieten«, also Aufhänger zur Verdrehung liefern, die ein Rabulist nun einmal benötigt.

Dennoch muß auch an dieser Stelle nochmals das gesagt werden, was wir bereits schon in den vorangegangenen Kapiteln sagten: **Dialektische Rabulistik ist das Zusammenwirken vieler Teile im Rahmen einer Strategie.** Es sind die vier Säulen, welche die dialektische Rabulistik bilden. Wir sind in diesem Kapitel jedoch erst bei den Bausteinen der zweiten Säule.

**Mimik, die klar gedeutet werden kann:**

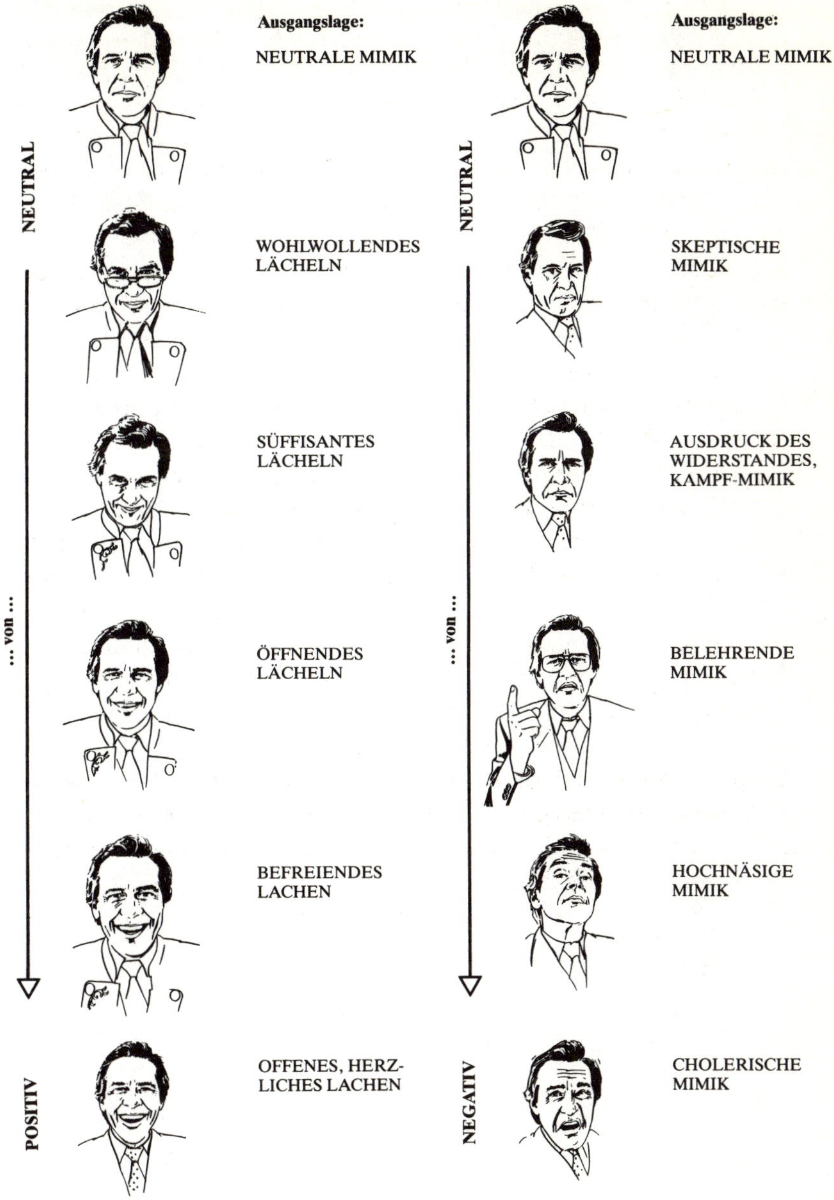


Abb. 2.2.5/1

**Mimik, die klar gedeutet werden kann:**

Abb. 2.2.5/

In den Abbildungen 2.2.5/1 und 2.2.5/2 sind die vier Mienenspiele dargestellt, die es im Grunde in Verhandlungen gibt (Mimik des Weinens, der Schmerzen und der Lust sind nicht dargestellt):
von **neutral** zu **positiv,**
von **neutral** zu **negativ,**
von **positiv** zu **negativ,**
von **negativ** zu **positiv.**
Wichtig ist, daß die jeweilige Mimik auch klar so gedeutet wird, wie sie dargestellt ist. So kann von einer neutralen Ausgangslage die Mimik sowohl im positiven wie auch im negativen Bereich enden – je nach Stimmungslage. Entsprechend gilt die mimische Entwicklung von »positiv zu negativ« und »negativ zu positiv«. Entscheidend für den Rabulisten ist jedoch, daß alle diese Mienenspiele so erkannt werden, wie sie dargestellt und bezeichnet wurden. Sie spiegeln normalerweise die Stimmungslage, die Einstellungen oder Haltungen wider, die ein Mensch aufgrund eines vorgetragenen Sachverhalts bzw. einer Situation einnimmt. Entsprechend kann der Gesprächspartner reagieren, indem er z. B. Forderungen zurücknimmt, abschwächt, neue aufstellt, höflicher oder aggressiver wird usw. Kurzum: er kann – wenn er ein Profi ist – mit seinem Gegner »spielen«, weil er durch dessen Mimik weiß, wie ihm »zumute« ist.
Diese Allgemeindeutung des Mienenspiels macht sich der Rabulist zunutze, indem er die nonverbalen Signale – ebenso wie die verbalen Aussagen – so einsetzt, daß sie entweder falsch gedeutet werden oder Verwirrung stiften. In der Abbildung 2.2.5/3 sind hierzu nur einige Beispiele aufgeführt; es gibt insgesamt so viele, wie es Mienenspiele gibt.

**MIMIK, DIE NICHT KLAR GEDEUTET WERDEN KANN, WEIL ...**

| | | |
|---|---|---|
|  |  | Grunddeutung dieser Mimik wäre wohlwollende Zuwendung, öffnendes Lächeln, also insgesamt eine Mimik, die eine positive Haltung und Gefühlslage signalisiert. Sie wirkt im Gespräch meist stimulierend, d. h., der Partner gewinnt den Eindruck, daß Zustimmung zu erwarten ist. Nahezu schockierend und verwirrend zugleich für den Partner ist es, wenn nach einer kurzen Pause, jedoch noch mit einem »positiven Lächeln«, eine »freundliche Ablehnung« verbalisiert wird, die zudem noch mit einem »Nein, Herr Kollege« beginnt. Unterstützt werden kann diese Verwirrung noch mit Kopfnicken und physiognomischen Regungen, wie z. B. Stirnfalten, Mundbewegungen, Heben/Senken der Augenbrauen usw. Diese »Verwirrungsmimik« ist in der Rabulistik sehr beliebt. |
|  |  | Die Deutung dieser Gestik und Mimik ist ebenfalls klar: Es ist eine Belehrung, die zwischen »Oberlehrer« und »Partner« angesiedelt ist und gedeutet wird. Die Erwartungshaltung des Gesprächspartners ist eben die, daß nach dieser Belehrung die Einnahme einer eher »starren« Haltung erwartet wird. Der Einsatz der »Belehrung« in der Rabulistik jedoch ist diffiziler:<br>Durch »Belehrungen« können einige Positionen überzeichnet, übertrieben und/oder moralisierend usw. dargestellt werden. Der Sinn besteht darin, sich einzelne Positionen »abhandeln« zu lassen, auf die ohnehin kein Wert gelegt wurde. Entscheidend ist jedoch, daß im Gegenzug eigene Forderungen dargestellt und »ausgleichend« durchgesetzt werden. |
|  |  | »Ich werde mir das noch einmal überlegen und rufe Sie dann an!« Wer ein Verkaufsgespräch oder eine Verhandlung mit diesen Worten seines Gegners verlassen muß, hat entweder »falsch« verhandelt oder er hatte es mit einem ganz ausgekochten Gegner zu tun. Das »Pokerface« ist ein bekanntes und beliebtes Mienenspiel – oder besser: gar keins. Bei Schach-Meisterschaften gehört es beinahe zur »Regel«. Der Rabulist, ebenfalls ein »Schachspieler«, nutzt diese Mimik, die im übrigen sehr schwer durchzuhalten ist, um seinen Gegner »ins Leere laufen« zu lassen, ihm also via Mimik nicht zu signalisieren, was er gerade denkt, welchen Gefühlszustand er hat und was er beabsichtigt. Diese Mimik-Technik ist bestens geeignet, den Gegner »nervös« werden zu lassen. |
|  |  | Ähnlich wie das »Pokerface« ist der »dezente Einsatz« eines Mienenspiels. Hierbei geht es darum, daß zu den Äußerungen des Gegners jeweils ein Mienenspiel aufgesetzt wird, welches entweder genau das Gegenteil signalisiert oder aber zeigt, daß man mit der negativen Darstellung des Gegners z. B. über einen Sachverhalt oder eine Person einig ist. Dieses Mienenspiel ist bestens geeignet, im Zusammenwirken mit dem »Pokerface« einen Gegner während seiner Darstellung über einen Sachverhalt zu verunsichern, ihn aus der Fassung zu bringen. Sehr oft reagiert ein Verhandlungspartner schon während seiner Darlegungen – irritiert – mit der Frage: »... Oder haben Sie da eine andere Auffassung ...?« Wer diese Frage während seiner Darlegungen aufgrund der Mimik seines Gegners stellt, ist manipulierbar und ... hat verloren! |
|  |  | Wird diese »Choleriker-Mimik« während eines Gespräches gezeigt, so ist die Entrüstung bzw. Aufregung über irgendeinen Sachverhalt klar. Die »entrüstete, wütende Miene« ist jedoch auch dann wirkungsvoll einzusetzen, wenn im Rahmen der Strategie, einen Nebenpunkt besonders herauszuheben, dieser Nebenpunkt durch geeignete Gestik und deutlich erkennbare Mimik gekennzeichnet werden soll. Der Gegner soll glauben, daß die Überzeugung und die Emotionen seines Gegenübers besonders an dem Punkt hängen, der so wirkungsvoll in Szene gesetzt wurde. Diesen Nebenpunkt läßt man sich – so weit die Strategie – »abringen« und wiegt den Gegner in der trügerischen Sicherheit, daß er einen großen Verhandlungserfolg errungen habe. Nunmehr hat der andere das Recht, seine Forderungen zu stellen, indem er auf seine bisherige Verhandlungsbereitschaft und sein Entgegenkommen (in einem Nebenpunkt!) hinweist. |

Abb. 2.2.

Die beliebtesten mimischen Ausdrücke dürften sicher die sein, die stets freundlich lächelnd, mimisch unbeweglich (Pokerface) oder skeptisch sind. So gibt es Gesprächspartner, die von der ersten bis zur letzten Minute des Gespräches lächeln (Dauergrinsen), sogar beim Vortragen von Forderungen des Gegners mit dem Kopf nikken und dann ebenso lächelnd »nein« sagen. Das mag da und dort gelingen und ist im übrigen sehr stark abhängig von der Persönlichkeit des Betreffenden. Dieser Vorgehensweise ist jedoch nicht ein gerüttelt Maß Zynismus abzusprechen – denn nur sehr wenige Menschen sind von Natur aus »immer freundlich«. Der erfolgreiche Rabulist sollte allerdings mit der Waffe »Zynismus« sehr behutsam und vorsichtig umgehen – die Waffe wird schnell erkannt, reizt zum Widerspruch und erhöht oft die Kampfmoral des Gegners; Zynismus kann also leicht zum Bumerang werden.
*»Er hat keine Miene verzogen!«, »Im Umkreis von drei Metern erstarrt bei dem alles zu Eis!«* – so und ähnlich klingen viele Äußerungen von Mitmenschen über Verhandlungspartner, Gegner usw. Jedes Gefühl, jede Regung, jede Situation, jedes Befinden usw. löst natürlicherweise eine entsprechende Mimik aus bzw. hat diese zur Folge. Ein unbewegliches Gesicht, eine starre Mimik und keinerlei Gestik sind ein unnatürliches Verhalten, welches durchaus bewußt erzeugt sein kann. Der Einkäufer, der dem Verkäufer mit unbeweglichem, starrem Gesicht gegenübersitzt und kein Wort sagt, während dieser seine Ware präsentiert, will im Grunde den Verkäufer nur verunsichern, will ihm keine Möglichkeit geben, »aufzudrehen«, will ihn »vorbereiten« für den entscheidenden Preispoker. Seine einzige erkennbare Mimik war ein sehr skeptischer Gesichtsausdruck und Stirnfalten, die auf Ungläubigkeit schließen ließen. Der Vertreter würde sich wundern, zu welchem natürlichen Mienenspiel dieser Einkäufer z. B. gegenüber seiner Sekretärin fähig ist, wenn der Vertreter wieder fort ist und der Einkäufer über seinen Urlaub erzählt.

Der Kanzlerkandidat der Union, F. J. Strauß, spricht beschwörend im Bundestag 1976. Demonstrativ gelangweilt liest der Bundeskanzler H. Schmidt mit gleichgültiger Miene eine Zeitung.

Der Kanzlerkandidat der Union, F. J. Strauß, redet zum »Männerfreund« H. Kohl freundschaftlich, jedoch beschwörend. Die rechte Hand von FJS hält dabei die ebenfalls rechte Hand von Kohl während der »Beschwörung« fest.

Herbert Wehner »poltert« im Bundestag – hier 1973 bei der Debatte zum Grundlagenvertrag. Wehners Attacken waren gefürchtet – bei Freund und Gegner.

Seine grimmige Mimik, verbunden mit deutlichen Gesten sowie insbesondere seine außergewöhnliche Rhetorik unterstrichen seine charismatische Ausstrahlung.

Der Kanzlerkandidat Strauß spricht 1980 beschwörend zu seinen Parteifreunden von der Union.

Wie Wehner, so konnte auch Strauß auf dem Klavier der Rhetorik, Gestik und Mimik exzellent spielen und »komponieren«.

Der 5. Kanzler der Bundesrepublik leistet 1974 seinen Amtseid. Auch er schwört: »So wahr mir Gott helfe.« Seine Mimik ist dabei der Würde des Augenblicks angemessen.

Wer sich in die Lage des Verkäufers versetzt, wird sicher ebenso wie der Verkäufer die nahezu unbewegliche Mimik des Einkäufers in Erinnerung haben. *»Der hat dagesessen, wie ein Felsbrocken und hat keine Miene verzogen!«* – das ist sicherlich der Eindruck des Verkäufers. Das muß zum Anlaß genommen werden, auf eine sehr wichtige Tatsache hinzuweisen. **Wenn wir Menschen gegenübertreten, ist unsere Wahrnehmung sehr stark auf die menschliche Mimik fixiert** (siehe auch Kapitel 2.2.4). Im Gegensatz zur räumlichen Situation, zu Aussehen und Kleidung, Statussymbolen etc., die sich nicht verändern, ist die menschliche Mimik (neben der Gestik und der Körperhaltung) einer ständigen Veränderung unterworfen, die wir jedesmal neu wahrnehmen und deuten, ebenso wie das Sprechen und die Sprache.

Die Mimik ist also ein exorbitant wichtiger Teil des Ganzen und wird vom »Gegenüber« genauso wahrgenommen, wie wir sie wahrnehmen. Abgesehen von den Ausnahmen »Dauergrinsen« und »Pokerface« ist das Mienenspiel im Verlaufe einer Verhandlung sehr umfangreich. Die Abbildung 2.2.5/4 zeigt, welche Eindrücke ein Gesprächspartner von der Mimik seines Gegners (oder umgekehrt) erhalten kann. **Die Mimik soll dem Gegner signalisieren, was man von seinem Angebot bzw. seinen Argumenten hält und wie man »wahrscheinlich« reagieren wird. Die eigentliche Absicht, das erstrebte Ziel, die Strategie, ist eine ganz andere.**

**Es geht in erster Linie also um Manipulation – und zwar stets auf der Beziehungsebene.** Im Kapitel 2.2.4 haben wir das psychologische Schema dargestellt, welches in uns allen abrollt, wenn wir mit Menschen kommunizieren. Das Pendel kann – je nach emotionalen Infos – zu Sympathie oder Antipathie ausschlagen. Mit dem Einsatz des Mienenspiels in der Rabulistik wird in dieses Schema eingegriffen, d. h., die Beziehungsebene soll »manipuliert« werden. Es soll der Eindruck und die Kategorisierung entstehen, die der Rabulist will – also nicht unbedingt die »übliche« oder »erwartete« Kategorisierung. Dem Rabulisten ist es auch niemals »egal«, welcher Eindruck von ihm entsteht, sondern er setzt gerade die nonverbalen Signale so ein, daß sie seinem einzigen Ziel dienen:

**Auf alle Fälle recht behalten.**

Die Mimik hat eine ebenbürtige Schwester: **die Gestik.**

### 2.2.6 Gestik

Wirkungsvolle Gesten durch Kopf, Hand und Arm betonen und unterstreichen eine verbale Aussage. Sie sprechen Verstand und Gefühl an. Man unterscheidet drei Wirkungsebenen der Gestik:

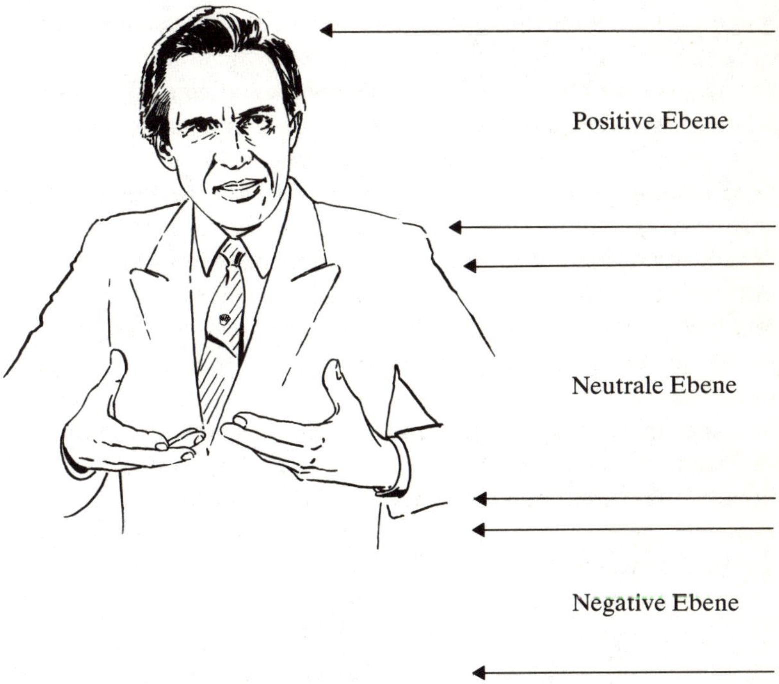


Die wichtigste Regel hierzu:
**Die Geste muß der Vorläufer der sprachlichen Aussage sein, nicht der Nachkömmling!**
Im Normalfall gilt: Ihre Gestik muß bereits erkannt und wahrgenommen werden, bevor Sie eine zugehörige Aussage machen – oder beide Ausdrucksformen, verbale und nonverbale, werden

gleichzeitig (synchron) vorgetragen – als unterstreichende Redebegleitung. Nur in wenigen Fällen ist es rhetorisch sinnvoll, kurz nach einer Aussage eine entsprechende Gestik darzustellen.
Werden Gesten sinnvoll eingesetzt, erleichtern sie das gegenseitige Verstehen. Ob jemandem gedroht werden soll, ob etwas kraftvoll unterstrichen werden soll, ob man nach einer Redepause weiterreden will, ob etwas abgewehrt, angenommen, erbeten wird usw. – mit der geeigneten Gestik ist es meistens ohne Worte möglich, sich verständlich zu machen. Hierbei sind Arme und Beine die eigentlichen Werkzeuge der gestischen Handlung.
**Die allgemeine Regel lautet: Gesten müssen zu Ihren Worten und Überlegungen passen.** Die Aussage: *»Wir haben hervorragende Erfahrungen mit dem Produkt gemacht«* und eine Gestik im unteren, negativen Bereich passen nicht zueinander. Und weiter gilt: Gesten sind nur dann sinnvoll, wenn sie etwas aussagen oder erkennbar unterstreichen bzw. ergänzen. Ob Sie eine Hand oder zwei benutzen, hängt von dem Gedanken ab, den Sie ausdrücken wollen. Wenn Sie sehr emphatisch sind, heben Sie beide Hände. Eine Geste, durch zwei Hände ausgedrückt, wirkt meist doppelt so stark wie mit einer Hand.
Wie auch in der Mimik gibt es einige Grundformen, die unterschieden werden können, weil sie zumeist einheitlich gedeutet werden (aus: SUPER SELLING, München 1989):

1. Präzisieren

2. Drohen

3. Ausgleichen/beschwichtigen

4. Abwehren/ablehnen

5. Fragen/fordern

6. Bitten

7. Konfrontation

8. Zusammenfassen/verbinden

9. Abwerten, dämpfen, beruhigen

10. Belehren

Aber auch andere Körperteile können eine unterstützende Rolle bei den gestischen Ausdrucksmitteln spielen, z. B. **Kopf und Augen.** Ein ruckartiges Heben des Kopfes kann sowohl Konzentration wie auch Überheblichkeit/Arroganz signalisieren, je nach dem, welche Augenbewegungen und Mimik Sie anwenden. Ein Senken des Kopfes kann ebenso ein Schuldgefühl wie auch eine Abwehrhaltung darstellen; auch hier sind Augenbewegung und Mimik entscheidend. **So bilden also Kopf- und Augenbewegungen, Mimik und entsprechende gestische Ausdrucksformen der Arme und Hände stets eine Einheit, die so stark wirken kann, daß jedes weitere Wort überflüssig wird.**

Daraus ergibt sich eine rabulistische Analogie zur Mimik (siehe Kapitel 2.2.5). Die dargestellten Gestiken können – wie die mimischen Ausdrücke in Abb. 2.2.5/1 und 2 – klar gedeutet werden, d. h., die entsprechende Geste wird »verstanden«. Psychologisch gesehen befindet sich der Gegner bei der Erkennung und unzweifelhaften Deutung von Mimik und Gestik in einem **»emotional stabilen Zustand«,** da die Geste selbst seinen Kenntnissen respektive Erfahrungen entspricht. Auch hier ist wieder die Wichtigkeit des Grundsatzes herauszustellen:

**Orientiertsein schafft Vertrauen.**

Diese Allgemeindeutung macht sich – wie in der Mimik – der Rabulist zunutze, indem er die nonverbalen Signale (wie auch die verbalen Aussagen) bei Bedarf so einsetzt, daß sie entweder falsch gedeutet werden oder Verwirrung stiften. Ebenfalls wie in der Mimik gibt es so viele Möglichkeiten der richtigen und falschen Deutung von Gestiken, wie es Gestiken selbst gibt. Es hat darum keinen Sinn, die unzähligen Beispiele und Möglichkeiten sowie ihre Interpretationen aufzuzeigen. Wichtig und entscheidend für den Rabulisten ist:

1. Wie werden die üblichen Formen (Grundformen) verstanden und gedeutet?
2. Welche Ausdrucksformen können so dargestellt werden, daß sie vom Gegner nicht richtig gedeutet werden?
3. Welche Ausdrucksformen haben eine besonders suggestive, demagogische und rabulistische Überzeugungskraft – und: Wie passen diese zu mir?

Insbesondere die dritte Frage darf in ihrer Wichtigkeit nicht unterschätzt werden. Selbstverständlich gibt es eine Vielzahl von Ausdrucksformen, von denen eine starke, meist suggestive Wirkung ausgeht, wie z. B. das betont lange und starre Hineinsehen in die Augen des Partners, das langsame Vorgehen mit dem Oberkörper/Kopf zum Partner, die bewußte Stimmodulation, die entsprechende Gestik z. B. mit den Händen und das Arbeiten mit suggestiver Mimik, meist im Wechsel mit angedeutetem Lächeln, und der Höhepunkt durch eine in passender Rhetorik vorgebrachte suggestive Abschlußfrage (*»Wollen Sie das wirklich?« »Sind Sie darum nicht auch der Meinung, daß nur Alternative A in Betracht kommt?«* usw.). Das suggestive Anstarren ist ein Machtspiel, bei dem es darum geht, daß der Schwächere »niedergestarrt« wird. Es gehören eine Menge Selbstbewußtsein, innere Sicherheit und auch eine gehörige Portion von Angriffsgeist dazu, das suggestive Anstarren zu beginnen – aber auch: die Herausforderung anzunehmen und ihr standzuhalten! **Der Blickkontakt, verbunden mit entsprechender Mimik, ist ein Machtsignal.** Darum ist es in der dialektischen Rabulistik von größter Wichtigkeit, mit diesem Signal die eigene, starke Persönlichkeit zu zeigen. **Doch wer Macht nach außen zeigt, muß sie auch in sich fühlen, muß sie entwickeln, sonst wird die Waffe »starrer, suggestiver Blickkontakt« wirkungslos.**

Es hat jedoch keinen Sinn, daß solche Techniken von Menschen verwendet werden, zu denen die Suggestion im Verhalten einfach nicht paßt. **Ein »Andressieren« ist nicht zu empfehlen** und könnte zum Gegenteil dessen führen, was erreicht werden sollte. Die Auswahl suggestiver oder auch demagogischer Ausdrucksformen in der Mimik, der Gestik und in den Körperhaltungen muß »typbedingt« erfolgen. Zu einem schmächtigen jungen Mann mit viel Nikkelbrille und wenig Stimme passen keine martialischen Gesten mit versuchtem Röntgenblick – das wirkt lächerlich, peinlich. Damit ist auch klargestellt, daß es »die« Ausdrucksform nicht gibt, sondern stets am »Typ« selbst orientiert sein muß. Eine gute Möglichkeit, Mimik, Gestik und Körperhaltungen im Selbsttraining zu verbessern und zu erweitern, besteht darin, besondere Ausdrucksformen vor dem Spiegel zu üben, sich selbst mit der Videokamera aufzuzeichnen (z. B. beim Eigenreferat), Stärken und Schwächen zu beurteilen und sodann jede Gelegenheit zu nutzen, diese Ausdrucksformen anzuwenden, z. B. im Kollegengespräch, unter Freunden, bei Kunden usw. Der beste Weg aber ist selbstverständlich der Besuch entsprechender Rhetorik-Dialektik-Kinesik-Seminare, in denen dann der geschulte Trainer schnell erkennt, welche Stärken verstärkt und welche Schwächen abgebaut werden müssen. Leider ist immer wieder zu beobachten, daß in Seminaren ein »Trainer« jede unwillkürliche Hand-, Finger- und Armbewegung, Augen- oder Körperbewegungen »charakterlich-psychologisch deutet«. Solche »Deutungen« treffen insbesondere diejenigen Teilnehmer negativ, die ihrer Unsicherheit wegen das Seminar aufsuchten und nun durch solchen Detail-Humbug noch unsicherer werden. Ob die Finger etwas weniger oder etwas mehr gestreckt sind, ist psychologisch völlig unerheblich. Hieraus Verhalten oder Einstellungen »ablesen« zu wollen, ist fast schon Scharlatanerie – oder auch der Hinweis auf mangelnde Fachkenntnisse.

### 2.2.7 Körperhaltungen

Wie Mimik und Gestik ist auch die Körperhaltung dann eindeutig interpretierbar, wenn sie in Übereinstimmung mit einschlägigen Kenntnissen und Erfahrungen über körpersprachliche Aussagen ist. Sie wirkt – wenn sie nicht bewußt gegenteilig eingesetzt wird – »verräterisch«. So signalisiert die »offene Körperhaltung« Offenheit, Zuwendung und Interesse. Die »verschlossene Körperhaltung« ist verkrampft und signalisiert Verschlossenheit und auch Unsicherheit. Zudem gibt es einige körpersprachliche Aussagen, die arrogant und überheblich wirken, wie z. B. das demonstrative

Verschränken der Arme oder das Abstützen der Arme auf oder an den Hüften, das breitbeinige Stehen oder auch die Unart, beide Hände in die Hosentaschen zu stecken. Auch das Versenken einer Hand in die Hosentasche und das gleichzeitige »Herumfuchteln« mit der anderen Hand wirkt u. U. sehr überheblich; zumindest wird es gedeutet als ein Zeichen »schlechter Kinderstube« und nicht immer als eine »Lässigkeit, die Sicherheit ausstrahlt«.
Erinnern Sie sich noch?
**95 % aller Entscheidungen werden auf der Ebene der emotionalen Beziehungen getroffen!**
Einige wichtige körpersprachlichen Aussagen wollen wir in den folgenden Abbildungen darstellen. Entscheidend ist auch hierbei wiederum, daß im allgemeinen diese Darstellungen so gedeutet werden, wie sie untertitelt sind. Das ist die Ausgangslage für den Rabulistiker – im Zusammenhang mit Mimik und Gestik:
Wenn diese körpersprachlichen Aussagen **umkehrend** eingesetzt werden sollen, von welcher allgemeinen Grunddeutung ist dann auszugehen?
Wie bei Mimik und Gestik beschränken wir uns hierbei nur auf einige beispielhafte Darstellungen. Die Philosophie der Rabulistik basiert sowohl auf dem Einsatz der gezeigten Beispiele wie aber auch auf der Umkehrung zur Fehldeutung und Irritation.

**offene Körperhaltung**
signalisiert
- Offenheit
- Zuwendung
- Interesse

**verschlossene Körperhaltung:**
signalisiert
- Verschlossenheit
- Ablehnung
- Unsicherheit

Um **sicher** zu stehen,
brauchen Sie **2 Standbeine.**

←

Diese Haltung verrät
Unsicherheit!

→

**NEGATIV:** Diese Körperhaltungen verraten:

Arroganz

Überheblichkeit

Lässigkeit (im Sinne
von schlechten Manieren)

**POSITIV:** Diese Körperhaltungen verraten:

Offene Körperhaltung im sitzen!

- Offenheit
- Zuwendung
- Interesse

**NEGATIV:** Diese Körperhaltungen verraten:

Verschlossenheit/Unsicherheit

Ablehnung/Distanz

Unflätigkeit/Überheblichkeit

Verkrampfung/Unsicherheit

Um es nochmals deutlich zu sagen: Eine wie auch immer »andressierte« Mimik, Gestik und Körperhaltung ist verräterisch, denn man verrät damit »aufgesetztes Verhalten« – und somit unter Umständen innere Unsicherheit. Grundsätzlich müssen alle Ausdrucksformen als Folge der inneren Kraft und Selbstsicherheit erkennbar sein. Der Weg zu innerer Stabilität und Selbstbewußtsein führt über den persönlichen, beruflichen und sozialen Erfolg, über Anerkennung und Zufriedenheit. Ausdrucksformen, die hier ihre Basis haben, wirken glaubwürdig, weil die gesamte Ausstrahlung solcher Menschen »stimmig« ist, also zusammenpaßt. Nun wissen wir aber alle und jeder hat es erfahren (oder erfährt es gerade), daß Erfolg, Anerkennung und Zufriedenheit sehr seltene Gäste sind, und mitunter bleibt man jahrelang von ihnen »verschont«. Wer dieses Gefühl hat, wirkt oftmals deprimiert und auch unsicher, es fehlt die **»innere Sicherheit«.** Es gibt immer wieder Fälle, in denen Menschen nicht mehr weiter wußten und aus dem Leben schieden, weil in einer langen, erfolglosen, unzufriedenen Lebensphase ein Schlag kam, dem sie sich nicht (mehr) gewachsen fühlten, sei es ein Schicksalsschlag, eine drohende finanzielle Pleite, ein schwerer Streit, eine Anklage o. ä. Aus der Psychotherapie ist aber seit langem bekannt und gilt als wissenschaftlich gesichert, daß insbesondere in einer langen Phase der Erfolglosigkeit jeder Mensch sich selbst kleine Erfolge verschaffen sollte, die ein weiteres »Abdriften« verhindern und sogar aufbauende, stimulierende Wirkung haben können. Der Sinn besteht darin, den Teufelskreis zu durchbrechen: Wer unzufrieden, erfolglos, unsicher und auch deprimiert ist, dem fehlt – meist bei allem, was er macht – die Glaubwürdigkeit, die Echtheit – die Authentizität. Die Überzeugungskraft fehlt – weil die innere Sicherheit fehlt. Die Folge davon sind meistens weitere Mißerfolge.

Ein solcher »Teufelskreis« kann meistens schon mit kleinen Dingen durchbrochen werden. Wenn es z. B. darum geht, größere Sicherheit zu erlangen, so kann dies oftmals über den Weg der äußeren Form geschehen. Das kann das Outfit, die äußere Erscheinung sein, sichere und angenehme Umgangsformen, Sprechen und Sprache usw. Ein Beispiel: Wer unsicher und mutlos, blaß und schlechtrasiert, mit ungepflegten Haaren und einfallsloser Kleidung ein Lokal betritt, wird kaum Mut entwickeln, sich an den

Tisch zu setzen, an dem eine sehr hübsche, gepflegte Dame sitzt. Vielleicht schielt er ständig rüber zu ihr, aber sein Inneres sagt ihm: »Die steht bestimmt auf Millionäre oder zumindest sehr gutaussehende Männer – und wie schaue ich aus? Vergiß es!« Eine neue Depression macht sich also breit.

Dieser Mann würde vielleicht trotz seiner inneren Unzufriedenheit ganz anders reagieren, wenn er gepflegt wäre, modische Kleidung tragen würde, die sein Selbstbewußtsein hebt, und er zudem seiner Umgangsformen, Manieren sicher wäre. Eine Garantie gibt es sicher auch jetzt nicht, wie die Dame auf seine Frage reagieren würde, ob er sich dazusetzen darf, aber meistens ist das »Problem« viel kleiner, als man zuvor gedacht hatte. Sagt sie »ja«, ist ein kleiner Schritt getan – was immer dann folgt. Doch mit kleinen Schritten wächst auch das Selbstbewußtsein, und statt in eher geduckter Haltung zu gehen, wird dieser Mann lächeln und gerade, aufrecht gehen. Wer z. B. aufrecht, forsch und sicher geht, dürfte größere Chancen haben, nicht von Straßenräubern »belästigt« zu werden, als jemand, der verschüchtert, geduckt, psychisch armselig daherschleicht, denn welcher Räuber legt sich gerne mit »Objekten« an, von denen er eine gehörige Portion Schwierigkeiten erwarten darf.

**Es ist bewiesen, daß es eine gewisse Beziehung zwischen Seelenlage und Körperhaltung gibt.** Auch äußerlich ist dieses festzustellen: Wer aufrecht und forschen Schrittes geht, dessen Bewegungen erscheinen sicherer und kraftvoller als bei demjenigen, der eher »kriecht« oder geduckt schleicht. Wohl aus diesem Grunde (und sicher auch anderen ...) werden Soldaten darauf gedrillt, militärisch »zackig« aufzutreten. Von bestimmten Ausnahmen abgesehen ist das Ablesen der inneren Kraft, manchmal sogar Unbeugsamkeit, unabhängig vom Körperwuchs. So kann ohne Zweifel ein klein gewachsener Mensch durch seine Körpersprache, speziell durch seine Körperhaltung, nach außen Macht signalisieren, d. h. Macht, die auch von der Umwelt »erkannt« wird. Umgekehrt kann ein »athletischer Brocken« durch eine unsichere Körperhaltung innere Unsicherheit verraten. Wer über diese Menschenkenntnisse verfügt und Körpersprache versteht, weiß meistens sehr gut, mit welchen Waffen er sein Gegenüber schlagen kann. So wird sich der klein gewachsene Mann hüten, der reinen Körperkraft des »athletischen Brockens« durch seine eigene Körperkraft Paroli bieten zu wollen. Das Erkennen einer inneren Unsicherheit gibt ihm ganz andere Möglichkeiten, das Feld als Sieger zu verlassen, indem er eine bestimmte Diskussion beginnt, z. B. Lob über den kraftvollen Körper und geschickt Tadel über den Geist verteilt, jedoch anschließend mit kleinen Erfolgserlebnissen für den Athleten, die nach weiteren Beispielen (zwangsläufig) mit der Erkenntnis enden müssen, daß es in dieser Diskussion nur einen Klugen gibt.

### 2.2.8 Machtfaktoren: Territorium – Haptik – Olfaktorik

Allein die Überschrift ist ein Zungenbrecher.
Warum so viele Fremdworte?
Kann man das nicht in der deutschen Sprache ausdrücken?
Doch, man kann!
Unter **»Territorium«** (lat.-fr.) versteht man Grund und Boden, Land, Bezirk, Gebiet bzw. das Hoheitsgebiet (meist eines Staates), aber auch private Bereiche. Für unsere Ziele muß zudem der Begriff »Territorialverhalten« erläutert werden. Das Territorialverhalten (auch: Revierverhalten) ist nach den Ergebnissen der vergleichenden Verhaltensforschung ein wichtiger Aspekt des Sozialverhaltens von Tieren und Menschen. Es umfaßt u. a. folgende Sachverhalte: Das Leben von Angehörigen der meisten Arten ist an einen bestimmten Raum gebunden (Revier, Territorium), der normalerweise nicht verlassen wird, dessen Grenzen (z. B. durch Duftmarken in der Tierwelt, Zäune beim Menschen etc.) markiert werden und der gegen das Eindringen Fremder (vor allem ortsfremder Angehöriger der gleichen Art) verteidigt wird. Das abgrenzende menschliche Verhalten in einem Territorium, also das Territorialverhalten eines Menschen, wird meistens nur bei Mangel bzw. Einengung oder der Erwartung hierzu wirksam. Der Leser dieses Buches, der sich zur Lektüre in »sein Arbeitszimmer« zurückgezogen hat, hat ebenso ein Territorialverhalten wie seine Ehefrau, die in der Küche das Essen zubereitet und weder ihn noch den Besuch besonders gerne in der Küche duldet. Wenn sie zu Bett gehen, hat jeder »seinen Platz«, und wenn sich beide morgens ins Bad begeben, benutzt sie »ihr« und er »sein« Waschbecken.
Unter **»Haptik«** (gr.-lat.) versteht man die Empfindlichkeit der Haut auf Berührungsreize. In der Psychologie bezeichnet der Begriff die Gesamtheit der Tastwahrnehmungen. Um z. B. einen

Menschen zu berühren, muß man weniger als ca. eindreiviertel Meter von ihm stehen. Das kann durchaus eine Störung seiner territorialen Abgrenzung sein. Damit dieses in unserem Kulturkreis nicht geschieht, haben wir **»Distanzzonen«** festgelegt, die überall Gültigkeit haben:

**Distanzzonen**

| | |
|---|---|
| 0–60 cm | Intimzone |
| 60–150 cm | persönliche Zone |
| 1,50–4,00 m | gesellschaftliche Zone |

»Rück' mir nicht so nah' auf den Pelz«, »Bleib' mir vom Leib«, »Halten Sie Abstand« – so hören wir es, und so weiß es der Volksmund. Die Regel lautet:
**Die Sympathie verhält sich umgekehrt proportional zur Intensität des Körpergeruchs und nimmt mit dem Quadrat der Entfernung zu!** Was letztlich doch recht tröstlich ist – wenn die Entfernung eingehalten wird …!
Leider ist in der Praxis oft zu beobachten, daß gerade diejenigen Zeitgenossen ein Nah-Kontakt-Bedürfnis haben, deren Deos und

Mundwasser in aller Regel versagen und deren Gesamtgeruch den Verdacht aufkommen läßt, sie hätten eine Verbindung zur Kläranlage mit direkter Leitung zur Senkgrube. **Auch Raucher unterschätzen sehr häufig z. B. die »Treue der Nikotinkletten« und werden somit schnell zur »Zumutung« für Nichtraucher.** Wer zudem noch den **Kommunikationskiller Knoblauch** in Mengen genoß, erfährt durch eindeutige Gesten und Rückzugsverhalten seiner Mitmenschen, was ein **»olfaktorischer Abstandshalter«** ist.

Die **»Olfaktorik«** (lat.) bezeichnet die Geruchsausstrahlung; in der Medizin ist die Olfaktometrie die Messung der Geruchsempfindlichkeit. Welche Bedeutung in unserem Zusammenhang der Begriff bzw. der Inhalt hat, wurde mit dem Stichwort »Knoblauch« schon angedeutet. *»Den kann ich nicht riechen!«, »Die stinkt mir!«, »Du duftest bezaubernd!«, »Den Braten habe ich gerochen!«, »Der hat eine Nase dafür!«* usw. – alle diese und viele andere Beispiele sagen etwas über die Wichtigkeit dieses Phänomens aus. Daß der Geruch eines Menschen von höchster Bedeutung ist, weiß man nicht erst seit heute. Die alten Griechen, Römer und Araber haben Gerüche und Düfte zur Stimulanz vieler Gefühle kultiviert. Und besonders heutzutage gibt es eine Milliardenindustrie, deren einzige Aufgabe darin besteht, schöne Düfte zu erzeugen und diese in teure Flaschen abzufüllen. Eine »betörende« Frau ist zugleich auch eine Frau, die einen »betörenden« Duft verbreitet. Und auch Männern steht heute ein nahezu unüberschaubares Arsenal von Düften aller Kaschierungen zur Verfügung – empfohlen und zur »Pflicht« hochstilisiert von eben dieser Milliardenindustrie und ihrer gläubigen Lobby. Daß die Grenzen sehr leicht zu überschreiten sind, weiß jeder (und jede), die einen lästigen Parfümgeruch aus einem Raum vertreiben wollen, aber am hartnäckigen Verbleiben und der Raumbesetzung dieses Geruchs scheitern. **Der Geruch eines Menschen, die Olfaktorik, ist ein fester Bestandteil des Territorialverhaltens und damit ein Machtsignal.** Jeder durch einen Menschen besetzte Raum, den dieser als »sein Territorium« ansieht, hat einen bestimmten Geruch (Wohnung, Chefbüro usw.). Diesen Geruch mit einem neuen Geruch, z. B. durch die Olfaktorik eines anderen Menschen, zu überlagern, heißt zunächst einmal, in das Territorium einzudringen, ja auch: zu stören. Auch das ist ein Machtspiel – insbesondere dann, wenn der

»Eindringling«, sagen wir besser: der Gesprächspartner, bewußt seine Olfaktorik einsetzt. So begehen z. B. viele Frauen den Fehler, bevor sie zum Diktat im Chefzimmer erscheinen, schnell noch ein paar Tropfen mehr oder weniger edlen Parfüms »umzuhängen«. Auch manche Sekretärin, die in einer Verhandlung den Beteiligten einzeln die Unterlagen reichte, vergaß nicht, sich vorher noch kräftig per Geruch »auszuweisen« – vielleicht sah sie es als einen speziellen Ausdruck von angenehmer Weiblichkeit an, dann langt das Verständnis. Wenn sie es bewußt einsetzte, um in peinlicher Selbstüberschätzung ihre »Duftmarke« zu hinterlassen, fehlt ihr einiges, z. B. die Kenntnis darüber, daß sie im wahrsten Sinne des Wortes »stört«! Dann langt das Verständnis nicht mehr.

**Versuchen wir also, den Zusammenhang zwischen Territorium – Haptik – Olfaktorik als Machtsignale für die dialektische Rabulistik nutzbar zu machen.** Dazu stellen wir nochmals fest:

Wenn in unserem Kulturkreis jemand in die Sphäre eingreift oder gar eindringt, die ein privates oder berufliches Refugium, ein Territorium ist, führt das meistens zu einem Machtspiel. Derjenige, der dieses risikolos oder ungestraft vollzieht, hat in aller Regel die größere Macht. Wer Macht dadurch demonstrieren will, daß er in das Territorium des anderen eindringt, wählt dazu stets das »störende« Verhalten – denn es gibt ohne Zweifel auch ein »nicht störendes« Verhalten. Dieses ist leicht daran zu erkennen, daß es schon durch äußerliche Formen nicht die Sphäre des anderen stören möchte, sondern lediglich eine eher notwendige Aufgabe erledigen will, z. B. Überbringen der Post, Ankündigen eines Besuches, Einnahme eines bestimmten Sitzes und einer Sitzposition usw.

Um sozial und gesellschaftlich nicht »anzuecken«, existieren bestimmte Regeln, die Allgemeingültigkeit haben. So unterscheiden und akzeptieren wir stets die »Distanzzonen«; **wir wissen, daß Körperberührungen außer dem Händeschütteln, evtl. Schulterklopfen usw. im Geschäftsleben verpönt sind;** es ist aber auch bekannt, wie entscheidend die Geruchsausstrahlung eines Menschen für die Sympathie oder Antipathie seiner Umwelt sein kann. Hierzu ist noch anzumerken, daß z. B. das Urteil *»Den kann ich nicht riechen!«* nicht unbedingt mit dem realen Körpergeruch zusammenhängen muß, sondern meistens meint man damit die **fehlende Sympathie** aufgrund eines bestimmten Verhaltens, Auftretens, Redens usw. Nicht immer können diese beiden Phänomene voneinander getrennt werden, sie gehören oft »irgendwie zusammen«, wir wollen hier jedoch nur von der realen Geruchsausstrahlung reden, also dem Geruch, den man selbst hat (Körpergeruch), und dem, der künstlich hinzugefügt wird (Creme, Parfüm, Kleidung/Leder usw.).

**Werden diese Regeln also nicht eingehalten, kommt es zur Störung, zur Machtdemonstration.** Doch es muß gut unterschieden werden, welches Formen für unseren Kulturbereich und welche Regeln für andere Kulturen gelten. Wer sich auf »Tuchfühlung«, also ca. 20 cm Abstand, zu seinem Kunden begibt, beweist aufdringliches, unangenehmes Benehmen – der Kunde wird zurückweichen. Wer jedoch im Gespräch z. B. mit einem Araber, der dieses in einem Abstand von knapp 20 cm führt, zurückweicht, wird diesen unter Umständen beleidigen, weil er sich »abgestoßen« fühlt. Wer bei uns einen Menschen liebevoll am Kopf berührt, ihm übers Haar streicht, demonstriert Zuwendung, Liebe, vielleicht auch Mitgefühl. Wer dieses in bestimmten Ländern Asiens vollzieht, verletzt ein heiliges Tabu, denn der Kopf gilt dort als etwas Heiliges. Wer bei uns seine Füße vom Gesprächspartner wegdreht, zeigt durch diese körpersprachliche Aussage, daß er sich auch vom Partner »wegdreht«, ihn ablehnt. Wir akzeptieren unseren Partner, indem wir im Sitzen Knie und Füße zu ihm wenden. Doch wer z. B. die Füße in Richtung eines Asiaten streckt, signalisiert diesem Streit, Anzeige, unfeines Verhalten – er verletzt also ein Tabu. Wer die Hand seines deutschen Partners mit seiner rechten Hand ergreift, diese festhält und mit der linken zuzüglich den Oberarm des Partners festhält oder gar auf seine Schulter klopft, kann im Normalfall davon ausgehen, daß diese Geste positiv verstanden wird. Sie wirkt zwar einnehmend, meistens jedoch kameradschaftlich, so daß sie zugleich auch jeder Aggression entgegenwirkt, insbesondere dann, wenn sie mit einer freundlichen Mimik verbunden ist. Aber wenn das mit einem japanischen Geschäftsmann versucht wird, sollte man sich über die Entwicklung seines Lächelns von »warm-bewegt« in »kalt-erstarrt« nicht wundern.

Die Störung des Territoriums kann also viele Ursachen haben. Man stört das Revierverhalten des Chefs, wenn man ungefragt hinter seinen Schreibtisch kommt oder sich zu nahe zu ihm herüberbeugt, wenn man die Distanzzonen nicht einhält, wenn man z. B. in einer Behörde die Amtsstube ohne anzuklopfen betritt, wenn man sich auf eine Parkbank oder in der Straßenbahn zu jemandem setzt, obwohl die Nachbarbank frei ist, wenn man einen anderen Menschen, den man begrüßen will, so berührt, daß die »Üblichkeit« verletzt wird (Hand um die Schultern legen, den Kopf mit einer Hand oder gar beiden Händen umfassen usw.; auch die sich in Schickimickikreisen eingebürgerte »Bussi-Bussi«-Begrüßung kann – insbesondere bei Männern – als »Störung« empfunden werden); allerdings gibt es einige ungeschriebene Regeln in unserer Gesellschaft. So darf z. B. der ältere, reiche Mann dem armen, jungen Mädchen übers Haar streicheln, es berühren, ohne daß dieses als »Störung« verstanden wird. Auch die ältere, seriöse Dame stört die Regeln nicht, wenn sie einem Jungen übers Haar streicht oder ihm die Wangen tätschelt. Viel seltener dürfte es allerdings sein, daß ein reiches, junges Mädchen einen alten, armen Mann streichelt.

Und letztlich stört es auch, wenn der eigene Geruch den Geruch des fremden Territoriums überstrahlt. Insbesondere Raucher sollten sich einmal überlegen, welche Störungen sie im Nichtraucher-Refugium vollziehen – auch wenn es ihnen »gestattet« wird. Ein kluger Verkäufer weiß darum:

**Beim Kunden wird niemals geraucht – auch wenn der Kunde raucht!**

Der Geruch eines Menschen hat viele Ursachen. Körpergeruch (Schweiß), Haargeruch, Mundgeruch, Fußgeruch, Geruch der Kleider usw. »wetteifern« bei manchen Zeitgenossen nicht nur mit Deos, Seifen, Parfüm, Haar- und Rasierwasser usw., sondern auch mit Nikotinkletten, Straßengerüchen, »Glücksgerüchen« (z. B. Hundekot unter den Schuhen), situationsbedingten Gerüchen (z. B. durch Besuch eines Zoos, einer Kläranlage, einer Müllkippe usw.). Nun ist dem Autor kein Mensch bekannt, der alle diese Gerüche zugleich auf sich vereinigt (wer kennt schon gerne solche Leute ...?), aber es soll deutlich gemacht werden, daß Olfaktorik (Geruch) und Haptik (Berührung) im Zusammenhang mit dem Territorialverhalten eines Menschen stehen und daher dem Machtverhalten zugänglich sind oder ein Machtspiel auslösen können. Hier wie auch bei den anderen beschriebenen Signalen

und Faktoren gilt, daß diese als »Bausteine« einer Säule, der »Kinesik-Säule«, zu sehen sind, auf der gemeinsam mit den drei anderen die dialektische Rabulistik steht.
Die Erkenntnis daraus ist für den Rabulisten jedoch sehr wichtig:
**MACHT LÄSST SICH DURCH KÖRPERSPRACHE AUSDRÜCKEN!**
Aber es muß nochmals deutlich gemacht werden: Das »Andressieren« bestimmter körpersprachlicher Ausdrucksformen ohne innere Kraft und Selbstsicherheit ist wertlos! Es gibt einen Zusammenhang zwischen der Seelenlage und der Körpersprache. **Die Körpersprache ist ein Fenster zur Seele.** Doch wenn die innere Stabilität die äußeren Formen determiniert, so ist auch der Umkehrschluß zulässig: Es muß möglich sein, die innere Stabilität durch eine verbesserte Körpersprache zu festigen. Die Macht eines Menschen zeigt sich im Verhalten, in seinen Bewegungen, in seiner Körpersprache. Der erfolgreiche Rabulist ist ein »Machtmensch«, also einer, der die Macht liebt und mit ihr spielt. Wenn sich also Macht durch Körpersprache ausdrücken läßt, muß der Rabulist selbstverständlich auch auf diesem Klavier spielen können und sich, wenn erforderlich, darum bemühen, durch eine verbesserte Körpersprache zu mehr Macht zu gelangen. Auch die Machtdemonstrationen im Rahmen der »psychologischen Kriegsführung« gehören hierzu.
Der erfolgreiche Rabulist ist natürlich ausgebufft – für ihn sind diese Regeln der Körpersprache zunächst nur die Basis, von der er ausgeht. Seine Überlegungen bestehen darin, daß diese körpersprachlichen Signale der Macht auch als solche von seiner Umwelt, seinem Gegner verstanden werden. Es wird also nicht immer vorteilhaft für ihn sein, diese zu allen Gelegenheiten zu demonstrieren. Da gibt es nämlich ein altes physikalisches Prinzip, welches lautet: **Druck erzeugt Gegendruck.** Das bedeutet: **Wer Macht demonstriert, weckt Macht.** Die Macht aber, die geweckt wird, ist nicht immer berechenbar – sie kann für den, der sie weckte, sogar sehr übel werden. Das ist insbesondere dann der Fall, wenn es um Probleme und Streitpunkte geht, die moralische oder ethische Fragen aufwerfen. Grundsätze der Ethik und Moral implizieren keine Option auf Alleinbesitz, auch wenn die eigenen Vorstellungen mit den bisherigen Grundsätzen, die allgemein anerkannt wurden, d'accord gehen. Allzu schnell können Stimmungen wechseln, und

die Erfahrung lehrt, daß mit den Stimmungen auch häufig die Moral wechselt – oft ist auch der umgekehrte Weg möglich. Routinierte Redner kennen dieses Phänomen, welches aus der Gruppendynamik bekannt ist. Ein Beispiel aus der Redner-Geschichte: Aus seinem akribisch geführten Tagebuch wissen wir, daß sich *Dr. J. Goebbels* bereits vor seiner berüchtigten Rede zum totalen Krieg im Berliner Sportpalast Notizen im Redemanuskript machte, wann, an welcher Stelle und wie lange die Zuhörer in frenetischen Jubel ausbrechen würden. Da nimmt man eher belustigt die Meldung einer Münchner Zeitung vom 22. August 1989 zur Kenntnis, daß der Redenschreiber des Ex-Bundeskanzlers *H. Schmidt* ein sogenanntes »Klatschogramm« entwickelte, welches bei jeder Rede festhielt, wann es Beifall und Lacher gab. Danach wurden die Reden neu zugeschneidert. Die Klatschkurve ging jeweils steil nach oben, wenn Schmidt über Strauß oder übers Kindergeld sprach; sie fiel rapide ab, wenn über Themen wie Kohle und Staatsverschuldung gesprochen wurde, und die Kurve erreichte ihren Tiefpunkt, wenn Ausführungen über die katholische Soziallehre gemacht wurden.
**Der Einsatz von Körpersignalen der Macht ist natürlich abhängig von den beteiligten Personen, der Situation und dem Streitgegenstand.** Die Darstellung von Macht sowohl im Sprechen, in der Sprache und in körpersprachlichen Aussagen, verbunden mit Tricks der psychologischen Kriegsführung, sollte nur dann komplett verwendet werden, wenn es sich wirklich um einen Streit von erheblicher Größenordnung handelt. **Bei einem ständigen Einsatz des gesamten »Machtpaketes« besteht die Gefahr, daß sich die Umwelt daran gewöhnt und die Wirksamkeit somit geringer wird.** Ein Nachbar, der mit ständigen Drohgebärden und Schreien seiner Umwelt begegnet, wird mit der Zeit nicht mehr ernst genommen. Derjenige Nachbar jedoch, der sich stets ruhig und sachlich seinen Mitmenschen nähert, kann – wenn er plötzlich und unvermittelt Macht demonstriert – damit rechnen, daß seine Umwelt ihn und seinen Machtanspruch akzeptiert.
Um Gegendruck bei Machtdemonstrationen zu vermeiden, ist es sinnvoll, die **Symbole der Macht dosiert einzusetzen.** Das bedeutet, daß nicht ständig Dialektik, Rhetorik und Kinesik gleichzeitig eingesetzt werden, sondern dosiert je nach Situation, Lage und

Person entweder einzeln, z. B. nur dialektische Statements, rhetorisch wirksame Sätze oder erkennbare körpersprachliche Aussageformen, oder zwei Teile bzw. zusammen. Besonders ausgekochte Verhandlungspartner wählen immer freiwillig die (scheinbar) negative Position, ja mitunter drängen sie sich sogar danach – mit einer entsprechend unterwürfigen Mimik, Gestik und Körpersprache. Sie setzen sich auf den niedrigsten Stuhl oder wählen den schlechtesten Platz, der wenig Rundumsicht gestattet und direkt von der Sonne angestrahlt wird, beginnen mit holpriger Rhetorik, erzeugen einen fast hilflosen Eindruck, wenn es z. B. um das Heraussuchen von Aktenunterlagen geht, stellen Streitpunkte von sich aus in Frageform dar, lassen sich anfänglich unwidersprochen unterbrechen, ihre Körpersprache ist eher unterwürfig, zurückhaltend – alle Machtsignale werden vermieden usw. Diese Verhandlungspartner tun grundsätzlich alles, um den Eindruck zu erzeugen, daß man »leichtes Spiel« mit ihnen habe. Doch das erweist sich bald als ein gefährlicher Irrtum, denn diese Verhandlungsprofis haben mehr als nur eine gute Aktenvorbereitung mit Beweisen und Nachweisen: Sie beherrschen das psychologische Spiel, sie verstecken ihre eigenen Emotionen und starten – unbemerkt vom Gegner – Großangriffe auf die gegnerischen Emotionen. Diese Profis wissen eines: Der Gegner hat sich bis an die Zähne mit Details, Beweisen und Zielen bewaffnet, und er wird mit diesen Waffen kämpfen, weil er glaubt, daß er darin unschlagbar sei – denn: »Wer kann schon gegen Aktenvorlage ›ABZ‹ etwas vorbringen, es steht doch schwarz auf weiß dort, unterschrieben von …! Die ganze Verhandlung ist doch nur eine reine Formsache …« – usw. Das wäre die Verhandlung vermutlich auch, wenn nicht – ja wenn nicht der Verhandlungsgegner ein ausgekochter Profi wäre. Dieser Profi entspricht zunächst in allen Formen und Vorgehensweisen den Erwartungen seines Gegners, er erscheint als der klar Schwächere, der zukünftige Verlierer und »Zahlmeister«. Er vermeidet zu Beginn jede Machtdemonstration, auch wenn sie noch so reizen mag, wie folgende Beispiele zeigen:

*»Was wir haben, das haben wir, und was Sie haben, darüber wollen wir jetzt verhandeln!«* (Kennedy)

*»Herr Direktor, bitte setzen Sie sich doch hier vorne hin!« »Junger Mann, wo ich sitze, ist vorne!«*

Durch solche meist **nutzlosen Machtdemonstrationen** erreicht man bestenfalls, daß der Gegner in höchste Alarmbereitschaft versetzt wird. Damit entfallen von vornherein viele taktisch-psychologische Möglichkeiten, wie z. B. den Gegner auf eine falsche Fährte locken, Alternativvorschläge einbringen, deren Nutzen noch zweifelhaft ist, Nebenkriegsschauplätze zum Hauptstreitpunkt machen, das Gut-und-Böse-Spiel usw. Der ausgebuffte Rabulist überläßt auch hierbei nichts dem Zufall, sondern »arbeitet« zielgerichtet im Sinne seiner Strategie, die er vorher im Rahmen seines Gesamtkonzeptes festgelegt hat (siehe hierzu Kapitel 3.1). Für ihn gibt es kein »Entweder-Oder«, er ist in allen Vorgehensweisen und Methoden flexibel, denn er will nur eines:
**Auf alle Fälle recht behalten!**

## 2.3 Dialektik

Die sicherlich stärkste Säule in der Rabulistik ist die Dialektik. Im Kapitel 2. ist der Zusammenhang zwischen Rabulistik und Dialektik bereits ausführlich erläutert worden, so daß an dieser Stelle die Frage beantwortet werden kann: **Was ist Dialektik?**
**Dazu folgende (wahre?) Geschichte:**
Ein Student fragt seinen Professor: *»Was ist Dialektik?«*
Der Professor antwortet: *»Ich gebe Ihnen mal ein Beispiel. Zwei Unternehmer, ein armer und ein reicher, kommen zu einem Münchner Berater. Beide wollen eine Beratung. Wer wird sie bekommen?«*
*»Der Arme«,* antwortet der Student.
*»Nein«,* sagt der Professor, *»der Reiche, denn er ist Erfolg gewöhnt. Wer wird also die Beratung bekommen?«*
*»Der Reiche«,* antwortet der Student.
*»Nein«,* sagt der Professor, *»der Arme, denn der hat die Beratung nötig. Wer wird also die Beratung bekommen?«*
*»Der Arme«,* antwortet der Student.
*»Nein«,* sagt der Professor, *»beide werden die Beratung bekommen. Denn der eine ist den Erfolg gewöhnt, und der andere braucht den Erfolg. Wer wird also die Beratung bekommen?«*
*»Warum fragen Sie nochmals?«* entgegnet der Student.
*»Weil keiner von beiden die Beratung bekommen wird, denn der*

*Reiche braucht die Beratung nicht, und der Arme ist sowieso bald pleite!«*
*»Herr Professor«,* sagt da völlig verwirrt der Student, *»Sie drehen es ja immer so, wie es Ihnen in den Kram paßt!«*
*»Ja, mein lieber Studiosus«,* antwortet hintergründig der Professor, *»das ist eben Dialektik. Da ist formal alles richtig, aber in der Sache stimmt es nicht ...!«*
Eine andere, sehr einfache Definition lautet:

**DIALEKTIK IST DIE KUNST ZU ÜBERZEUGEN.**

Hinter dieser kurzen Definition verbirgt sich ein faszinierendes Gebiet, welches als Spiel von Frage und Antwort zur Wahrheitsfindung über die mißbräuchliche Verwendung, um das Falsche wahr und das Wahre falsch erscheinen zu lassen, bis hin zur Bezichtigung der üblen Nachrede bei Dialektikern gegensätzlicher (meist politischer) Richtungen reicht.
Die Dialektik läßt sich grob in **faire und unfaire Dialektik** unterteilen. Beide Arten können sowohl auf der Sach- als auch auf der Beziehungsebene (emotional) eingesetzt werden. Ein Rabulist ist ein geschulter Dialektiker, der in allen Arten und Ebenen »zu Hause« ist – das macht ihn gefährlich und ... erfolgreich. Die Grenzen zwischen fairer und unfairer Dialektik sind fließend; es ist nicht möglich zu behaupten, Vorgehensweise A ist ausschließlich fair und B unfair. Das mag bereits an der groben Einteilung »fair – unfair« liegen, die damit schon ein Werturteil impliziert: Fair ist das, was gut ist, und unfair eben das, was schlecht ist. Doch dieses Urteil relativiert sich, wenn die Frage nach dem »Ziel« gestellt wird: Was soll durch Dialektik erreicht werden? Soll z. B. der »Wahrheit« zum Siege verholfen werden, unabhängig davon, wer sie vertritt – und was ist dann die »Wahrheit«? Ein bekannter Landesministerpräsident in Deutschland sagte über das Verhältnis des nationalsozialistischen Rechts zum heutigen Recht aus juristischer Sicht: *»Was damals Recht war, darf heute nicht Unrecht sein!«* Gibt es z. B. eine »absolute« und eine »relative« Wahrheit? Oder reicht statt Wahrheit die Gewißheit? Gibt es Beweise zur letzten Gewißheit, oder bleiben immer Zweifel? Juristen und Ärzte kennen dieses Phänomen. Sie müssen Zweifel ignorieren, beiseite schieben, abtöten, weil kein Arzt sonst operieren und kein Jurist verurteilen könnte – unabhängig davon, daß sie um ihren Schlaf gebracht wären. Das

Problem dabei ist eben nur die Routine, die oft kaltblütig, uninteressiert und herzlos macht. In diesem Stadium wird der Kunstfehler unwichtig und das Fehlurteil belanglos – was immer an menschlichem Schicksal dahinter steht. Leider begegnen uns solche »Apparatschiks« immer wieder.
Nochmals: Was soll also das Ziel der Dialektik sein? Überzeugend vortragen? Oder durch Austausch von Meinungen in einem Zweckgespräch zu einer gemeinsamen Auffassung gelangen? Das mag alles zutreffen – insbesondere als rein akademische Vorgehensweise. Dialektik ist die Kunst zu überzeugen, lautete eine Definition, die kaum zum Nachdenken zwingt. Doch wer mit den Regeln und Gesetzen der Dialektik arbeitet, versucht das Wahrheitsempfinden des anderen zu erschüttern und dessen Logik – eingebettet in Sprachspiele – zu widerlegen. Wäre das nämlich nicht erforderlich, so benötigte man keine Dialektik, sondern einen schlichten Vortrag, der wertfrei die Gegenposition beschreibt und von dem angenommen wird, daß die Gegenseite ihm zustimmt. Da das die Gegenseite nun mal nicht macht, ist »Überzeugung« erforderlich. Wenn »Überzeugen« aber kein wortreiches »Überreden« darstellen soll, muß man doch versuchen, den Gegner mit seinen Erkenntnissen so zu beeinflussen, daß es bei ihm zu einer steigenden Gewißheit sowie der dann hohen Wahrscheinlichkeit und letztlich Überzeugung kommt, daß unsere Position die richtige ist. Doch damit habe ich zweifelsfrei »manipuliert« – **also ist selbst faire Dialektik selbstverständlich auch ein gutes Stück »Manipulation«.** Unter dem Begriff »unfair« wird in diesem Zusammenhang alles subsumiert, was auf der Ebene der emotionalen Beziehungen meist mit persönlichen Angriffen verbunden ist. In jedem Fall ist die unfaire Dialektik gleichfalls »Manipulation« – nur meist mit einem anderen Sprachstil auf der Beziehungsebene vorgetragen. Wenn also Dialektik kein Selbstzweck ist, relativieren sich die Begriffe »gut« und »schlecht« für faire und unfaire Dialektik. Die unfaire Dialektik kann allerdings schnell durch Sophistik oder Beleidigungen usw. aus der Kontrolle gleiten, wenn der Disputant seine eigenen Emotionen nicht mehr unter Kontrolle hat. Aus der Kontrolle geraten zu sein heißt aber auch, das Konzept verlassen zu haben, welches Grundlage des dialektischen Rabulisten ist. Wir sprechen dann aber auch nicht mehr von »unfairer Dialektik«, son-

dern von »überflüssiger Dialektik«, die schnellstens aufgegeben werden sollte. Wer nämlich dahin abgleitet, hatte es mit einem Gegner zu tun, der schlicht und ergreifend besser war als man selbst. Auch das muß man selbstverständlich akzeptieren. Ein versierter Rabulist, der zugleich ein geschulter Dialektiker ist, hat sich immer unter Kontrolle, denn er will »auf alle Fälle recht behalten«.

Wer emotional unkontrolliert vorgeht, ist kein Rabulist, sondern ein »**Rambo**list«.

Nach einer einfachen Betrachtungsweise basiert die Dialektik auf drei zentralen Ansatzpunkten:

1. **WAHRHEIT,** die oft nicht voll genannt wird (Halbwahrheiten sind meist gefährlicher als Lügen), und **GEWISSHEIT** als ein psychischer Zustand, der es schwer macht, die Wahrheit einer Aussage zu bezweifeln, sowie der **WAHRSCHEINLICHKEIT,** die in unterschiedlichen Stufen zur Gewißheit führt.
2. **LOGIK,** als reiner Denkakt, der zur Wahrheit, Gewißheit und Wahrscheinlichkeit keine Stellung nimmt.
3. **RHETORISCHE SPRACHSPIELE,** welche dialektische Aussagen in die richtige Sprache »verpacken« oder bewußt verwirrend, irreführend etc. (meist emotional) eingesetzt werden.

### 2.3.1 Die Logik in der Dialektik

Die Logik ist das Herzstück der Dialektik. Der logisch denkende Mensch ist beliebt, wird geachtet und bewundert. Er gilt als klug – und wenn er etwas älter ist, sogar als weise. Entsprechend hatten die Worte des Lehrers *»Du kannst einfach nicht logisch denken!«* meistens die Noten 5 oder 6 im Gefolge – zuzüglich zum hämischen Grinsen der Mitschüler. Wer etwas sagt, was nicht »logisch« erscheint, setzt sich der Gefahr aus, dumm zu sein – jedenfalls in den Augen seines Gesprächspartners. Wer nicht versteht, was ein Gegner sagt, obwohl es doch »logisch« ist, muß künftig mit dem Makel »blöd« umherlaufen – jedenfalls nach Meinung seines Kontrahenten. Darum setzt man auch umgangssprachlich die Worte »ist doch logisch«, »logisch?« oder in der Jugendsprache das »Logo!« an das Ende seiner Ausführungen.

Doch mit der Logik ist das so eine Sache, die schon mit der Frage beginnt, was eigentlich Logik ist. Diese Frage stellte auch ein kleiner Junge an seinen Vater, von dem er eine klärende Antwort erhoffte:

**Logik?**

Sohn: *»Papa, was ist Logik?«*

Papa: *»Mein Sohn, du hast doch einen Hund, den du magst. Also bist du tierlieb – ist doch logisch, oder …?*

Sohn: *»Ja, Papa, das ist logisch!«*

Papa: *»Um dich zu haben, brauch' ich deine Mama – ist doch logisch, oder …?«*

Sohn: *»Klar, Papa, logisch!«*

Papa: *»Wenn ich Mama liebe, um dich zu haben, kann ich nicht homosexuell sein – ist doch logisch, oder …?«*

Sohn: *»Papa, das ist klar logisch!«*

Papa: *»Na also, mein Sohn, dann weißt du jetzt, was ›logisch‹ ist!«*

Der Sohn trifft Tags darauf seinen Freund und will sogleich das Erlernte vom Papa anbringen:

Sohn zum Freund: *»Magst du Hunde?«*

Freund zum Sohn: *»Nein!«*

Sohn zum Freund: *»Dann bist du homosexuell …!«*

Auch Beispiele aus der »Witztruhe« zeigen, wie sehr Logik als zentraler Punkt des Verstehens, der Selbstverständlichkeit bewertet wird, auch wenn sich die Haare sträuben:

Bobby: *»Mucki, du schuldest mir 100 Schilling. Hast du sie dabei?«*

Mucki: *»Gewiß. Aber nur in 100 Ein-Schilling-Stücken. Hier liegt der Geldhaufen für dich. Bitte zähle nach!«*

Bobby zählt 80 Schillinge ab und legt dann alles wieder auf einen Haufen.

Mucki: *»Aber Bobby. Warum zählst du nicht bis 100 Schillinge durch?«*

Bobby: *»Na, warum soll ich? Wenn's bis 80 gestimmt hat, dann wird's auch bis 100 stimmen – ist doch logisch, oder …?«*

Da die Logik von den meisten Menschen als »sichere Straße« zur Erkenntnis und zur Überlegenheit in Diskussionen und Verhandlungen angesehen wird, werden die logischen Gesetze eifrig studiert. Doch wie heißt es so treffend z. B. bei den Rechtsregeln: Wenn man alle Gesetze studieren würde, hätte man gar keine Möglichkeit, sie zu übertreten. Eine Analogie zum Studium der klassischen Logik und der modernen Logikforschung ist nicht abzusprechen. Unter klassischer Logik verstehen wir die Lehre vom Begriff, vom Urteil und vom Schluß, wobei insbesondere die »conclusio«, die Konklusion, besondere Aufmerksamkeit erfordert. In der üblichen Argumentation sprechen wir von Information, die auch eine Behauptung sein kann, vom Beweis dieser Behauptung und von der entsprechenden Schlußfolgerung, die im Prinzip als »Appell« zu verstehen ist oder einen »Appell« (z. B. Kaufappell) zur Folge hat.

Die Regel bei der sprachlichen Logik ist der **SYLLOGISMUS,** ein logischer Dreisatz, nach dem von zwei vorhandenen Aussagen verbindlich auf eine dritte Aussage, die Konklusion, geschlossen werden kann. Dazu ein bekanntes Beispiel:

*** ***Nichts ist besser als das Himmelreich.***
*** ***Ein warmes Bier ist besser als nichts.***

---

*** ***Folglich ist ein warmes Bier besser als das Himmelreich.***

Daß hier der Manipulation Tür und Tor geöffnet wird, versteht sich von selbst, denn bei einer manipulationsfreien Vorgehensweise müßten alle störenden, verfremdenden und fälschenden Einwirkungen ausgeschlossen werden. Doch das ist völlig unmöglich, und zwar schon deswegen, weil sprachliche Begriffe, Worte, Namen, Bewertungen usw. emotional besetzt oder mehrdeutig sein können. Dazu ein Beispiel, in dem das Wort »Fuchs« mehrdeutig verstanden wird:

*** ***Der Fuchs ist ein Vierbeiner.***
*** ***Der Chef ist ein Fuchs.***

---

*** ***Folglich ist der Chef ein Vierbeiner.***

**Syllogismen erzeugen darum meist eine gewisse Gläubigkeit, weil sie Validität und Reliabilität, also Gültigkeit und Zuverlässigkeit, signalisieren, indem sie vertraute Positionen in einen logischen und damit (scheinbar) wahren Zusammenhang stellen.** Das erinnert an die Computer-Werbung vor einigen Jahren, die lautete: Computer setzen alles logisch fort. Das Unlogische auch!

Schon frühzeitig kamen daher kluge Köpfe auf die Idee, mittels einer **Kunstsprache** alle störenden Elemente begrifflicher Mehrdeutung, emotionaler Besetzung usw. auszuschalten, indem man

nur mit Symbolen arbeitete – wie das z. B. in der Mathematik gelungen ist (z. B. Gottfried *von Leibniz,* dt. Universalgelehrter, 1646–1716). Die moderne Logikforschung, die ca. 100 Jahre später begann, hat diesen Weg vollendet und eine »logische Sprache« geschaffen, die vollständig formalisiert ist. Doch für manche Bereiche wurde hier der Teufel mit dem Beelzebub ausgetrieben, denn Symbole bleiben Symbole – sie sind keine Sprache, mit der wir etwas anfangen können. Also müssen diese Symbole wieder interpretiert und gedeutet werden. Hier liegt ein ähnliches Problem vor, mit dem es z. B. Architekten zu tun haben, wenn sie Massenumfragen über gewünschte Wohnformen erstellen lassen, um ihre eigenen Vorstellungen möglichst völlig herauszuhalten. Die Ergebnisse allerdings werden wieder Gegenstand einer »subjektiven Interpretation«, denn Umfragen sind keine Baupläne; diese werden bekannterweise von den Architekten erstellt – und damit ist der »subjektive Einfluß« wieder vorhanden.
Die formalisierte Logik mit Symbolen ist daher für unsere praktischen Zwecke meistens nicht brauchbar, jedoch zur Erläuterung. Es soll letztendlich versucht werden, mit einer (zugegeben groben) Dreiteilung der klassischen Logik ein methodisches Instrumentarium zu schaffen, welches allerdings praktisch anwendbar ist. Das dürfte insbesondere für die Leser von Bedeutung sein, die dieses Buch nicht nur zur allgemeinen Anschauung oder Überprüfung ihrer Kenntnisse, sondern zum Selbststudium erworben haben. Es muß jedoch nochmals deutlich gesagt und klargestellt werden, daß infolge dieses Primats das gesamte, umfangreiche Feld der Logik nicht dargestellt werden kann. Wir beschränken uns in der dialektischen Rabulistik aus Gründen der Praxisorientierung auf drei Vorgehensweisen in der Logik:

**1. Deduktion**
**2. Induktion**
**3. Analogie**

In diesen drei Vorgehensweisen können alle Formen der logischen Ableitung untergebracht werden – soweit sie für die Rabulistik von Nutzen sind, d. h. sowohl die Beweisführung über Abhängigkeiten zwischen Allgemeinem und Besonderem durch den Syllogismus, wie aber auch insbesondere die Ableitung eines rein zufälligen

Sachverhalts von ursächlichen Zusammenhängen durch Syllogismen bzw. das Schließen auf einen anderen Sachverhalt.

*2.3.1.1 Deduktion*

Die Deduktion ist eine Grundform des logischen Schließens. Deduktion schließt vom Ganzen auf einen Teil bzw. vom Allgemeinen auf das Besondere. Mit Hilfe der logischen Regeln des Schließens können aus wahren oder wahr angenommenen Aussagen weitere Aussagen abgeleitet (deduziert) werden, die ihrerseits für weitere Deduktionen benutzt werden können. Mit Hilfe von geeigneten Fragen kann so das methodische Gerüst eines dialektischen Gesprächsaufbaus erstellt werden.

Die Anwendung der deduktiven Methode setzt z. B. in den Geisteswissenschaften **Anfangsaussagen (Axiome)** voraus, die ihrerseits nicht abgeleitet oder bewiesen werden. In der Rabulistik werden solche Aussagen vorangestellt, die allgemein bekannt oder/ und glaubhaft sind. Ein besonders erfolgreicher Weg ist dann vorgezeichnet, wenn es dem Rabulisten gelingt, vieldeutige Begriffe in die Axiome »einzubauen«, wie z. B. Heimat, Vaterland, Gerechtigkeit, Wahrheit, Demokratie, Rechtsstaatlichkeit usw. Die Grundform der Deduktion ist wiederum der Dreisatz, gebildet aus dem ersten Obersatz, dem Axiom, welches meistens eine Allgemeinweisheit ist, und dem zweiten Obersatz, der meistens eine spezielle Weisheit ist, die zur Konklusion herangezogen wird.

Hierzu ein Beispiel:

| | | |
|---|---|---|
| *** | ***Alle Menschen sind sterblich.*** | (Allgemeinweisheit) |
| *** | ***Auch der reichste Mann der Welt ist ein Mensch.*** | (Spezielle Weisheit) |
| *** | ***Also ist auch der reichste Mann der Welt sterblich.*** | (Konklusion) |

Wichtig ist für den Rabulisten jedoch, daß er seinen Gegner auf eine **»gedankliche Schiene«** bringt, die – weil es eine Allgemeinweisheit ist – nicht verdächtig erscheint und somit vom Gegner akzeptiert wird.

Dazu das Beispiel:

*** ***Alle Vögel können fliegen.***
*** ***Der Sperling ist ein Vogel.***

---

*** ***Folglich kann der Sperling fliegen.***

Das ist zwar immer noch ein banales Beispiel, aber den meisten Teilnehmern unserer Rhetorik- und Dialektik-Seminare war bis jetzt nichts aufgefallen – und doch wurden sie hinter das berühmte Licht geführt, weil sie in eine erste, kleine dialektische Falle getappt waren. Hier wurde nämlich etwas als erster Obersatz vorangestellt, welches allen klar war, und zwar, daß Vögel fliegen können. Diese »Weisheit« ist so allgemein, daß die Teilnehmer über den Gebrauchswert schon gar nicht mehr nachdachten. Erst als der logische Dreisatz durch einen neuen zweiten Obersatz geändert wurde, »fiel der Groschen«:

*** ***Alle Vögel können fliegen.***
*** ***Der Strauß ist ein Vogel.***

---

*** ***Folglich kann der Strauß fliegen ... (Kann er das?)***

Doch bereits bei diesen sehr einfachen Beispielen zeigte sich, wie wichtig der Einsatz entsprechender Rhetorik und Kinesik war, um zu verhindern, daß einige Teilnehmer »nachdachten« bzw. analysierten. So lösten auch die nächsten Beispiele prompt Einsprüche aus, obwohl wieder von einer (glaubwürdigen) Allgemeinweisheit ausgegangen wurde:

*** ***Alle Schwangerschaften dauern neun Monate.***
*** ***Gabi ist schwanger.***

---

*** ***Folglich dauert Gabis Schwangerschaft neun Monate.***

Fragen waren folgende:
»Welche Schwangerschaften meinen Sie eigentlich?«, »Mit ›Ärzte-Zuschlag‹ dauern Schwangerschaften 40 Wochen«, »Es gibt auch Sieben-Monats-Schwangerschaften oder Fehlgeburten nach x Wochen«, »Gabi kann sich auch bereits im fünften Monat befinden. Dann stimmt die Konklusion so nicht mehr.« – usw.
Der erste wichtige Schlüssel zum Erkennen eines dialektischen Re-

deaufbaus war die Verallgemeinerung im ersten Obersatz. Das gilt jedoch nur für einfache Beispiele, bei komplizierteren Beispielen ist das so ohne weiteres nicht mehr möglich. Hinzu kommt etwas sehr Wesentliches: Der Gegner muß auf das Erkennen dieser deduktiven Vorgehensweise trainiert sein. Das ist zwar theoretisch möglich, in der Praxis aber kann man davon ausgehen, daß es in einem längeren Gespräch kaum gelingt, jede dialektische Falle zu erkennen und zu umgehen. In der Literatur findet sich eine Fülle von Beispielen, die erst nach mehrmaligem Lesen (!) »enttarnt« wurden – wer könnte das in einem Streitgespräch? Wer aufmerksam z. B. eine politische Diskussion mit guten Rednern im Fernsehen verfolgt, wird – wenn er ehrlich ist – beiden Redeparteien gute Argumente oder zumindest gute Argumentation bescheinigen. Und wer wäre nicht schon einmal in die »Sowohl-als-auch-Position« geraten, weil jede Partei gute Argumente vorbrachte, mit denen man sich identifizieren konnte?

Für den Rabulisten wird es vor allem darum gehen:

1. Welche dialektischen Fallen lege ich wie und wann aus?
2. Was kann ich, der Rabulist, tun, um nicht selbst in eine dialektische Falle des Gegners zu tappen?

Punkt 1 ist im wesentlichen abhängig von der Strategie im Rahmen der Gesamtkonzeption eines dialektischen Rabulisten; und zum Punkt 2 werden am Ende dieses Kapitels entsprechende Ausführungen gemacht.

Die deduktive Methode ist in der Rabulistik zweifellos häufiger anzutreffen als die induktive. Das mag sicher u. a. auch daran liegen, daß einerseits die Induktion eher den Widerspruch an sich zuläßt, andererseits nicht so unbemerkt mit Mehrdeutigkeiten, Normen, Vorurteilen usw. gearbeitet werden kann.

### *2.3.1.2 Induktion*

Die Induktion führt vom Teil auf die Gesamtheit, führt den Schluß vom Besonderen auf das Allgemeine, zieht den Schluß von einer endlichen Zahl einzelner Fälle auf alle Fälle einer Klasse; es ist also ein Gedankengang, der genau andersherum erfolgt als in der Deduktion.

Das Beispiel hierzu:

*** ***Heinrich ist ein Mensch.***
*** ***Alle Menschen sind sterblich.***

---

*** ***Folglich ist Heinrich sterblich.***

Das ist als Schlußverfahren wissenschaftlich strenggenommen zwar nicht zulässig, wird aber in der Regel akzeptiert, wenn zwischen der Zahl der Ausgangsfälle und der Zahl der Fälle, auf die geschlossen wird, eine bestimmte Relation besteht. So ist wissenschaftlich gesehen folgende Konklusion nicht möglich (politisch mag das anders gesehen werden):

*** ***Viele Asylanten sind Scheinasylanten.***
*** ***Scheinasylanten müssen ausgewiesen werden.***

---

*** ***Folglich müssen viele Asylanten ausgewiesen werden.***

In den Erfahrungswissenschaften führt das zu der Problemfrage: Wie können mit dieser Methode wissenschaftliche Allgemeinaussagen gewonnen und in ihrer Geltung begründet werden? In der Rabulistik führt es zu dem Problem, daß meistens keine wirksame Schlußfolgerung gezogen werden kann. Dennoch ist die Induktion dann eine wirksame Methode, wenn sie z. B. in eine Kette von Argumenten »eingebaut« wird, die miteinander verknüpft sind.
Ein **Beispiel** dazu. Gefordert werden soll ein **»Terroristengesetz«:**

1. *Jede Form des Terrorismus ist mit den Grundrechten in unserer Verfassung, in unserer Demokratie unvereinbar.*
2. *Seit gestern haben wir in unserem Land den Terrorismus, der sich gegen unsere Grundordnung richtet und damit Leben zerstört.*
3. *In Köln haben die Terroristen durch den kaltblütigen Mord an drei Bürgern bewiesen, daß sie unsere Demokratie und damit unser Leben zerstören wollen.*
4. *Wir müssen deshalb zum »Terroristengesetz« kommen, damit unsere Demokratie und somit unser Leben geschützt wird.*

In diesem Beispiel sind die Aussagen wie folgt zu bestimmen:
Nr. 1: Deduktiver Beginn mit dem ersten Obersatz, einer allgemeinen Norm- und Wertvorstellung unserer Bürger.

Nr. 2: Noch in der deduktiven Vorgehensweise wird der zweite Obersatz dargestellt, der eine spezielle Erkenntnis darstellt.

Nr. 3: Hier erfolgt der »Einbau« einer induktiven Vorgehensweise, indem ein Einzelbeispiel benannt wird.

Nr. 4: Vom Einzelfall der Induktion, aber »eingebettet« in die insgesamt deduktive Vorgehensweise, wird sowohl aus der Induktion wie auch aus der Deduktion die gleiche Schlußfolgerung gezogen.

Die induktive Methode wird im Verkaufsgespräch dann erfolgreich eingesetzt, wenn der erste Obersatz, also die »spezielle Weisheit«, eine besondere Wirkung verspricht.
Dieser kann z. B. dann wirkungsvoll ergänzt werden, wenn sich ein Verkäufer auf populäre Referenzen oder Erfolge beziehen kann. Dazu folgendes Beispiel eines Computer-Verkäufers über sein »Amix-System« bei einem beratenden Ingenieur:

Verkäufer: *»Herr Dollmann, Sie haben sicher auch von den Pressemeldungen erfahren, die Ihren Kollegen, Herrn Dr. Putzer, wegen seiner Darstellungen der neuen Trasse der geplanten B 970 hoch lobten?«*

Ingenieur: *»Natürlich, er hat es gut gemacht. Er hat vor allem während der öffentlichen Anhörung die anwesenden Bürger – ich war leider nicht da – irgendwie überzeugen können!«*

Verkäufer: *»Das stimmt. Er hat seine Ideen, die er mittels unseres Computer-Systems ›Amix‹ entwickelt hat, mit unserem Direct-Projektor ohne besonderen Aufwand allen Anwesenden vorführen können. Das hat auch die Laien überzeugt!«*

Ingenieur: *»Na, die Frage ist, ob sich der Aufwand lohnt.«*

Verkäufer: *»Das ist sicher eine wichtige Frage, die kritisch beleuchtet und beantwortet werden muß. Doch wenn die Presse die Darstellungen mit diesen neuen technischen Methoden hoch lobt und die Anwender mit diesem System öffentliche Aufträge bekommen, kann man über den Erfolg unseres ›Amix-Systems‹ für die Nutzer sicher nicht mehr zweifeln.«*

Hier hat also der Verkäufer mittels der induktiven Vorgehensweise von einem Einzelfall auf die Allgemeinheit geschlossen, indem er behauptet: Weil das System »Amix« im Fall ABC so gut war und zu Aufträgen führte, ist am Erfolg (sprich: immer Aufträge) generell nicht zu zweifeln. Diese Vorgehensweise mag dem einen oder anderen billig, vielleicht sogar plump vorkommen – wir geben ihm recht. Aber es darf nicht vergessen werden, welchen gewaltigen Einfluß insbesondere Referenzen von Autoritäten auf den praktisch nachvollziehbaren Erfolg haben. So gibt es z. B. Branchen, da genügt es, sich die Grüße oder, noch einfacher, den Hinweis auf das Kennen einer Autorität »um die Ohren zu schlagen«, damit ein Erfolg garantiert werden kann.

*2.3.1.3 Analogie*

Unter Analogie verstehen wir die Ähnlichkeit zweier Systeme in bezug auf ihre Funktionen oder Strukturen, wobei – je nach Problemlage – eine teilweise Übereinstimmung ausreichen kann, die auch in Modellen darstellbar ist. So können z. B. Struktur und Funktionen eines Nervensystems oder einer Volkswirtschaft anhand analoger Modelle in Form von Systemen elektrischer Schaltkreise untersucht werden. Ein Analogieschluß (auch: Analogismus) wird gezogen, wenn aufgrund von Übereinstimmungen und Ähnlichkeiten von Sachverhalten oder Systemen in bestimmten Funktionsweisen, Strukturen, Eigenschaften von Elementen auf die Ähnlichkeit auch anderer Funktionen, Bestandteile usw. der Systeme geschlossen wird. Der Analogieschluß ist zwar streng wissenschaftlich genommen nicht zwingend, weil er nicht wahr sein muß, aber er eignet sich sehr gut dazu, schwierige Sachverhalte anschaulich zu erklären. Im Prinzip sind Analogien und Analogieschlüsse vergleichbar mit Indizien und Indizienurteilen.

Im umgangssprachlichen Bereich gibt es kaum ein Thema, welches die Analogie, meist als bildhaften Vergleich, nicht beinhaltet – und jeder Diskutant verwendet Analogien. Hierzu einige Beispiele:

***»Sie brauchen für dieses kleine Problem keine weiteren Hilfsmittel. Man schießt doch nicht mit Kanonen auf Spatzen!«***

***»Die Kernspintomographie ist ein Schichtbildverfahren ohne Strahlenbelastung, welches den Kopf nicht insgesamt, sondern scheibenartig durchleuchtet. Man kann sich das vorstellen als ein-***

***zelne, dünne Scheiben, die von einem Apfel geschnitten werden. Die Analyse jeder der einzelnen Scheiben ist ergiebiger als die vom ganzen Apfel.«***

Der Analogieschluß kann natürlich – und das ist ein beliebtes Feld der Politiker – auch dazu verwendet werden, seinen Gegner lächerlich oder unglaubwürdig zu machen. In vielen Fällen sind solche Analogien bestens geeignet, eine Unrichtigkeit oder Richtigkeit des vorangegangenen Arguments bildlich zu untermauern bzw. zu begründen. Das entscheidende Merkmal dieser Vorgehensweise besteht darin, daß das vorangestellte Argument unbewiesen entweder richtig oder falsch sein kann – die Analogie und der Analogieschluß sollen eines von beiden aber durch bildliche Vergleiche beweisen. Das ist natürlich sehr windig und hat überhaupt nichts mit logischer Argumentation zu tun, aber es ist sehr publikumswirksam und meist von hoher Wirkungskraft. Dazu ein Fernsehinterview mit *Norbert Blüm* vom August 1980, in dem Blüm die Nichtanwendung des Ausbildungsgesetzes, welches die Sozialdemokraten erlassen haben, kritisiert:

***»Der Staat hat so ein Ausbildungsgesetz erlassen, von dem die Sozialliberalen sich nicht trauen, es anzuwenden. Das ist so, wie wenn Sie eine Maschine kaufen, aber Angst haben, sie anzustellen, weil die Sicherung durchfliegt.«***

Mit der Lächerlichmachung eines Gegners oder eines Systems mittels Analogien kann auch eine direkte Verunglimpfung »legalisiert« werden, die sonst nur ohne nennenswerte Wirkung bliebe. Auch hierzu wieder ein Beispiel von *Dr. Norbert Blüm,* der sich am 11.12.1979 im Deutschen Bundestag über Sozialisten und sozialliberale Bürokratie in einer Rede wie folgt lustig machte:

***»Was wäre eigentlich passiert, wenn der arme Mann, der auf dem Weg von Jerusalem nach Jericho unter die Räuber gefallen ist, nicht an einen Samariter gekommen, sondern einem Sozialisten in die Hände gefallen wäre? Der Jungsozialist hätte ihm den Überfall als Ausdruck des Monokapitalismus erklärt und gesagt: ›Das ist die Voraussetzung für die Revolution.‹ Ein bürokratischer Sozialist hätte dem blutenden Mann wahrscheinlich gesagt, er solle erst einmal einen Antrag beim Reichsversicherungsamt in Jerusalem stellen; dann könne nach Vorlage mehrerer Gutachten über sein Gesuch entschieden werden. Und sollten sich weitere Überfälle***

***an der Stelle ereignen, dann würde auch noch ein Bundesbeauftragter für das Un- und Überfallwesen eingesetzt. Vielleicht würde auch ein Strukturrat gebildet, der die Gefahrenquelle dadurch entschärfen würde, daß er die Überfälle gleichmäßig über das Land verteilt; auch das wäre möglich.«***

Wer die Grundzüge dieser dialektischen Vorgehensweise verstanden hat, der weiß, woran die Argumentation seines Gegners krankt, nämlich an einem Vergleichsmaßstab, der entweder fehlt oder verschwiegen wird:

***»Ich lehne Bayreuth und Wagner ebenso ab, wie ich auch immer schon Hitler abgelehnt habe.«***

Solche Beispiele erkennen wir meistens sofort und kritisieren den fehlenden Maßstab (häufigster Einwand: *»Das eine hat doch mit dem anderen nichts zu tun ...«*). Doch wie oft überlesen wir tendenziösen Journalismus, den wir allzu oft vorgesetzt bekommen und der sich so präsentiert, wie die Schlagzeile einer Münchner Zeitung vom Februar 1988:

***»Bahn verdient an Pornos und läßt S-Bahn verrotten.«***

In der gleichen Boulevardzeitung, die eine wahre Fundgrube für haarsträubenden dialektisch-tendenziösen Journalismus ist, war auf dem Höhepunkt der Ausreisewelle von DDR-Bürgern, die mehrheitlich sowohl in Ungarn, Österreich wie auch in der Bundesrepublik Deutschland mit großer Sympathie empfangen wurden, im August 1989 eine Meldung unter folgender Überschrift zu lesen:

***»Republikaner-Wähler sind gegen Deutsche«***

***»MAINZ. Die deutsche Wiedervereinigung im Westen ist nicht besonders populär – schon gar nicht bei Nationalisten. In der ersten Umfrage seit der Fluchtwelle aus der DDR begrüßten nur 49 Prozent, daß so viele Deutsche in die Bundesrepublik kommen. 46 von 100 Westdeutschen sind dagegen. Bei den rechtsradikalen Republikanern, das zeigt das ZDF-Politbarometer, ist die Ablehnung mit 66 Prozent ganz besonders hoch. Hilfsbereiter scheinen die Bundesbürger gegen Polen zu sein: 63 Prozent sind zu wirtschaftlicher Unterstützung bereit, wenn die Demokratisierung dort fortschreitet.«***

Ende der Meldung – und Beginn des Kopfschüttelns ...!

Von besonderer Wirkungskraft ist die Verwendung von Ausprüchen bekannter Menschen und Autoritäten aus Vergangenheit und Gegenwart zur Untermauerung der eigenen Argumente. Wer Goethe-, Schiller-, Mao- oder Zitate sonstiger prominenter Menschen verwendet, gilt für viele Leichtgläubige nicht nur als »gebildet«, sondern oft als »unschlagbar«. Damit einhergehend ist häufig eine »Sprachlosigkeit«, die sich aufgrund des Dogmas ergibt, das eine Auffassung, eine Rede bewirkt – oder zu dem sie gemacht wurde. Das wohl prägnanteste Beispiel ist die Rede des Bundespräsidenten von Weizsäcker zum 8. Mai 1945, dem Tag der Kapitulation der deutschen Wehrmacht. Es heißt nicht mehr: »Es ist eine Rede unseres Präsidenten zum ... usw.«, sondern es heißt: »Die Rede.« Durch Beifall des Auslandes und Zustimmung vieler Deutscher sind die Aussagen des Bundespräsidenten zum Dogma stilisiert worden. Das bedeutet, daß jeder, der sich gegen die Inhalte in dieser Rede wendet oder auch nur Teile davon kritisiert bzw. in Frage stellt, automatisch einem Spektrum zugeordnet wird, welches nicht der Mehrheit entspricht – also dem politisch linken oder rechten Rand zugehörig sein muß. Solche Dogmen engen den Gegner ein, umklammern ihn und lassen ihm kaum Spielraum, eigene Gedanken zu entfalten. Wer sich auf den Koran, Buddha, Lenin, Marx oder sonstige Dogmen berufen kann, hat keine Entscheidungskonflikte, bestenfalls Ausführungsprobleme. Sein Norm- und Wertsystem ist klar umgrenzt und für die Zukunft vorgezeichnet. Ein Abweichen ist nicht möglich – das wäre (Konter-)Revolution, Gesinnungsschweinerei, ethisch-moralische Verkommenheit, Rechts- oder Linksextremismus usw. Insbesondere die **»Taktik der moralischen Überbietung«** ist ein nahezu unschlagbares Mittel. Jede Position z. B. des politischen Gegners, jedes erreichte Ziel wird mit der lautstark vertretenen Forderung nach noch höheren Zielen überboten. Wenn es sich dabei um Grundwerte und Grundrechte handelt, wie z. B. Freiheit, Mitbestimmung, Umwelt, Frauen usw., dann ist es für den politischen Gegner fast unmöglich, sich zu wehren. Welcher Bürger hätte schon Verständnis dafür, daß »gegenwärtig nicht mehr Freiheit möglich ist, nicht mehr Umweltschutz bezahlt werden kann ...« usw. Diese Taktik wird meistens von den extremen Linksparteien angewendet, wobei der normale Bürger, der diese Tricks nicht mehr durchschauen kann, den Parolen hilflos ausgeliefert ist.

Das macht sich der Rabulist zunutze, indem er auf Zitate, Aussagen, Ideologien, Gutachten usw. von Autoritäten verweist und sie als Fundament seiner eigenen Argumentation verwendet – und zugleich zu einem Dogma stilisiert, von ... »dem abzuweichen nur ein mieser Charakter fähig ist«!
Mitunter kann aber diese Methode sehr plump wirken – das ist meistens abhängig von Art und Größe des Zuhörerkreises. In einem kleinen Disputantenkreis, der zudem noch aus Menschen besteht, »die des Nachdenkens kundig« sind, analytisches Denkvermögen haben und sich nicht so leicht ins Bockshorn jagen lassen, wird man mit kurzen, plakativen Parolen kaum nennenswerte Diskussionserfolge erringen. In einer politischen Wahlveranstaltung mit Tausenden von Menschen sind keine in sich logischen Begründungen, sondern meist nur kurze, klare Argumente oder emotional geladene Parolen und Überzeichnungen als Denkschiene wirksam.
Dazu zwei Beispiele von Wahlrednern aus dem Jahre 1980:
*Franz-Josef Strauß* (CSU):
***»Der Unterschied zwischen Helmut Schmidt und mir besteht darin, daß ich stets ungenau richtig liege und er immer exakt falsch liegt.«***
*Helmut Schmidt* (SPD):
***»Und wenn man sich seine Freunde ansieht, wenn ich mir vorstelle, daß der Dr. Friedrich Zimmermann Außenminister werden soll der Bundesrepublik, dann entfahren mir nur noch zwei Worte: Mein Gott!«***
Im kleinen Kreise eleganter und wirksamer ist die Verwendung von Zirkelschlüssen. Hier wird das, was begründet werden soll, als bereits bewiesen vorausgesetzt, es wird also eine Behauptung mit sich selbst bewiesen. Die angeführte Begründung ist also eine Scheinargumentation. Dazu folgendes Beispiel:
***»Daß gute Baukenntnisse und logisches Denken für die Ausübung des Architektenberufes unerläßlich sind, zeigt sich schon daran, daß zum Architekturstudium nur zugelassen wird, wer über einen entsprechenden Lehrabschluß im Bauhauptgewerbe und die Mittlere Reife verfügt.«***
Es ist sicherlich richtig, daß für die Ausübung des Architektenberufes logisches Denken und Baukenntnisse erforderlich sind. Die Notwendigkeit dazu allerdings von den Zulassungsbestimmungen

zum Studium abzuleiten, ist ein Scheinargument, denn es wird die Behauptung mit sich selbst bewiesen. Die Notwendigkeit des Verfügens z. B. über Baukenntnisse ergibt sich aus dem Architekturberuf selbst, nicht aus der Zulassung. **Der Volksmund sagt: »Hier beißt sich die Katze in den Schwanz.«** Darum ist es ein »Scheinargument«; die Argumentation hat einen »Zirkelschluß«. Jeder EDV-Programmierer weiß, daß in seinem Programm kein »Zirkelschluß« (Schleife) vorkommen darf, weil sonst der Computer »kreist«, also nicht weiterarbeitet. In der Argumentation muß das nicht unbedingt falsch sein, aber es führt nicht weiter, es »bringt nichts«: Eine solche Vorgehensweise ist vergleichbar mit dem Satz: »Ein Haus ist ein Haus, weil es ein Haus ist!« – Es wird also die Behauptung »Ein Haus ist ein Haus« mit sich selbst bewiesen: »... weil es ein Haus ist ...!« Das ist zwar nicht falsch, aber es ergeben sich keine neuen Erkenntnisse.

Zugegeben: Das Erkennen von Scheinargumenten durch Zirkelschlüsse ist nicht immer einfach – und mancher Rabulist wendet diesen Trick bewußt an. Bei den meisten Übermittlern von Scheinargumenten ist man allerdings nicht immer sicher, ob sie ihr eigenes Scheinargument selbst erkannt haben. Dazu folgende Meldung einer Münchner Zeitung vom August 1988:

Ein kleiner Schulbub aus Franken schrieb 1988 an den bayerischen Kultusminister:

***»Lieber Staat, warum muß man Hausaufgaben machen? Ich hasse Hausaufgaben. Das ist meine einzige Beschwerde.«***

Der Minister antwortete: ***»... daß man den Buben an die regelmäßige und gewissenhafte Erfüllung von Pflichten gewöhnen wolle.«***

Es kann nicht mehr geprüft werden, ob der Minister sein Argument als »Zirkelschluß« erkannt hat. Fest steht wohl lediglich, daß der Schulbub diese Beschwerde erst gar nicht geschrieben hätte, wenn er von der Pflichterfüllung vorher überzeugt gewesen wäre. Da der Bub aber vermutlich nicht überzeugt war, wird er es auch wohl bei dieser Minister-Antwort nicht sein, weil der Minister das, was begründet werden soll, als bereits bewiesen voraussetzt.

In unserer Studentenzeit mußten wir manchmal gegenüber den Argumenten der dialektisch geschulten Marxisten »passen« – häufig blieb uns als Antwort nur das Kopfschütteln. Viele der Kommilitonen spürten: Die Argumentation ist brillant – aber die Sache bleibt schlecht. Wurden nur einfache Polit-Argumente vorgebracht, war die Antwort deswegen nicht schwierig, weil Marxisten in der Diskussion nichts mehr fürchten, als daß sie wirkungsvoll auf »die Schippe«, also nicht ernst genommen werden (das »Rezept« stammt von keinem Geringeren als **Lenin**). Das folgende Beispiel ist ein Sinnprotokoll aus einem unserer Seminare:

Marxist: *»Die Ausbildung von Jugendlichen ist nachweislich in der DDR besser als in der BRD. Vor allem aber wird nach der Ausbildung der Arbeitsplatz garantiert. Darum gibt es in der DDR keine Arbeitslosen, sondern nur in der BRD.«*

Student: *»Hervorragend. Aber wenn die da drüben alles so viel besser machen, warum gehst du dann nicht rüber – und vor allem: bleibst dort?«*

Marxist: *»Wir fordern den gesellschaftlichen Fortschritt. Der ist aber nur durch den realen Sozialismus möglich und nicht durch den Kapitalismus. Außerdem ist Fortschritt nicht durch Nobelkarossen wie Mercedes gekennzeichnet.«*

Student: *»Ach Gott, da sind wir aber froh! Wir dachten schon, wir müßten jetzt unseren Mercedes verkaufen und zehn Jahre auf einen Trabi warten!«*

Marxist: *»Ihr weicht doch aus! Kennt ihr überhaupt den Unterschied zwischen Sozialismus und Ausbeuterklasse?«*

Student: *»Klar! Wenn im Kapitalismus Pfusch gemacht wird, hat nur der profitgierige Unternehmer was davon! Wenn im Sozialismus Pfusch gemacht wird, haben alle was davon!«*

Wir Studenten haben mit solchen Methoden sicher keinen rhetorischen Schönheitspreis verdient, aber wir erreichten, daß unsere Seminare weitgehend von Störungen durch »relevante Gruppen« verschont blieben.

Wer Scheinargumente erkennt, dem kann der »dialektische Marxismus« nichts anhaben, wenn er sich als Zirkelschluß wie folgt präsentiert, weil die Behauptung mit sich selbst bewiesen wird:

***»Der Anspruch des Marxismus ist schon deswegen berechtigt, weil er die politische Theorie derjenigen Klasse ist, die den gesellschaftlichen Fortschritt trägt.«***

Auch im normalen, täglichen Arbeitsleben finden sich Zirkelschlüsse, bei denen viele sich nichts denken. Man nimmt es hin und ärgert sich höchstens, weil man glaubt, es sei eine autoritäre Aussage. Gegen autoritäres Gehabe aber kann der Mitarbeiter nichts machen. Gegen »Scheinargumente« und Unlogik allerdings schon:

***»Der Chef hat recht, weil er jahrelang die negative Erfahrung mit dem Sachverhalt gemacht hat und somit die Dinge besser beurteilen kann als Sie!«***

Der Professor für Strafrecht *F. Haft* gibt in seinem Buch »Juristische Rhetorik« (Freiburg 1978) ein interessantes Beispiel eines logischen Fehlers aus dem juristischen Alltag:

***»Das Landgericht hielt die Glaubwürdigkeit der Aussage eines Belastungszeugen für ›in besonderem Maße durch die Tatsache erhärtet, daß nach der bestimmten Bekundung des Zeugen der Angeklagte diesen beim Zusammentreffen im Gebäude der Kriminalpolizei vor der Vernehmung durch die Erklärung, er werde alles abstreiten und der Zeuge sollte das auch tun, zu einer unrichtigen Aussage zu veranlassen suchte‹. Wenn der Zeuge, so argumentierte das Landgericht, sich dann gleichwohl durch seine Bekundungen über die Straftat als Beteiligter selbst mitbelastet habe, stehe die Wahrheit seiner Aussage und seine Glaubwürdigkeit außer Zweifel.«***

*Haft: »Hier wird die Glaubwürdigkeit aus einer Voraussetzung, nämlich einer Aussage des Zeugen, gefolgert, bei der man selbst wieder die Glaubwürdigkeit des Zeugen voraussetzen muß. Man sieht, wie sich die Begründung im Kreise dreht.«*

Eine besonders gefährliche Waffe des Rabulisten ist es, im Vorsatz komplizierte Sachverhalte in einer Fachsprache mit zusätzlichen Fremdworten zu verschleiern, sich also als »kompetenter Fachmann« zu präsentieren, und im Nachsatz den »kleinen Mann auf der Straße« mit einer Analogie in kumpelhafter Sprache für die Ziele gewinnen zu wollen: Das Beispiel (1986, Minister *G. Stoltenberg*):

***»Die Struktur der Steuerreform ist so determiniert, daß die Gewinne der Besserverdienenden kumulativ erfaßt und progressiv besteuert werden – also mehr Steuergerechtigkeit. Wenn Sie das ablehnen, dann erklären Sie mal dem Kumpel, der für sein Geld hart ma-***

***lochen muß, warum er vergleichsweise mehr Steuern zahlen soll als ein Unternehmer!«***

### 2.3.2 Die Fesseln der Logik

Mit den Gesetzen der klassischen und der modernen, formalen Logik allein kann der Rabulist nicht auskommen. Er kann zwar bewußt falsche Schlüsse ziehen, aber er kann sie auch unbewußt falsch ziehen – und im übrigen kann das sein Gegner auch. Alle Konklusionen bzw. Schlüsse sind Folgerungen aus den beiden Obersätzen, die z. B. als deduktive Beziehung zunächst eine Allgemeinweisheit und im zweiten Obersatz eine spezielle Weisheit aussagen. Formal ist das auch immer korrekt möglich:

$$\frac{\begin{array}{c} M \times P \\ S \times M \end{array}}{S \times P}$$

Diese Form entsteht durch Herauskürzen von M, so daß die Bedingung S × P bleibt, die jedoch in den Obersätzen schon als Terminus enthalten ist. **Diese Formal-Logik ist immer stimmig bzw. schlüssig.** Anders sieht es aber aus, wenn die Symbole durch Aussagen ersetzt werden:

***Architekten sind begabte Künstler.***
***Herr Hinterhuber ist ein Architekt.***

---

***Herr Hinterhuber ist ein begabter Künstler.***

Hier spielt die Logik der Wahrheit einen Streich, denn wir wissen alle aus Erfahrung, daß die Schlußfolgerung nicht unbedingt stimmen muß. Der Architekt Hinterhuber kann nämlich alles andere als ein begabter Künstler sein.

Um nochmals zu verdeutlichen, daß Logik nur ein Denkakt ist, der zur Wahrheit keine Stellung nimmt, sei die völlig korrekte Ableitung von ausschließlich unwahren Aussagen dargestellt. Im ersten Beispiel ergibt die korrekte Ableitung keine wahre Schlußfolgerung, im zweiten Beispiel offensichtlich doch, obwohl die Ableitung aus einer unwahren Aussage erfolgte:

1. ***Alle Autos können fliegen.***
***Die Badewanne ist ein Auto.***

---

***Die Badewanne kann fliegen.***

2. ***Alle Autos können fliegen.***
***Das Flugzeug ist ein Auto.***

---

***Das Flugzeug kann fliegen.***

Das Problem im logischen Dreisatz besteht auch darin, daß nur Aussagen erzeugt werden können, die indirekt schon ermittelt sind. Um überhaupt zu neuen Erkenntnissen zu kommen, müssen wir uns mit »Wahrscheinlichkeiten« oft zufriedengeben. Doch die Gläubigkeit in exaktes Denken und logische Schlußfolgerungen behindert sehr oft das »Ausbrechen« aus dem logischen Gedankengebäude. Für den Rabulisten kann das Vor- und Nachteil bedeuten: Vorteil, wenn er geschickt falsche Schlüsse ziehen kann, und Nachteil, wenn er's nicht kann ...! Logisch.
In der Logik geht man – um Fehlschlüsse zu vermeiden – von bestimmten Bedingungen aus, die Grundlage der Konklusion sind. Man spricht dann von »Bedingungssatzschlüssen« oder »Implikationsbeziehung«. Das in jeder Literatur verwendete Beispiel dazu dürfte auf *R. Lay* zurückgehen, der dieses mit dem Beispiel »Wenn es regnet, wird die Straße naß« erläutert hat. Eine solche Bedingung kann »hinreichend« oder »notwendig« sein. Um das herauszufinden, wendet man die Wörter
**1. »immer wenn, dann ...«**
**2. »nur wenn, dann«**
an. Damit vermeidet man falsche Schlußfolgerungen. Der Regen ist eine »hinreichende Bedingung«, aber keine »notwendige«. Es muß also nicht unbedingt regnen, damit die Straße naß wird. Es könnte auch ein Sprengwagen, der Gartenschlauch, die zu weit eingestellte Rasensprenganlage usw. sein. Es ist also nicht unbedingt »notwendig«, daß es regnet, damit die Straße naß wird. Mit den beiden Satzanfängen kann man den Fehlschluß vermeiden:
***Richtig: »Immer wenn es regnet, dann wird die Straße naß!«***
Falsch: »Nur wenn es regnet, dann wird die Straße naß!«
Im täglichen Umgang miteinander sind Fehlschlüsse an der Tages-

ordnung, und nicht immer denken sich die Beteiligten allzuviel dabei:
Vater zum Sohn: ***»Wenn du Schlagzeug spielst, ist Krach im ganzen Haus.«***
Eine typische Situation. Der Vater meint natürlich, daß Krach grundsätzlich nur vom Schlagzeug seines Sohnes erzeugt wird. Er zieht also eine falsche Schlußfolgerung, weil er glaubt, es sei eine »notwendige Bedingung«. *(»NUR WENN du Schlagzeug spielst, DANN ist Krach im ganzen Haus.«)* Das ist es aber nicht, sondern das Schlagzeug-Spielen des Sohnes ist eine »hinreichende Bedingung«, um Krach im Haus zu erzeugen *(»IMMER WENN du Schlagzeug spielst, DANN ist Krach im ganzen Haus.«)* Es gibt auch andere Möglichkeiten, Krach zu erzeugen, wie z. B. das Bohren des Vaters mit der Bohrmaschine, der Streit der Nachbarn usw. Auf die psychologische Wirkung des väterlichen Fehlschlusses beim Sohn wollen wir nicht näher eingehen – vermutet werden kann allerdings der Widerspruch des Sohnes, weil er weiß, daß er nicht der einzige ist, der Krach erzeugt. Und eine Diskussion darüber, ob die Bedingung »hinreichend« oder »notwendig« ist, wird es wohl auch nicht geben. Sicherlich heißt es nur kurz und knapp:
**»Schluß mit dem Krach. Basta!«**
Dem einen oder anderen Leser mag diese »Implikationsbeziehung« eher als »Theorie« vorkommen – das ist sie aber keinesfalls! Sie hat sogar eine sehr praktische Bedeutung für die meisten Fehlschlüsse im täglichen Umgang, denn jeder von uns tappt in Fallen der logischen Fehlschlüsse – ungewollt. Das liegt zunächst einmal daran, daß kaum ein Mensch in der Umgangssprache so spricht, wie es der Syllogismus, der logische Dreisatz, aufzeigt. Wer sagt schon *»Wenn es regnet, wird die Straße naß«?* Wir sehen die nasse Straße und sagen: *»Es hat geregnet.«* Meistens stimmt das auch, weil wir auf Dächer, Fensterscheiben und Straßen sehen und erkennen, daß es geregnet hat. Es könnte theoretisch aber auch der städtische Sprengwagen sein, der vorbeigefahren ist und die Straße naß gemacht hat. Natürlich können wir alle das sehr gut unterscheiden, und wir wollen das Thema hier auch nicht »totdiskutieren«. Wenn der Schluß in der »richtigen Richtung« gezogen wird, erfolgt dies nach streng logischen Gesetzmäßigkeiten. Alle Hunde sind Vierbeiner, aber nicht alle Vierbeiner sind Hunde. Wenn es reg-

net, wird die Straße naß, aber wenn die Straße naß ist, muß es nicht unbedingt geregnet haben – siehe obiges Beispiel. Wenn der Strom ausfällt, bleibt der Fahrstuhl stecken. Das bedeutet: Schlüsse in umgekehrter Richtung sind nicht möglich. Aber im täglichen Leben ziehen wir ständig Schlüsse in einer Richtung, die strenggenommen nicht möglich ist. Wir bleiben im Fahrstuhl stecken und sagen sofort: Der Strom ist ausgefallen. Wir schauen auf die Straße, diese ist naß, und wir sagen: Es hat geregnet. Wir sehen einen Hund und sagen: Das ist ein Vierbeiner. Daß wir dennoch zu richtigen Ergebnissen in unserer Schlußfolgerung kommen, verdanken wir unserer Erfahrung und der Gewißheit einer hohen Wahrscheinlichkeit – aber nicht der Konklusion aus den streng logischen Gesetzen z. B. des Syllogismus.
Hier ergibt sich allerdings ein fruchtbares Betätigungsfeld des Rabulisten. Die Voraussetzungen dazu sind klar: Einerseits verfährt und argumentiert der Rabulist nach z. B. streng logischen Gesetzen – und darf in nahezu allen Fällen erwarten, daß seine Ableitung auch als »logisch« angesehen wird. Wer beschäftigt sich schon ausführlicher mit den Fesseln der Logik, um sagen und mit populären Beispielen belegen zu können, daß streng logische Ableitungen auch eine Menge dummes Zeug produzieren können? Andererseits kann man meistens den streng logischen und einsichtigen Ableitungen nur mit der »eigenen Erfahrung« oder Einzelbeispielen begegnen, die das Gegenteil aussagen. Das ist dann die Aussage, auf die der Rabulist wartet, um zu kontern:

* *Erfahrung ist immer die Summe aller Irrtümer, u. z. die der Gegner!*
* *Erfahrung ist immer nach »rückwärts« gerichtet, aus der Vergangenheit.*
* *Erfahrung ist immer etwas von »gestern« – und wir sprechen von morgen.*
* *Erfahrung blockiert Kreativität und verhindert damit oft Fortschritt.*
* *Erfahrungs-Entgegnungen sind (meist autoritäre) »Killer-Phrasen«.*
* *Gegen die Erfahrung des Alters kann die Kreativität (oder: Klarheit und Objektivität) der Jugend gesetzt werden.*

* *Jedes Einzelbeispiel kann mit einem Gegenbeispiel widerlegt werden!*
* *Jedes Beispiel hinkt!*
* *Wer auf Beispiele pocht, will Analogieschlüsse ziehen, weil er den Sachverhalt nicht erklären kann oder verstanden hat – meistens beides.*
* *Wer viele Beispiele bringt, will mit Quantität und Statistik Qualität beantworten.*

»Logische Verpackungen« sind oft uneinnehmbare Festungen. Insbesondere deduktive Vorgehensweisen, Zirkelschlüsse, Analogieschlüsse usw. sind in der Hitze eines Gefechts vom Gegner kaum schnell zu entdecken – geschweige denn zu »knacken«. Wird etwas dagegen schriftlich formuliert und haben wir die Gelegenheit zur Analyse (bzw. der Gegner), so ist der Überrumpelungseffekt nicht mehr so gut. Als Beispiel dafür geben wir unseren Seminarteilnehmern zunächst in mündlicher Form den logischen Beweis über den Nonsens, daß eine Katze drei Schwänze hat und fordern sie auf, den »Beweis« mit zehn Worten zu »knacken«. Die übliche Antwort: »Moment, können Sie das bitte noch einmal langsam wiederholen?« Das »kann« der Trainer natürlich nicht, sondern will damit nur verdeutlichen, wie schwer es ist, auch einen logischen Nonsens im Gespräch – wenn man ihn schon entdeckt hat – zu widerlegen:

***Wir beweisen, daß eine Katze drei Schwänze hat.***

1. ***Keine Katze hat zwei Schwänze!*** (Oder haben Sie schon mal eine Katze mit zwei Schwänzen gesehen?)
2. ***Eine Katze hat einen Schwanz mehr, als keine Katze!*** (Jeder weiß, daß das logisch ist …!)

---

3. ***Wenn keine Katze zwei Schwänze hat, und eine Katze einen Schwanz mehr als keine Katze hat, dann hat doch logischerweise eine Katze drei Schwänze ...?!***

Erst danach wird der »logische Beweis« schriftlich vorgelegt – und auch dann haben einige ihre Probleme, zu erklären, wo der Fehler liegt. Und das, obwohl doch jeder weiß, daß es keine Katze mit drei Schwänzen gibt. Aber wie schon gesagt: ***Die Logik ist ein reiner Denkakt und nimmt zur Wahrheit keine Stellung.*** Das heißt also: ***Der Hinweis »Das ist logisch« heißt noch längst nicht, daß das Gesagte auch WAHR ist.***

***Je näher aber der logische Beweis, d. h. die Konklusion, in Übereinstimmung mit Erfahrungsgrundsätzen des Lebens steht, desto schwieriger ist es, den »logischen Fehlschluß« aufzuspüren, und je weiter sich die Ableitung von unseren Erfahrungen entfernt, desto eher müssen wir damit rechnen, daß der Gegner mißtrauisch wird, hinterfragt, Analysen anstellt usw. Die Strategie sollte also immer so ausgerichtet sein, daß der logische Beweis nicht der Alltagserfahrung direkt widerspricht.***

***Logische Konklusionen dürfen keine Exoten sein.***

Wie schwierig es ist, ein »logisches Gedankengebäude« zu zerstören, mag folgendes Beispiel verdeutlichen, welches im Manuskript zur BR-Hörfunkreihe »Richtig Argumentieren« (1981 TR-Verlagsunion München) zu lesen ist. Es geht hierbei um das Pro und Kontra zur gewaltsamen Räumung besetzter Häuser; zunächst aus der Sicht der Befürworter:

***»A: Das Recht auf Eigentum wird durch den Artikel 14 des Grundgesetzes gewährleistet. Darüber hinaus ist mit jeder Hausbesetzung der strafrechtliche Tatbestand des Hausfriedensbruchs gegeben. Und wo Strafantrag, Baubewilligung und gesicherte Finanzierung vorliegen, sind die Voraussetzungen für eine Räumung klar erfüllt.«***

Und nun Begründungen aus der Sicht der Gegenseite:

***»B: Im Grundgesetz steht, daß Eigentum verpflichtet und auch dem Wohle der Allgemeinheit zu dienen hat. Und in Bayern, Berlin und Bremen ist das ›Recht auf Wohnraum‹ sogar in den Landesverfassungen ausdrücklich verankert, zum Teil sind dafür auch gesonderte Gesetze erlassen. Wo besetzte Häuser gewaltsam geräumt werden oder der Anspruch auf Wohnung nicht erfüllt wird, wird eindeutig gegen geltendes Recht verstoßen, und es herrscht außerdem noch Verfassungsbruch.«***

Im zitierten Manuskript geht es vorwiegend um die Feststellung, daß Begründungen noch keine Argumente sind. Im obigen Beispiel wird erklärt, daß die Begründungen ausreichen, um auf logischem Wege die Räumung der besetzten Häuser sowohl zu rechtfertigen als auch zu verurteilen, und zwar anhand des Dreisatzmodells:

***Erster Obersatz:*** ***Der Staat hat die Aufgabe, gegen Straftaten einzuschreiten.***

***Zweiter Obersatz:*** ***Bei der Besetzung des Hauses X handelt es sich um eine Straftat.***

---

***Konklusion:*** ***Also hat der Staat die Aufgabe, gegen die Besetzung des Hauses X einzuschreiten.***

Bei der logischen Ableitung handelt es sich klar erkennbar um eine deduktive Vorgehensweise, denn man geht in der Begründung von der Allgemeinheit aus und schließt daraus auf den speziellen Fall. Im Falle der Verurteilung von Hausbesetzungen ist der logische Aufbau der Begründung wie folgt:

***Erster Obersatz:*** ***Der Staat hat durch Gesetze und einige Landesverfassungen die Pflicht, für das ›Recht auf Wohnraum‹ zu sorgen.***

***Zweiter Obersatz:*** ***Bei der Besetzung des Hauses X wird das Verfassungsrecht auf Wohnraum in Anspruch genommen.***

---

***Konklusion:*** ***Die Räumung des besetzten Hauses verstößt gegen geltendes Recht und ist somit verfassungswidrig.***

Mit dieser logischen Ableitung entsteht deswegen ein »Patt«, weil lediglich der Begründungsaufbau »logisch« ist. Daraus entsteht allerdings auf beiden Seiten ein Käfig, aus dem man offensichtlich nicht heraus kann, denn die Obersätze der Ableitungen und die Konklusionen ergeben kein neues Argument; sie sind eine Begründung, d. h. eine Interpretation dessen, was schon bekannt ist. Um aus diesem »Gefängnis der Logik« herauszukommen und um den Versuch zu starten, »stichhaltige Argumente« hervorzubringen, müßten »richtige Fragen« gestellt werden, z. B. nach den Vor- und Nachteilen der Räumung. Zitat des Manuskriptes der BR-Sendereihe (Nr. 4):

***»A: Je länger der Staat nicht dagegen einschreitet, daß durch Hausbesetzungen Recht gebrochen wird und Gewalt sich ausbreiten kann, desto mehr geht in der Bevölkerung das Vertrauen in unsere Rechtsordnung verloren, mit der Folge, daß zum Beispiel über-***

zeugte Demokraten immer häufiger sich weigern, ihre Strafzettel, aber auch Mieten und Steuern zu bezahlen.«

Nun die Gegenseite:

***»B: Je häufiger der Staat einzelnen Menschengruppen ihr verfassungsmäßig verbürgtes Recht auf Wohnraum streitig macht und sie gewaltsam aus Häusern vertreibt, von denen Hunderte aus Spekulationsgründen leer stehen, desto mehr Jugendliche werden radikalisiert und dem Terrorismus in die Arme getrieben.«***

Für die dialektische Rabulistik folgt daraus das »Sowohl-Alsauch«. Damit ist gemeint:

Der Begründungsaufbau nach logischen Gesetzmäßigkeiten ist – wenn die Konklusion den Alltagserfahrungen nicht direkt widerspricht – eine exzellente Vorgehensweise, sich »abzuschotten« und sein Gedankengebäude zu einer nahezu uneinnehmbaren Festung auszubauen – einerseits. Andererseits muß der Rabulist stets damit rechnen, daß sein Gegner seine Disputationsbeiträge ebenfalls nach logischen Gesetzmäßigkeiten aufbaut. In den meisten Fällen entsteht dann bei z. B. (fast) neutralen Beobachtern oder Zuhörern der Eindruck eines »Unentschieden« – beide Gegner sind offenbar »gleich gut«. Es gibt einige Fernsehsendungen, die von dem Spiel leben (z. B. Pro und Contra, TED-Spiele usw.). In diesen Sendungen ergibt sich oftmals das gleiche Spiel: Zwei gute Redner und Anwälte einer Sache geben ihre Meinungen (pro bzw. contra) vor einigen Zuhörern in einem Fernsehstudio ab, die per Knopfdruck auf ein Zählgerät vor der Argumentation der beiden Disputanten ihre Einstellung abgeben. Nach Beendigung der Argumentation werden von den Zuhörern die Knöpfe wieder gedrückt, und es ist für die Fernsehzuschauer feststellbar, ob sich der eine oder andere hat »überzeugen« lassen. Von einigen Ausnahmen abgesehen, wechseln kaum mehr als fünf Zuhörer ihre Meinung. Interessanterweise wird der Wechsel um so geringer, je aktueller das Problem ist und um so mehr es »die Geister scheidet«. Wer jedoch die Begründungen, Redebeiträge, Plädoyers usw. der Disputanten analysiert, wird feststellen, daß in den meisten Fällen keine wirklich stichhaltigen Argumente vorgebracht wurden, sondern lediglich Begründungen in einem durchaus logischen Redeaufbau (siehe Beispiel »Hausbesetzung«). Damit werden aber keine Gesichtspunkte eines neuen Gedankensystems geschaffen, sondern nur bekannte Positionen vorgebracht. Die aber kennen die Zuhörer schon – und haben dazu eine eigene Auffassung, die sie sicher selbst schon mehrfach in ähnlicher Form vertreten haben. Infolgedessen sind hohe »Umstimmungszahlen« von Contra zu Pro oder umgekehrt sehr selten, obwohl der Unterhaltungswert, insbesondere bei geschliffenen Rednern, unbestritten hoch ist! Wer es aber schafft, aus dem »Gefängnis der Logik« auszubrechen, indem er z. B. Fragen nach Vor- und Nachteilen stellt und neue Gesichtspunkte schafft, hat meistens Erfolg bei den Zuhörern.

Der Pessimist wird dazu sicher sagen: *»Gerade solche Sendungen wie Pro und Contra sind der Beweis, wie schwer es ist, auf alle Fälle recht zu behalten!«* Der Optimist sagt allerdings: *»Ich kenne nun die beiden Möglichkeiten, nämlich: mich infolge meines logischen Gedankengebäudes nicht argumentativ ›zerstören‹ zu können – ich werde also recht behalten –, und die andere Möglichkeit, bei einer gleichen Vorgehensweise des Gegners durch ›richtige Fragen‹ in sein Gedankengebäude einzudringen – um mir mein Recht zu holen!«*

***Ein dialektischer Rabulist ist immer Optimist!***

## 2.4 Psychologie

### 2.4.1 Ein paar Worte zur Psychologie

Es ist eher eine banale Situation: Ihre Heizungsanlage funktioniert nicht ordentlich, und Sie fragen den Heizungsinstallateur: *»Sie sind doch Heizungsfachmann. Wo kann der Defekt denn liegen? Sie müssen das doch wissen!«* Oder Ihr Auto springt nicht an: *»Sie sind doch Automechaniker. Woran kann das liegen? Sie müssen das doch wissen?«* Selbst wenn der letzte Satz – *»Sie müssen das doch wissen!«* – nicht direkt gesagt wird, wird er dadurch indirekt gesagt, daß der Betreffende für ein bestimmtes Fachgebiet »zuständig« ist, weil er der »Fachmann« ist. Arg enttäuscht wären wir, wenn der Befragte antworten würde: *»Das weiß ich nicht!«* Er wäre die längste Zeit für uns »Fachmann« gewesen.

In den meisten Fällen wird der »Fachmann« aber dem Fragesteller eine entsprechend fachliche und damit beruhigende Antwort geben. Ob Heizungsanlagen, Autos oder sonstige technische Ge-

genstände: sie funktionieren, weil sie meistens typengleich sind, oft nach demselben Prinzip. Der Heizungsfachmann wird z. B. schnell erkennen, ob die Ölleitung verstopft ist, und der Automechaniker wird z. B. sofort sagen können, ob die Batterie leer ist. Hier gibt es eine einfache »Wenn-dann«-Beziehung, also z. B.: **Wenn** die Batterie leer ist, **dann** springt der Wagen nicht an.
Wir haben uns nicht nur daran gewöhnt, sondern wir erwarten: wer Fachmann ist, kann Auskunft geben. Überlegen Sie einmal, ob Ihnen irgendein Beruf einfällt, in dem diese Erwartung an den »Fachmann des Berufes« nicht gestellt wird. Überlegen Sie andersrum aber auch einmal, ob es irgendeinen »Fachmann« gibt, der die Erwartungen an seinen Beruf nicht erfüllt, weil er keine Antwort geben kann. Wir werden sowohl im einen wie auch im anderen Falle kaum einen Zeitgenossen finden, der das zugibt. »Fachmann« zu sein heißt, so gesehen, eine Rolle zu spielen, und an diese wird eine »Rollenerwartung« geknüpft. Die meisten Menschen entsprechen dieser »Rollenerwartung« – und geben Auskunft. Wie gesagt, keine Auskunft geben können, heißt schlicht: sich zu blamieren und eventuell als »Fachmann« von seiner Umwelt disqualifiziert zu werden. Wer will das schon?
*»Wir haben unser Kind mit viel Liebe erzogen. Trotzdem ist es mit 15 Jahren immer noch Bettnässer. Warum ist das so? Sie sind doch Psychologe. Sie müssen das doch wissen!« »Das weiß ich nicht!« »Was? So was wissen Sie nicht? Und Sie wollen Psychologe sein …?«* Sie können sich sicher vorstellen, daß sich diese Antwort kein Psychologe gern »einhandeln« würde. Das bedeutet: Auch Psychologen entsprechen der Rollenerwartung, die an sie gestellt wird – und antworten »fachlich« unter häufiger Verwendung des Begriffs »psychologisch gesehen« oder »die Psychologie spricht da von einem XY-Syndrom« oder »die Psychologie hat herausgefunden …«
Es kann nicht darüber gestritten werden, daß zwar die Psychologen mehrheitlich in ihren Rollenerwartungen überfordert sind, aber meistens nichts dagegen haben, wenn man sie als »moderne Medizinmänner« ehrt und adelt. Der Psychologe ist der, der den »tieferen Einblick« hat, der das erkennt, was der »normale Mensch« nicht erkennen kann, der also das »Unnormale« erklären und somit »Lebenshilfe« geben kann: Das ist die Erwartung. *»Du*

*bist verrückt, du brauchst einen Psychologen!«* – damit ist auch der Zuständigkeitsbereich der Psychologie charakterisiert, soweit es ein weitverbreitetes Vorurteil anbelangt.
Diesem Vorurteil zufolge wäre Psychologie »die Kunst, mit Menschen umzugehen«. Doch wäre sie das, so könnte man sie nicht erlernen oder anwenden. **Psychologie ist die Wissenschaft vom Erleben und Verhalten des Menschen.** Doch allein das Verhalten eines Menschen wird von so vielen Faktoren beeinflußt, daß man diese niemals alle kennen kann, und so kommt es, daß sich Menschen auch unter scheinbar gleichen Bedingungen verschieden verhalten. Daher kann man auch nur von der »relativen Häufigkeit« oder der »Wahrscheinlichkeit einer bestimmten Verhaltensweise« sprechen.
Das ist z. B. für Verkäufer mit Praxisbeispielen leicht zu beweisen: Ein Händler in der gleichen Situation wie sein Kollege, mit den gleichen Problemen, gleichen Preisen, gleichen Artikeln, gleich, gleich, gleich ... verhält sich doch anders als sein Kollege, bei dem Sie zum Kaufabschluß kamen. Sie können also vor dem Gespräch nur sagen: *»Wahrscheinlich wird er sich gleich verhalten wie sein Kollege.«* Aber Sie wissen es nicht. Auch der Psychologe weiß es nicht. Es fehlt die »allgemeingültige Regel«. Menschen »funktionieren« nun mal eben nicht so wie ein technischer Artikel, sei es eine Heizung, ein Auto oder sonst etwas. Das menschliche Handeln ist immer sowohl biologischen Faktoren als auch sozialen Umfeldeinwirkungen unterworfen.
Es gibt also keine klare Antwort, sondern eher Unsicherheit auf die Frage, ob der Händler XY kauft oder ob der Kunde A sich wie Kunde B verhält. Doch im Umgang mit Menschen hat jeder seine eigenen, subjektiven Erfahrungen, die meistens mit einem Gefühl der Gewißheit verbunden sind, was eine Kontrolle der (Vor-)Urteile so oft ausschließt. Dafür gibt es einen Begriff, nämlich die gute alte »Menschenkenntnis«.
Das ist wiederum ein »Fachgebiet«, und ein sehr individuelles dazu. Wer wollte da schon »Nicht-Fachmann« sein – also gibt man »Auskunft«. Still vor sich hin lächeln mag man (weil es verzeihlich ist), wenn bereits junge Menschen den Anspruch erheben, »gute Menschenkenner« zu sein. Die Empfehlung an diese jungen Menschen, den eigenen subjektiven Erfahrungen als (möglicherweise)

»Summe aller Irrtümer« kritisch gegenüberzustehen, fruchtet nicht immer – die unvollständige Einsicht in die komplizierte Materie **Erleben und Verhalten des Menschen** läßt in vielen Bereichen oft »schön grüßen ...«!

Problematischer allerdings sind die »professionellen Menschenkenner« oder, genauer gesagt, die, die sich dafür halten. Natürlich ist eine »angewandte Menschenkenntnis« bis zu einem gewissen Punkt vertretbar, um zu einer Einschätzung zu gelangen, die gerade im Verkauf in vielen Fällen unerläßlich ist. Nicht vertretbar ist es, wenn die eigene Menschenkenntnis dergestalt überschätzt wird, daß auch wider besseres Wissen, z. B. aus Scham, sich »getäuscht oder versagt« zu haben, ein Fehlurteil aufrechterhalten wird.

*Chef zum Verkäufer: »Sie haben den Kunden ganz einfach falsch eingeschätzt!«*

*Verkäufer: »Das stimmt nicht. Meine Menschenkenntnis hat mich noch nie getäuscht. Es muß an etwas anderem liegen!«*

*Chef: »Sie können mir glauben, auch* **ich** *kenne die Menschen, und ich sage Ihnen ...«*

Es ist nicht schwer vorstellbar, daß dieses »Gespräch« zu keinem positiven Ende führt, führen kann. Denn sowohl Verkäufer wie auch Chef glauben, aufgrund ihrer »Menschenkenntnis« einen Sachverhalt beurteilen zu können, der vom individuellen Verhalten eines Menschen (Kunden) bestimmt war.

Doch die Empfehlung, sich selbst nicht zu sicher auf seine eigene Menschenkenntnis zu verlassen, bedarf des bekannten Hinweises, daß jeder (wenn auch in diesem Fall selbsternannte) »Fachmann der Menschenkenntnis« seiner Rollenerwartung, ein sicheres Urteil zu finden, entspricht. Die Fähigkeit von Menschen, aufgrund nicht objektiv sichtbarer oder erfaßbarer Faktoren »sichere Urteile« auszusprechen und somit richtige Voraussagen zu treffen, ist begrenzt, denn jeder spürt oft unbewußt seine Erkenntnisbeschränkung durch das subjektive Verhalten. Viele wünschen aber »tiefere Erkenntnis«, um die Geheimnisse des eigenen Verhaltens zumindest ein bißchen zu lüften – und auch, um damit in die Zukunft schauen und dem Schicksal vielleicht ein Schnippchen schlagen zu können. Ach, das wäre schon arg verwunderlich, wenn sich daraus kein Kapital schlagen ließe, und siehe da: **Es gibt eine**

ganze »Industrie der übernatürlichen Intuition«, für den sechsten Sinn und zur »Erleuchtung«.
Eher mitleidig lächelnd nehmen wir da Kenntnis von Großvaters Handlesekünstlerin, die sich auf Volksfesten und Messen ein karges Brot dadurch verdiente, daß sie »aus der Hand las«. Und wer jemals die frappierenden Sprüche einer Kartenlegerin genoß (»die Karten sprechen die Wahrheit«), wird sicher **niemals** mehr darauf verzichten wollen. Doch geradezu wohltuend ist die Wahrsagerin, die uns **todsichere** Einblicke z. B. in unser Liebes- und Eheleben gewährt, weil eine Kristallkugel (made in Hongkong) diese Zukunft preisgibt. Wie gesagt, das war Großvaters Prognose-Spaß, und es waren – zugegeben – nostalgisch eher liebevolle Faxen.
**Nachdenklich müssen uns jedoch Meldungen darüber stimmen, daß zunehmend Führungskräfte ihre Unternehmensentscheidungen davon abhängig machen, wie der eigene »Biorhythmus« verläuft oder was »die Sterne sagen«. Es bleibt nur zu hoffen, daß diese »astrologischen Führungskräfte« nicht Entscheidungen treffen, die zu Lasten von Menschen gehen, denn sonst hätten sie die Berechtigung, dahin geschossen zu werden, woher sie ihre Intuition beziehen.** Auch die »graphologischen Gutachten«, die durch Voreinsendung eines Geldbetrages das »psychologische Persönlichkeitsprofil« in Zeitungen versprechen, sind in die Rubrik »psychologischer Unsinn« einzuordnen, weil einerseits Hoffnungen geweckt werden, die nicht erfüllbar sind, und andererseits das Bemühen von ernst zu nehmenden Graphologen unterminiert wird, **einen Testbeitrag** von vielen zur Persönlichkeitsbeurteilung zu erstellen. Die Austauschbarkeit der »Ergebnisse« ist wissenschaftlich ebenso gesichert und nachgewiesen wie der Nonsens über »Treffsicherheit« von Horoskopen und »Tests« in Illustrierten etc.
Wie ungern machen viele sich doch Gedanken darüber, daß sich ein **»journalistischer Niemand«** abends einen Unfug ausdenkt, der morgens pauschal Ihre Zukunft in drei Sätzen beschreiben wird. Und doch sind der Humbug und der Irrglaube über das »typische« Sternzeichen, dessen Attribute für alle gleichermaßen gelten sollen, nicht auszurotten *(»Was sind Sie denn für ein Sternzeichen …?«)*. Antworten Sie doch einmal (selbstbewußt!) auf die Sternzeichen-Frage: *»Also ich bin Jungfrau. Und was sind Sie …?«* – mit einem chinesischen Sternzeichen: *»Ich bin ein Schwein, und*

*ich finde, wir passen gut zusammen!«* Im Prinzip können Sie zwei Erfahrungen machen: Entweder man versteht etwas von seriöser Astrologie und das Gespräch kann »top« werden, oder man versteht nichts und gibt ihnen eine patzige Antwort – und dann können Sie es sich sparen, den Drink auszugeben …!

Besonders schlimm sind Beispiele über Sekten und Gurus, die ihr Unwesen oft zum seelischen (und finanziellen) Schaden ihrer Anhänger betreiben – und doch haben sie »Zulauf«. Erschreckt nehmen wir zur Kenntnis, daß »Geheimzirkel« entstehen, die auf »parapsychologischer Grundlage« Kontakte mit anderen Wesen oder verstorbenen Menschen »herstellen« (wollen). Erschreckend auch deswegen, weil viele Jugendliche Mitglieder sind oder an diesen dubiosen Sitzungen und Treffs teilnehmen.

Allein diese wenigen Beispiele führen zwangsläufig zu der Frage, was der Grund dafür ist, daß viele Menschen geradezu danach »süchtig« sind, »übernatürliche Zusammenhänge« erkennen und »tiefere Einblicke« in das eigene Seelenleben haben zu wollen oder Erklärungen für scheinbar unerklärbare Verhaltensweisen anderer vermittelt zu bekommen, und auch wissen wollen, welche »Rezepte« es gibt, das Verhalten anderer beeinflussen oder gar steuern zu können. Viele Menschen sind schlicht anfällig dafür, daß meist selbsternannte Psychoanalytiker und Psychologen »Weisheiten verkaufen«, die – oft hausgemacht auf der Basis von Einzelheiten und Zufälligkeiten – wissenschaftliche Sicherheit vortäuschen. Was glaubhaft vermittelt wird und »paßt«, wird allzu gern »rationalisiert« und für »zutreffend« befunden: leichte Kost – schwer verpackt.

Ohne Zweifel spielen drei Faktoren (neben anderen) eine beherrschende Rolle. Zunächst ist hier die Anonymität des Individuums in der modernen Leistungs- und Industriegesellschaft zu nennen. Zu oft fehlt der Bezug zur eigenen Leistung, die Motivation ist blockiert, und es gibt nur noch sehr wenige Berufe, bei denen ein Mensch vor dem eigenständigen Produkt seiner Leistung steht, dieses Produkt sehen und sich daran freuen kann. Das bedingt zum zweiten, daß ein Mangel an Gemeinschaftsgefühl entsteht und die meisten eher nach persönlicher Bedürfniserfüllung streben, also »mehr mit sich selbst als mit anderen« beschäftigt sind.

Das aber ist wiederum ein Teufelskreis bezüglich der Möglichkeiten, ein zuverlässiges Verbindungs- und Beurteilungssystem für eine bessere Menschenkenntnis zu schaffen. Wer nicht in das eigene Weltbild paßt, wird oft **ver**urteilt, statt **be**urteilt. Damit ist zugleich auch der dritte Faktor angesprochen, der besagt, daß unsere frühen Sozialisationsphasen, also das, was wir schon als Kinder und Jugendliche »gelernt« haben, prägenden und determinierenden Charakter auf unsere späteren Verhaltensweisen und Einstellungen haben. Jeder trägt ein »Wert- und Normensystem« mit sich herum, welches z. T. in der frühen Sozialisationsphase entstanden ist, sich weiterentwickelt hat und oft dazu führt, Gedanken an eine Meinungsrevision resp. Urteilskontrolle gar nicht erst aufkommen zu lassen. Diese »Sozialisationstheorie« wird von vielen bestritten (»meine Kinderzeit habe ich abgelegt und vergessen«), und doch wurde gerade diese Theorie besonders eindrucksvoll wissenschaftlich bewiesen.

Fassen wir das bisher Gesagte zusammen: Psychologie ist die Wissenschaft vom Erleben und Verhalten des Menschen. Sie teilt sich in »theoretische Psychologie« und »angewandte Psychologie« und ist ein Wechselspiel von Grundlagenforschung und Wissensanwendung auf die Praxis des Alltags. In der theoretischen Psychologie wird versucht, die unvollkommenen Beurteilungsgrundlagen zum Verhalten des Menschen durch Methoden zu ersetzen, die eine größere Zuverlässigkeit und Gültigkeit besitzen (Validität und Reliabilität). Dabei stützt sich der Psychologe auf empirisch gesicherte Forschungsergebnisse und versucht, systematische Theorien durch Beobachtungen, Daten und Informationen kritisch abzusichern und zu beweisen – oder zu Fall zu bringen (Verifikation oder Falsifikation).

Bekannte Bereiche der angewandten Psychologie sind: Gerichtspsychologie, Betriebspsychologie, pädagogische Psychologie, therapeutische Psychologie, Verkehrspsychologie, Werbepsychologie usw. Im Grunde gibt es keinen Bereich unseres Lebens, der nicht psychologisch determiniert ist. Selbst ernst zu nehmende Wirtschaftsfachleute sagen: Wirtschafts- und Finanzpolitik ist zu mindestens 50 % psychologisch bedingt.

### 2.4.2 Selbstmotivation

*2.4.2.1 Ursache und Wirkung*

»Reiß dich zusammen.« »Nimm die Schaufel in die Hand«, »Mach' endlich was aus deinem Leben« – das sind Ratschläge anderer, die oft gut gemeint, aber auch banal und meist wirkungslos sind. Der Grund ist vor allem darin zu sehen, daß der Ratschlag-Gebende glaubt, seine Auffassungen von Lebenserfüllung und -gestaltung müssen sich mit denen des Ratschlag-Empfangenden schon deswegen decken, weil beide einem gleichen gesellschaftlichen Normen- und Wertesystem angehören.

Der Ratschlag-Gebende käme nicht auf den Gedanken, diese Ratschläge einem brasilianischen Indianer oder einem afrikanischen Eingeborenen zu geben – und doch sind insbesondere bei demotivierten Menschen solche Ratschläge ebenso wirkungslos wie bei den Eingeborenen. Oft neigen demotivierte Menschen zu Depressionen, aus denen sie nicht mehr herausfinden, und bedürfen psychotherapeutischer Hilfe.

Die Selbstmotivation ist eine wichtige Voraussetzung für das Gelingen eines verkaufspsychologisch richtigen Verhaltens – und somit für den Verkaufserfolg. Nur wenn Sie sich selbst bejahen, wenn Sie ein positives Selbstwertgefühl aufbauen und Ihre soziale Kompetenz erstrangig positionieren, beginnt Ihre Selbstmotivation. Wer Minderwertigkeitsgefühle entstehen läßt, seine fachliche Kompetenz als »Schutzschirm« benutzt und Gefühle als Antrieb ablehnt, beendet bzw. verbaut seine Fähigkeiten, sich selbst zu motivieren.

Die Selbstmotivation ist eine der schwierigsten Aufgaben für Verkäufer, für jeden Menschen. Im Grunde setzt sie eine umfassende Betrachtungsweise, Analyse und Bewertung unseres bisherigen und gegenwärtigen Lebens voraus, um zu einer Konzeption für die Zukunft zu gelangen. **Mit Tricks, flotten Sprüchen oder Short-actions ist eine Selbstmotivation nicht erreichbar.** Dem einen oder anderen mag es kurzfristig helfen, kräftig mit dem Fuße aufzustampfen und dreimal »Ich will!« zu rufen, eine bleibende Motivation sollte freilich nicht erwartet werden.

Um den Einstieg zur Selbstmotivation zu finden, müssen wir von der fachlichen und sozialen Zuständigkeit (Kompetenz) eines Menschen ausgehen. Zur Erlangung der fachlichen Kompetenz

werden wir vom ersten Schuljahr an bis zum letzten Tag unserer Arbeit »gedrillt«, geprüft, weitergebildet und wieder geprüft – je nach Alter, Art und Standort. Die fachliche Kompetenz ist offensichtlich die Voraussetzung für den beruflich-finanziellen Erfolg. Je schwieriger die Aufgabe, um so höher die Anerkennung für denjenigen, der »fachlich kompetent« ist, die schwierige Aufgabe zu lösen. Der fachliche »Spezialist« ist unumstritten, hat Erfolg im Beruf und ist – irgendwie – unangreifbar.
*»Der Chef hat keine Ahnung«* – wie oft mag dieser Vorwurf im Zusammenhang mit Fachproblemen von Mitarbeitern geäußert worden sein ... und noch geäußert werden ...! Personalberater, die mit der Suche und Auswahl von Führungskräften beschäftigt sind, wissen eines sehr genau: Chef wird man nicht ausschließlich aufgrund seiner fachlichen, sondern vorwiegend aufgrund seiner sozialen Kompetenz (von einigen Sonderfällen abgesehen). Daß die fachliche Kompetenz »dazugehört«, wird vorausgesetzt; doch selbst das ist nicht immer notwendig und erforderlich.
Die soziale Kompetenz (auch: Sozialkompetenz) beschreibt das Sozialverhalten des Individuums: sich selber helfen zu können und sozialen Kontakt zu Mitmenschen aufzunehmen, aber auch die Fähigkeit, sich an andere Menschen bzw. an soziale Bindungen anzupassen (Soziabilität). Damit verbunden ist die Verantwortung des Menschen für sich selbst und für andere Individuen aufgrund von Persönlichkeitseigenschaften. Führungskräfte mit ausgeprägter sozialer Kompetenz können Mitarbeiter meistens sehr gut motivieren. Das sind die wichtigsten Attribute der Führungsqualifikation.
Ab einer bestimmten Phase unseres Lebens beginnen wir, Vergleiche zu ziehen, Bilanzen aufzustellen, nach dem Sinn zu fragen usw. Viele kommen zu dem Schluß, daß eine Diskrepanz besteht zwischen dem, was man erreichen wollte bzw. wie man gerne wäre, und dem, was man erreicht hat und wie man ist. In der Psychoanalyse werden hierzu einige Begriffe unterschieden:
ICH-IDEAL, darunter versteht man das Vorbild und das ideale Selbstbild, das eine Person, ausgehend von ihren subjektiven Erfahrungen und angereichert mit Ansprüchen und Erwartungen, von sich selbst entwirft (Selbstbild).
Parallel dazu beschreibt der von *S. Freud* geprägte Begriff des ÜBER-ICHs dasjenige Funktionssystem der Persönlichkeit, das

die aus der Familie und der Gemeinschaft sehr frühzeitig übernommenen moralischen Motive repräsentiert und nach dem Moralitätsprinzip arbeitet.
Eine ICH-IDEAL-DISKREPANZ entsteht allerdings dann, wenn eine Nichtübereinstimmung zwischen dem ICH-Ideal und der ICH-Realität besteht, also die Umwelt, die Mitmenschen, die Kunden mich anders sehen als ich mich selbst. Für manche bedeutet eine solche Erkenntnis Ansporn zur positiven Aktivierung, für andere wiederum ist das oft Ausgang zu neurotischen Spannungen und, damit verbunden, der Frage nach der eigenen Identität, in kritischen Situationen sogar der Frage nach dem Sinn des Lebens.
Bewußt oder unbewußt sind wir alle mit der Frage nach dem Sinn des Lebens bis zum »letzten Tag« beschäftigt, die Suche nach dem Sinn unseres Tuns und Handelns begleitet uns ständig. Oft glauben wir, Antworten gefunden zu haben – doch neue Situationen lassen uns diese wieder erneut in Frage stellen. Allerdings sind nicht immer die äußeren Umstände, die Situationen für die Sinnfragen verantwortlich, sondern unsere Gedanken sind oftmals die Auslöser. Solange Gedanken nicht ausgesprochen, also nur »gedacht« werden, sind sie konkrete Phantasie. Werden sie ausgesprochen, sind sie Realität, entstanden aus dem Bewußtsein.
Entscheidend dabei ist jedoch, daß bei allen Prozessen das Unterbewußtsein reaktiv beteiligt ist. Das Unterbewußte beginnt in uns allen eher zu existieren als das Bewußte. In unseren frühesten Kindertagen haben wir Lob oder Kritik, z. B. von den Eltern, gehört, welches sich tief in unserem Unterbewußtsein festgesetzt hat. Allzu häufig überwiegt dabei die Kritik, die wir noch alle in guter Erinnerung haben: *»Das kannst du nicht«, »Du stellst dich immer dumm an«, »Das schaffst du nicht, ich mach' das!«* Das Aufkommen negativer Gedanken ruft eine Reaktion mit dem Unbewußten hervor und verstärkt somit einen negativen Prozeß, der ein Vorhaben, eine Leistung, eine Absicht zum Scheitern bringt: *»Das kann ich nicht!«, »Das schaffe ich nicht!«, »Da habe ich doch keine Chance!«*
Aber: In unserem Unterbewußtsein sind nicht nur negative, sondern auch positive Erfahrungen gespeichert: *»Ich kann das!«, »Ich kann die Situation verändern!«, »Ich kann mir selbst und den anderen helfen!«* Auch mit diesem Teil des Unterbewußtseins ist eine

Reaktion möglich, die einen positiven Prozeß begünstigt. Die Voraussetzungen dafür sind die bewußt positiven Gedanken. **Positive Gedanken kommen aus der ICH-Aussage und führen zum Selbstwertgefühl.** Die ICH-Aussage ist das Gegenteil der DU-Aussage, die eigentlich als »DU-Anklage« bezeichnet werden müßte.
Die Beispiele dazu: In einem Gespräch können Sie zu Ihrem Partner sagen: *»Sie haben mich in die Sonne gesetzt«* (DU-Aussage). Besser: *»Die Sonne blendet mich«* (ICH-Aussage). Eine ICH-Aussage setzt den Mut voraus, zu Ihren eigenen Gefühlen zu stehen und diese auch zu nennen. Es ist ein großer Unterschied, ob Sie sagen: *»Sie haben mich beleidigt!«* (DU-Aussage) oder: *»Ich fühle mich beleidigt!«* (ICH-Aussage). In der DU-Aussage können Sie damit rechnen, daß der Vorwurf der Beleidigung bestritten wird. In der ICH-Aussage wird das eher ein schlechtes Gewissen beim Partner erzeugen und zur positiven Klärung führen.
Menschen mit einem hohen Selbstwertgefühl fällt es immer leichter, statt der DU-Botschaft die ICH-Botschaft zu wählen. Das Selbstwertgefühl (self-esteem) kann als Gefühlsseite der Einstellung zu sich selbst bezeichnet werden, drückt sich positiv als Selbstachtung und Selbstsicherheit durch eine innere Harmonie aus und macht relativ unempfindlich gegen äußere Kritik und Belobigung. Gegensätze dazu sind Arroganz, Selbstüberschätzung und Überheblichkeit, vor denen man sich hüten sollte. Menschen mit einem intakten Selbstwertgefühl verkraften auch eine DU-Botschaft wesentlich besser als Menschen mit einem instabilen Selbstwertgefühl.
Das Selbstwertgefühl kann nicht einfach »installiert« werden, denn es ist bereits in uns von Geburt an angelegt. Die Entwicklung eines Selbstwertgefühls ist in starkem Maße von den Sozialisationsphasen eines Menschen abhängig und kann sich z. B. durch eine problematische frühe Phase sehr negativ darstellen (Sozialisation ist der Prozeß, durch den ein Individuum in eine soziale Gruppe eingegliedert wird, indem es die Normen und Rollenerwartungen erlernt und in sich aufnimmt).
Umgekehrt wird ein positives Selbstwertgefühl durch eine unbelastete infantile und juvenile Phase begünstigt. So ist z. B. das selbständige Handeln Ausdruck eines Selbstwertgefühls. Auch hier liegen die Ursachen in den vermittelten Werten der frühesten und frü-

hen Phase der Sozialisationsinstanzen. Aus dem frühzeitig erlernten selbständigen Handeln erwächst die Lebensbejahung und Lebensfreude eines Menschen. Wer es von frühester Kindheit an gelernt hat, verwöhnt zu werden, wird unselbständig, unzufrieden und oft streitsüchtig. Meist sind diese Menschen später unglücklich und versuchen, im Materiellen das Lebensglück zu finden.

*2.4.2.2 Maßnahmen zur Selbstmotivation*

**1. Das Negative überwinden:**

| | |
|---|---|
| *Moralische Durchhänger, Stimmungstief, Depressive Phase:* | Alle nebenstehenden Negativ-Gefühle sind emotional bedingt und können daher auch nur durch das Ansprechen unserer Gefühle/Sinne »umgekehrt« werden.<br>Das bedeutet, daß wir zu jedem unserer fünf Sinne eine geeignete Maßnahme finden müssen, die dieses Gefühl/diesen Sinn positiv stimulieren. |

- **Schmecken** ... etwas Gutes essen.
- **Fühlen** ... Hautkontakt mit Liebespartner/in.
- **Hören** ... die Musik, die man liebt.
- **Sehen** ... Kino/Fernsehen/Spaziergang/Bilder.
- **Riechen** ... Wald/Blumen/Essen/Partner/in.

Auch andere kleine Maßnahmen sind geeignet, wie z. B.:

- Sport treiben.
- Kaufentscheidung treffen (Buch/Kleid/Anzug etc.).
- Freunde einladen/besuchen/reden.
- Kleine unerwartete Freude im Privatbereich schaffen. (Beherzigen Sie ein Wort von *P. Rosegger,* österr. Volksschriftsteller 1843–1918: »Es gibt Großes und Erhabenes im Leben. Das Schönste aber ist es, Menschen Freude zu machen.«)

**Zur Selbstmotivation zählt ebenfalls, daß wir den subjektiv erlebten und ausgelösten Ärger objektivieren.** Das ist natürlich leichter gesagt als getan, denn wirklicher Ärger unterscheidet sich von einer momentanen Stimmungslage oder der schlechten Laune dadurch, daß Ärger einerseits einen realen Grund hat und andererseits meistens eine längere Zeit dauert. Wirklicher Ärger hat aber noch eine andere, sehr nachteilige Begleiterscheinung. Durch die emotionale Beschäftigung mit dem eigenen ICH wird die Fähigkeit blockiert, die Umwelt sowie die uns umgebenden Situationen aufmerksam und sachorientiert wahrzunehmen. Das bedingt eine Verzerrung in der Beurteilung von Situationen, was letztlich zu einem irrationalen Handeln führen kann. Die Bandbreite dieses Handelns zu einem normalen Vorgang kann dadurch stark negative bis überpositive Reaktionen umfassen, wobei meistens beides falsch ist.

In einem Architektenbüro erlebte der Autor eine »Methode«, über die man sicherlich lächeln kann. Ein ca. einen Quadratmeter großes Brett war mit dünnen Nägeln gespickt (Spitzen nach außen) und an einer Wand im Arbeitsraum befestigt (»Choleriker-Wand«). Jeder Mitarbeiter hatte an seinem Arbeitsplatz einen Block mit vorgedruckten Blättern (»Wut-Zettel«), auf die eine wütende Fratze gezeichnet war. In zwei Schriftspalten konnte man einen Text schreiben zu:

Ich ärgere mich über ... und: Statt mich zu ärgern, werde ich ...!

Ging nun irgend etwas in der Arbeit daneben oder ärgerte sich ein Mitarbeiter, so schrieb dieser seine Wut auf den Wut-Zettel, zerknüllte ihn zu einem Ball und warf ihn an die Choleriker-Wand, wo er an den Nägeln hängenblieb. Die Reaktionen der Kollegen waren stets gleich: Sie interessierten sich dafür, worüber der Mitarbeiter sich so ärgerte. Meistens ergab sich eine kleine Diskussion, in der »Dampf abgelassen« werden konnte und der Ärger sich halbierte.

Am Monatsende wurden dann alle aufgespießten Bälle in Gegenwart des Chefs (und ein paar Flaschen Bier) vorgelesen. Auch zu diesen Gelegenheiten ergab sich stets das gleiche Bild: In vielen Fällen wurde über die in der Wut kreierten Ausdrücke und Bezeichnungen herzlich gelacht! (»Ich ärgere mich über ... Müller, die Denkschnecke« und: »Statt mich zu ärgern, werde ich ... Schnekkengift kaufen!«) Aus diesen Diskussionen entwickelten sich oftmals auch handfeste Vorschläge zur organisatorischen Verbesserung und empfehlende Hinweise für das persönliche Verhalten im Umgang mit z. B. problematischen Kunden, über die man sich stets »ärgerte«.

Der Wert einer solchen Maßnahme ist sicherlich begrenzt, vor allem aber ist eine solche Maßnahme kein Jahrhundertwerk. Das soll sie im übrigen auch nicht sein, denn nur in der Variation von Methoden, in der Kreativität origineller Maßnahmen liegt die Sicherheit, daß ein »Programm« stets aktuell ist und von Menschen auch »angenommen« wird.

Alle Maßnahmen haben aber eines gemeinsam: Der Ärger muß objektiviert werden, d. h., er muß aus der emotionalen Belastung des ICH-Gefühls herausgeführt werden. Dazu ist es sehr wichtig, daß man über den Ärger spricht bzw. diskutiert. Um sich aber vor den gutgemeinten, allerdings wertlosen Ratschlägen zu schützen (»Du solltest dich nicht ärgern, das lohnt sich doch nicht.«), hat es sich bewährt, nach einem einfachen System den Ärger schriftlich offenzulegen und – sofern kein Gesprächspartner vorhanden ist oder keiner beteiligt werden soll – eine **Diskussion mit sich selbst** zu beginnen **(Selbstdiskussion).**

Schreiben Sie daher zu folgenden Fragen die Antworten möglichst als ganze Sätze, nicht als Stichwort (den Ärger zu Ende schreiben = beenden):

Was belastet mich, und was stört mich? . . . . . . . . . . . . . . . . .
Worüber komme ich nicht hinweg, was blockiert mich? . . . . .
Was war der Anlaß zum Ärgern? . . . . . . . . . . . . . . . . . . . . . .
Wer oder was hat mich geärgert? . . . . . . . . . . . . . . . . . . . . . .
Hat er (z. B. ein Kunde) Grund, mich zu ärgern? . . . . . . . . .
Ist der Kunde z. B. unzufrieden mit mir? . . . . . . . . . . . . . . .
Habe ich mich schon einmal darüber geärgert, und wann? . . .
Habe ich ihm eine (erneute) Veranlassung gegeben? . . . . . . .
Welche sachlich-rationalen Probleme hat der, der mich ärgert? .
Welche emotional-menschlichen Probleme hat er? . . . . . . . .
Hat er eine Antipathie gegen mich entwickelt? Gründe? . . . . .
Geht er mit anderen Menschen ebenso um? Oder: Bin ich die Ausnahme? Gründe? . . . . . . . . . . . . . . . . . . . . . . . . . . . . . . .
Kann er mit seinen sachlich-rationalen Problemen fertig werden? . . . . . . . . . . . . . . . . . . . . . . . . . . . . . . . . . . . . . . .
Kann er mit seinen emotional-menschlichen Problemen fertig werden? . . . . . . . . . . . . . . . . . . . . . . . . . . . . . . . . . . . . .
Was wäre eine positive Lösung, über die ich mich nicht mehr ärgern würde: . . . . . . . . . . . . . . . . . . . . . . . . . . . . . . . . . .

Wären damit auch die Probleme desjenigen gelöst, der mich ärgert? . . . . . . . . . . . . . . . . . . . . . . . . . . . . . . . . . .
Was spricht dagegen, daß ich von mir aus die Initiative ergreife und positiv auf den Partner zugehe: . . . . . . . . . . . . . . . . . . .
Was spricht dafür? . . . . . . . . . . . . . . . . . . . . . . . . . . . . .
Ich treffe hiermit die generelle Entscheidung, daß ich mich nicht mehr ärgere über:
Situation/Umstand . . . . . . . . . . . . . . . . . . . . . . . . . . . . .
Person/en . . . . . . . . . . . . . . . . . . . . . . . . . . . . . . . . . .

Wer sich über eine längere Zeit ärgert, weil der Gegenstand bzw. die problematische Situation, um die es geht, nicht in kurzer Zeit gelöst werden kann, sollte sich die oben genannte Liste täglich vorlesen und – auch das hat sich bewährt – sie **täglich mit Datum und neuer Unterschrift** versehen, als Zeichen dafür, daß man sich bei seiner »Anti-Ärger-Strategie« selbst treu bleibt. Wer für ein solches Programm pro Tag ein paar Minuten opfert und die Fragen ernsthaft und weitgehend objektiv schriftlich beantwortet, wird feststellen, daß sich im Laufe der Zeit die Antworten ändern können. Diese Änderungen können sowohl in der einen wie auch in der anderen Richtung erfolgen; sie können also denjenigen, den Sie für Ihren Ärger verantwortlich machen, vielleicht positiver oder gar noch negativer erscheinen lassen. Daraus mögen Sie erkennen, wie wichtig es war, die gesamten Fragen durchzuarbeiten, schriftlich zu beantworten und am Schluß eine generelle Entscheidung zu treffen, die so lange Gültigkeit haben soll, wie der Ärger besteht. Diese Vorgehensweise ist keinesfalls eine Aufforderung zur Gleichgültigkeit oder Dickfelligkeit gegenüber aktuellen Problemen. Im Gegenteil, durch diese systematische Auflösung der Wahrnehmungsblockaden, die durch die **nutzlose ICH-Zentriertheit** entstanden sind, schaffen Sie wieder einen freien Blick für die Wahrnehmung der wirklichen Situationen, unbelastet durch das eigene egozentrische Verhalten. Man kann also sehr gut die banale Weisheit erkennen, daß sich die Probleme und Situationen »entwikkeln«, ob wir uns nun ärgern oder nicht.
Da Ärger auch mangelnde Lebensfreude bedeutet und gesundheitliche Schäden auslösen kann, sollten wir also auch unkonventionelle Maßnahmen »durchspielen«, denn bis zu einem gewissen

Grad kann man »lernen«, sich nicht mehr zu ärgern. Diese Lernfähigkeit nimmt allerdings um so mehr ab, je persönlicher der Ärger wird und je mehr das ICH-Ideal von Menschen in Frage gestellt wird, zu denen wir in emotionaler Verbundenheit stehen (Familie, enge Freunde usw.).

**2. Die Ängste überwinden**

Sehr häufig ist die Ursache für Nicht-Aktivität, für Unterlassung bestimmten Handelns eine unbewußte Angst, die in uns allen steckt. »Du bist ein Angsthase«, »Der hat keine Angst«, »Ich habe Angst« usw. charakterisieren, daß Angst und Furcht ein elementarer Bestandteil unseres Lebens sind. **Angst dürfte wohl eine der ursprünglichsten Triebkräfte sein.**

Einen »furchtlosen Helden« hat unsere Menschheitsgeschichte ebensowenig gekannt wie einen Menschen »ohne Angst«. Was sich als furchtlos, mutig oder angstfrei darstellt, ist zumeist nichts anderes als das äußerlich sichtbare Verhalten des Organismus, das zu instinktiven Reaktionen führt oder erlernte Verhaltensweisen in Gang setzt (z. B. Anwendung von Techniken zur Beseitigung der Gefahrensituation). Angst ist der emotionale Zustand des plötzlichen und sehr starken Erregungsanstiegs nach der Wahrnehmung von Gefahrensignalen. Gekennzeichnet ist dieser Zustand durch Anspannung, Besorgtheit, Nervosität, innere Unruhe als erhöhte Aktivität des autonomen Nervensystems. *Freud* hat in seinen Angsttheorien (1926 und später) unter anderem eine **»Real-Angst«** definiert, die eine einsichtige Reaktion des Organismus auf tatsächlich vorhandene Gefahrenreize der Umwelt darstellt, und die ÜBER-ICH- oder **Schuld-Angst,** die sich auf überstarke ÜBER-ICH-Ansprüche (Gewissen, Autoritätspersonen etc.) bezieht.

Im Unterschied zur Angst wird Furcht immer auf eine bestimmte Gefahrenquelle bezogen. Die extreme Furcht **(Phobie)** ist eine zwanghaft auftretende neurotische Symptombildung, bei der die Angst (ohne wirkliche Gefahr) vor bestimmten Objekten oder Situationen Leitsymptom ist und das Verhalten einengt.

Bei der Phobie kann ursächlich oder zusätzlich die Fixierung auf echte Angsterlebnisse mitwirken, so können auch kindliche Ängste eingehen (Angst vor Mäusen, Spinnen, dunklen Räumen,

Hunden etc.). **Nach heutigem Wissensstand sind nahezu 1000 Phobien beobachtbar und festgestellt,** wie z. B. Agoraphobie (Platzfurcht), Akrophobie (Höhenangst), Klaustrophobie (Angst vor dem Aufenthalt in verschlossenen Räumen), Kairophobie (Situationsangst) usw.

Die Angst, zu scheitern, etwas nicht leisten zu können, es nicht zu schaffen, kann also mehrere Ursachen haben. Ein Grund können Schlüsselerlebnisse in der Erziehungs-, der kindlichen Entwicklungsphase sein *(»Du bringst es nie zu etwas«);* es kann auch Angst aus dem ÜBER-Ich erwachsen, insbesondere dann, wenn das eigene Gewissen oder Autoritäten beteiligt sind; es können auch Gründe dann mitwirken, wenn der betreffende Mensch in einer vergleichbaren Situation gescheitert ist und er eine Situationsangst entwickelt *(»Ich schaffe das eben nicht«).*

Es ist auch denkbar, daß eine Angst vor den Angstzuständen entsteht und der Betroffene bereits eine gedankliche Auseinandersetzung mit einem Phänomen, welches ihm Angst erzeugt, meidet – der Psychologe spricht dann von einer Phobophobie. Nicht immer kann exakt festgestellt werden, woher die Angst vor einer bestimmten Handlung rührt, da mehrere Ursachen und Gründe für eine Phobie verantwortlich sein können.

Für eine positive Selbstmotivation ist es allerdings von fundamentaler Wichtigkeit, daß man die Auseinandersetzung mit den eigenen Ängsten nicht scheut, sondern im Gegenteil: sie bewußt sucht. Die gezielte Auseinandersetzung mit unseren bewußten und unbewußten Ängsten ist der bedeutendste Schritt für eine positive Persönlichkeitsentwicklung. **Nicht derjenige besitzt eine hohe soziale Kompetenz, der die Auseinandersetzung mit Ängsten ablehnt oder ihr Vorhandensein negiert, sondern nur der, der die eigenen Ängste erkennt und annimmt, um sie zu bewältigen und zu überwinden.** Wer die eigene Auseinandersetzung mit der Angst und die Angstbewältigung ablehnt, bewegt sich zeitlebens in einem abgesteckten Rahmen, der eine persönliche und berufliche Weiterentwicklung nicht ermöglicht, weil die eigenen bewußten und unbewußten Ängste eine Überschreitung des Rahmens in das Ungewohnte, Fremde, unbekannte Neue nicht gestatten.

Es gibt Beispiele im Leben eines jeden Menschen, wo die Überschreitung eines abgesteckten Rahmens der Überwindung eigener

Ängste bedurfte. So werden sich bestimmt viele Leser erinnern, welche Angst in ihnen steckte, als die erste praktische Fahrstunde begann. Und doch steigen wir heute wie selbstverständlich ins Auto – von Phobie keine Spur. Viele werden sich auch an ihre erste Schwimmstunde erinnern und an die Angst, ins Wasser oder gar vom Sprungturm zu springen. Auch hiervor haben wir unsere Ängste überwunden und fahren im Urlaub selbstverständlich an die See, und im Schwimmbad schrecken uns Sprünge vom Turm höchstens dann, wenn das Schwimmbecken mit Badegästen überfüllt ist. Auch das Skifahren ist ein gutes Beispiel für die Überwindung von Ängsten. Wer als Nicht-Skifahrer mit einer Gondel zum Gipfel fährt, um »mal runterzuschauen«, wird möglicherweise den Gipfelblick nach unten mit einer Akrophobie bezahlen (Höhenangst). Der Mehrzahl aller Skifahrer wird es anfänglich so gegangen sein. Und doch ist Skifahren ein Volkssport – und beileibe kein ungefährlicher.
Erstaunlicherweise nimmt kaum ein versierter Skifahrer Anstoß daran, daß ein Anfänger, ob alt oder jung, auf dem »Babyhügel« übt. Es wird als selbstverständlich angesehen, schließlich hat »jeder von uns einmal so begonnen«. Wer mit ungelenken Bewegungen Richtung und Halt erzwingen will und dennoch auf die Nase fällt, hat eben Pech gehabt. Er steht wieder auf und übt so lange, bis er es kann. Einige Skifahrer bleiben zeit ihres Lebens »gemütliche Sportler«, andere werden zu Profis und Akrobaten auf der Piste. Eines haben beide gemeinsam: Um überhaupt Skifahren zu können, mußten ganz bestimmte Ängste überwunden werden. Die Überwindung dieser Ängste erfolgte unter Zuhilfenahme ganz bestimmter, erprobter Techniken. Im Lernprozeß des Skifahrens war durch eine gerichtete Wahrnehmung des Individuums die Gefahrenquelle relativ genau bestimmbar, so daß die Reaktion des Organismus instinktiv und artspezifisch war (z. B. Balance halten) und bestimmte, erlernte Techniken zur Beseitigung der Gefahrensituation angewendet wurden (z. B. Schneepflug).
Auch die Nicht-Skifahrer nehmen diesen Lernprozeß als »selbstverständlich und normal« zur Kenntnis, denn wer Skifahren will, muß eben ein paar notwendige Techniken erlernen und üben. Im Verkauf wird ein Lernprozeß mittels notwendiger Techniken (Gesprächstechniken, verkaufspsychologische Techniken etc.) noch

keineswegs als normal und selbstverständlich angesehen. Mitunter entsteht der Eindruck, daß dort andere Gesetze existieren. Natürlich kann man Verkaufen und Skifahren nicht unmittelbar miteinander vergleichen. Parallelen ergeben sich allerdings in der Auseinandersetzung mit und der Überwindung von Phobien.
Nochmals: Wer Skilaufen will, muß Phobien überwinden und bestimmte Techniken anwenden. Wer sich selbst motivieren will, muß sich ebenfalls mit eigenen Phobien auseinandersetzen und sie überwinden. Auch hierbei helfen bewährte Techniken. Das Erkennen von und die Auseinandersetzung mit Phobien finden allerdings in der Selbstmotivation dort ihre Grenzen, wo unbewußte Ängste unerkannt bleiben.
Aber auch bei bekannten Phobien ist nicht immer sichergestellt, daß diese durch das Individuum selbst bewältigt und überwunden werden können. Hier können nur erfahrene Psychologen und Psychotherapeuten weiterhelfen, wenngleich der Gang zum Psychologen zumindest im deutschsprachigen Raum noch immer etwas Anrüchiges, Außergewöhnliches ist, welches man tunlichst verschweigt.
Um Maßnahmen zur Selbstmotivation, d. h. hier: Abbau von Phobien, durchzuführen, steht im Zentrum der Aufmerksamkeit nicht die Frage, wie die biographischen Hintergründe dieser Ängste aussehen, sondern folgende Punkte:

1. Was genau sind die Probleme, die mich gegenwärtig belasten?
   . . . . . . . . . . . . . . . . . . . . . . . . . . . . . . . . . . . . . . . .
2. Was sind die Gründe für das Weiterbestehen dieser Probleme?
   . . . . . . . . . . . . . . . . . . . . . . . . . . . . . . . . . . . . . . . .
3. Welche Möglichkeiten der Analyse und Bewältigung dieser Probleme habe ich? . . . . . . . . . . . . . . . . . . . . . . . .

Die Beantwortung dieser drei Punkte ist im Grunde eine eigene Verhaltenstherapie, um ein bestimmtes Ziel zu erreichen. Die verhaltenstherapeutischen Techniken wurden Anfang der sechziger Jahre in Deutschland bekannt und werden der problemorientierten Psychotherapie zugerechnet. Einige der zum Teil sehr abstrakten Prinzipien der Verhaltenstherapie, die in praxi vom Psychotherapeuten für den Klienten angewendet werden, sind in unseren Empfehlungen stark vereinfacht und auf praktische Initiative des Handelnden ausgelegt.

**3. Systematische Desensibilisierung (SD)**
Die SD ist eine Technik, die zur Behandlung von Ängsten entwickelt wurde und gilt heute bereits als **»erfolgreicher Klassiker«,** weil sie sich vielseitig einsetzen läßt. Die einzelnen Stufen sind:
- Analyse der Angstfaktoren,
- Erstellung der Angsthierarchie,
- Entspannungstraining und
- imaginatives (einbildendes) Durcharbeiten der Angsthierarchie in entspanntem Zustand.

Jeder Verkäufer hat das schon erlebt: Er trat in Situationen ein, die für ihn insgesamt sehr negativ endeten – aus welchen Gründen auch immer; sei es nun eine total verpatzte Produktvorstellung, das in einigen oder allen Punkten miserabel geführte Verkaufsgespräch, die persönliche Unsicherheit durch den eher »feindseligen« Kunden, die Peinlichkeit der eigenen unzulänglichen Vorbereitung usw. In allen Fällen ist es stets ein »Zusammenspiel« von bestimmten Faktoren, das insgesamt zum negativen Ende des Gesprächs oder der Verhandlung geführt hat (Kunde ist autoritär/uninteressiert/anderweitig verpflichtet/unzugänglich usw., oder Sie sind unvorbereitet, haben Argumentationsschwierigkeiten, können nicht vor mehreren Zuhörern reden [Sprechblockaden] usw.).
Es ist nun wichtig, herauszufinden, welche der (erkannten) Faktoren für die entstandenen Ängste verantwortlich sind **(Analyse der Angstfaktoren),** um daraus eine »Angsthierarchie« erstellen zu können.
In der Erstellung der **Angsthierarchie** werden bestimmte Angstsituationen je nach Rangfolge bzw. Bedeutung festgestellt und konkret aufgeschrieben. Bei psychotherapeutischen Maßnahmen ist es sehr wichtig, daß ein entspannter Zustand des Klienten hergestellt und ständig erhalten wird. Das kann z. B. durch Atemübungen, progressive Muskelentspannung, psychogenes Training, Meditation, autogenes Training und andere Techniken erfolgen. Da diese Entspannungstechniken selbstverständlich auch außerhalb der SD angewendet werden können und als wichtige Trainingsmöglichkeiten für die Konzentration des Verkäufers im Verkauf gelten, wollen wir am Ende dieses Abschnitts drei leicht praktikable Entspannungstechniken beschreiben.

Im Durcharbeiten der Angsthierarchie wird zur Desensibilisierung mit den nach Rangfolge geordneten angstauslösenden Reizen (Situationsschilderungen) operiert. Begonnen wird mit dem Auslösen geringer Angst, Entspannungsanweisungen, ansteigend dann bis zu Beschreibungen von Situationen größter Angst. In der Psychotherapie erfolgt dieses zumeist über mehrere Sitzungen.
Für den Verkäufer, der lediglich bestimmte Ängste gegenüber bestimmten Personen oder Situationen abbauen will, genügt in Anlehnung an die SD-Technik ein Programm, welches er selbst durchführen kann. Der Regelfall ist nämlich der, daß ein Verkäufer keine generelle Angst gegenüber dem Kunden hat (oder haben kann), denn sonst wäre er kein Verkäufer. In diesem Kapitel soll lediglich im Rahmen der Selbstmotivation ein kleiner psychologischer Exkurs über eine leicht durchführbare Methode dargestellt und beschrieben werden, die eigeninitiativ vom Verkäufer für sich selbst durchgeführt werden kann. Hierbei stehen einzelne, kleine Schritte im Vordergrund, und es darf noch einmal der Vergleich des lernenden Skifahrers bemüht werden, der seine Angst auch nur durch kleine Steigerungen beständig abbauen kann. In den meisten Fällen wird sich der Skifahrer vorstellen, was er tun muß, um das Ziel zu erreichen, ohne zu stürzen. Im Idealfall stellt er sich also »seine Abfahrt« in allen Phasen und Schwierigkeitsgraden bildlich vor und »plant« technische Fertigkeiten für schwierige Passagen, die die Abwendung einer möglichen oder erkannten Gefahr voraussetzen. In der Verhaltenstherapie nennt man das »mentales Training«. Erstellen Sie also ein »Stufenprogramm«, eine Hierarchie von Situationsbeschreibungen, die mit kleinen, Ihnen eher unangenehmen Faktoren zu tun haben, z. B. einem Gesprächsbeginn (Smalltalk etc.). Steigern Sie die Beispiele in Ihrem Hierarchiekatalog dann bis zu Schilderungen, die bei Ihnen echte Ängste auslösen, z. B. das cholerische Auftreten oder das arrogant-abwertende Verhalten eines Kunden Ihnen gegenüber, der allerdings für Ihre Firma wichtig ist.

**a) Mentales Training**

Es gilt als psychologisch gesichert, daß bestimmte Fertigkeiten bis zu einem gewissen Grad in der Vorstellung geübt werden können. Jeder von uns hat das schon erlebt oder durchgeführt; so hat man sich z. B. das Prüfungsgespräch, das Bewerbungsgespräch oder den Abend mit einer gerade kennengelernten Dame gedanklich vorgestellt und auch »durchgespielt«. Wir fühlen uns in der tatsächlichen Situation sicherer, wenn wir uns zuvor in der gedanklich vorgestellten Situation bewegt haben, auch wenn sie real nicht so eintritt, wie wir uns das eben vorgestellt haben. Dieser einfache Sachverhalt ist in vielen wissenschaftlichen Untersuchungen bestätigt worden, und wir sollten uns diese wissenschaftlichen Erkenntnisse praktisch zunutze machen. Nachdem Sie die Probleme, die Sie belasten, definiert haben, müssen Sie sich nun die Situation und den weiteren Verlauf der Situation vorstellen, in die Sie eintreten werden, in die Sie »eingebunden« sind. Das ist z. B. erforderlich, wenn Sie zu einem wichtigen Kunden fahren müssen und sich vorstellen wollen, was möglicherweise »auf Sie zukommt«.

**b) Gewöhnung durch Konfrontation**

Wer das erste Mal einen Schweinestall betritt, wird die Nase rümpfen: Es stinkt. Doch wer seine Ferien einmal auf einem Bauernhof verbracht hat und somit täglich mit dem Stallgeruch konfrontiert wurde, der rümpft seine Nase höchstens noch über den Neuankömmling, der sich über den Stallgeruch echauffiert. Wer das erste Mal mit einem Flugzeug fliegt, wird dankbar sein, wenn er den sicheren Boden des Flughafens wieder betritt. Die Angst vor dem Fliegen wird aber nicht dadurch abgebaut, daß man mit der Eisenbahn fährt, sondern nur dadurch, daß man sich durch ständige Konfrontation an die Normalität des Fliegens gewöhnt. Es ist wichtig, sich einerseits die Gefühle des Startens, des Fluges – z. B. in Turbulenzen – und des Landens vorzustellen, andererseits sich aber auch mit den technischen Bedingtheiten einer Maschine, der Aerodynamik und dem technischen Betreuungsaufwand vertraut zu machen. Mit anderen Worten: Je öfter man einen Flug vom Start bis zur Landung »durcharbeitet« und »durchspielt«, um so »vertrauter« werden die Gegebenheiten, die uns »angst machen«, und um so eher können wir uns von den negativen Vertrautheiten lösen und positive Dinge erkennen, wie z. B. Nervenschonung und Zeitersparnis beim Fliegen.

Stellen Sie sich also das Problem, das Sie gegenwärtig belastet, immer und immer wieder vor. Wenn Ihnen z. B. bei einem Kunden, der rhetorisch und argumentativ sehr stark ist, die Worte fehlen, Sie Sprechblockaden haben und dadurch Hemmungen in der Kommunikation entstehen, so stellen Sie sich einzelne Passagen des letzten Gespräches vor und versuchen, zunächst einzelne Gedanken, Aussagen und Argumente Ihres Gesprächspartners sukzessive zu beantworten – zunächst in Gedanken, und dann diese Gedanken laut als Diskussionsbeitrag aussprechen.

**c) Allmähliche Annäherung (sukzessive Approximation)**

Es gibt einen alten Grundsatz, der lautet: Der Mensch wächst mit der Aufgabe. Beginnen Sie, die Wahrheit dieses Grundsatzes bei sich selbst zu überprüfen. Hätten Sie, als Sie noch in der Schule waren, sich das vorstellen können, was Sie heute tun? Können Sie sich vorstellen, daß Sie in ein paar Jahren etwas tun, was für Sie heute noch kaum vorstellbar ist?

Nehmen Sie einen kleinen Teil aus dem Problemkatalog, den Sie unter 2.4.2.2 bereits formuliert haben, und versuchen Sie, eine möglichst harmlose, praxisorientierte Situation, die Ihnen oft angst gemacht hat, so zu konstruieren, daß diese beim nächsten Kundenbesuch wahrscheinlich eintritt.

Wenn diese kleine Situation so eintritt, wie Sie sie geplant haben, dann können Sie den Lerneffekt übertragen: Was vorher noch unmöglich und schwierig erschien, wird nun »ein Stückchen leichter«. Es kommt nicht darauf an, daß Sie sofort die gesamte Situation meistern, es kommt nur darauf an, daß Sie in kleinen Teilschritten einen für Sie erkennbaren Erfolg erzielen.

**d) Praxistraining des Selbstbewußtseins**

Schüchterne Menschen mit einer instabilen Psyche besitzen zumeist kein ausgeprägtes Selbstbewußtsein. Im täglichen Leben kann man schüchterne Menschen überall beobachten: im Straßencafé den schüchternen jungen Mann, der sich nicht traut, die reizende junge Dame am Nachbartisch anzusprechen, und statt dessen nur schmachtende Blicke nach ihr wirft; die Leute, die schleunigst das Weite suchen, wenn auf der Straße Interviewer mit Kamera und Mikrofon zu sehen sind; die (mehr oder weniger mündigen) Bürger, die ehrfurchtsvoll ins Behördenzimmer »schleichen«, nicht ohne zuvor zaghaft angeklopft zu haben, und mit schuldbe-

wußter Miene und süß-saurem Lächeln den Raum rückwärts verlassen, wenn ein kleiner Schalterbeamter oder ein unwichtiges Behördenmäuschen wichtigtuerisch schnauzt: *»Draußen warten! Sie werden reingerufen!«* Und wie dankbar sind viele Mitmenschen, wenn sie dann von irgendeinem Sachbearbeiter mit *»Müller, Meier und Schulze sind die nächsten«* hereingerufen werden ...! Sie springen auf, schweigen und folgen. Die Palette solcher Beispiele über mangelndes Selbstbewußtsein von Menschen ist unendlich lang.
Sofern keine tatsächlichen psychischen Probleme vorhanden sind, kann Selbstbewußtsein bis zu einem gewissen Grad in der Praxis trainiert werden. Wer es schafft, die ersten Hemmschwellen zur Durchführung dieser und anderer Praxisübungen zu überwinden, wird unwillkürlich Spaß an diesen Übungen bekommen, sie »internalisieren«, d. h. verinnerlichen, und erstaunt feststellen, daß sich ein »Machtbewußtsein« entwickelt. Man wird erkennen, daß man nun nicht mehr »zurückgehen«, sondern das erworbene Macht- und Selbstbewußtsein halten und fördern will. Viele Machtverhaltensweisen können so regelrecht »antrainiert« werden – und diese sind auch meistens nicht mehr durch andere zu zerstören. Aber wie gesagt: **Aller Anfang ist schwer – die Hemmschwelle muß überwunden werden.** Was tun Sie, wenn Sie auf einem engen Flur Ihren Chef mit Besuch kommen sehen? Springen Sie artig-dienstbeflissen-unterwürfig beiseite? Bleiben Sie doch einfach stehen (nicht demonstrativ!) und warten Sie ab, was passiert. Nämlich folgendes: Ihr Chef wird kommen und sagen: *»Grüß Gott, Herr Müller, darf ich mal eben vorbei?«* Er wird nicht sagen: *»Müller, aus dem Weg!«,* denn er müßte doch sonst fürchten, daß Sie antworten: *»Chef, Sie haben sich wohl im Jahrhundert vertan ...!«*
Oder nehmen Sie das Beispiel »Aufzug«. Es ist doch faszinierend, was die »Insassengemeinschaft« eines Aufzuges alles so am Boden oder an der Decke suchen möchte. Für manchen »Gast« ist das allerdings mehr ein Spießrutenlaufen, dessen Ende sehnsüchtig erwartet wird. Synchron mit der Stockwerksanzeige fällt der Kopf in Richtung Türboden und hebt sich erst wieder, wenn die Tür sich öffnet und die Aufzugsschwelle überschritten wird. Gottlob: den anderen Fahrgästen steht diese »Erlösung« unmittelbar bevor – und manch' erleichterndes Seufzer-Schnauben kann kurz vor dem Ausstieg da und dort vernommen werden.

Was spricht eigentlich dagegen, daß Sie dieses tägliche Millionen-Ritual durch einen flotten, netten oder auch flapsigen Spruch durchbrechen? Z. B.:
*»Grüß Gott, ich bin hier fremd. Wohin fährt denn der Aufzug?«*
*»Ich will in den fünften Stock. Hoffentlich verfahre ich mich nicht, ich kenn' mich hier nicht aus ...!«*
*»Ich wollte eigentlich den nächsten Aufzug nehmen. Der kommt laut Plan um 12.03 Uhr runter. Aber da sind nicht so nette Leute drin ...!«*
Wenn Sie das nett und charmant bringen, werden Sie in nahezu allen Fällen eine sehr schöne Erkenntnis machen: Die Leute lachen, scherzen oder »blödeln« mit und sagen auf Ihr »Bye-bye« ein freundliches »Tschüß« oder »Wiederschau'n«. Es ist eine alltägliche Situation, die geeignet ist, zum Selbstwertgefühl beizutragen. Und das alles kostenlos! Zum Üben wie geschaffen.
**Ein sehr wichtiger Teil dieser Praxisübung ist das »laute Sprechen, der dynamische Stimmeinsatz«.** Indem »Dampf abgelassen« wird, baut man Streß ab, der durch eine verstärkte Hormonausschüttung aufgebaut wurde. Es gibt zu jedem Zeitpunkt und in jeder Situation die Gelegenheit, dynamischen Stimmeinsatz zu üben. Man sollte dazu allerdings mit den Übungen beginnen, von denen man weiß, daß es kräftigen »Retour-Pfeffer« gibt ...! Ein Beispiel: Wer auf dem Münchner Viktualienmarkt ein Original, eine Marktfrau, laut fragt, ob »die Reherl (Pfifferlinge) viel oder wenig Schadstoffe aufweisen«, der wird zweifellos erkennen, daß »Becquerel« offensichtlich das Maß für die Rotfärbung des eigenen Kopfes ist. Beginnen Sie besser morgens beim Bäcker oder beim Kaufmann. Stellen Sie eine laute Frage, scheuen Sie sich nicht, »zurückzublaffen«, wenn man Sie ungeduldig anraunzt, wechseln Sie im Supermarkt mit den Verkäufern laut und für alle vernehmlich ein paar Sätze – kurzum: Treten Sie »laut« auf – und seien Sie auf die Blicke gefaßt, mit denen andere Sie »beehren«; oft sind es übrigens neidische Blicke ...! Gehen Sie über den Wochenmarkt und fragen Sie laut, obwohl vor Ihnen drei Reihen wartender Kunden stehen, ob die Kartoffeln mehlig oder glasig sind. Seien Sie auf typische Kommentare gefaßt: *»Warten Sie mal schön, bis Sie dran sind!«* – und antworten Sie: *»Ich will gar nicht drankommen, ich will nur fragen!«* Wenn Sie sich dann umdrehen und »im Rücken« Wortfetzen

hören, wie: »Also ... Unverschämtheit ... so eine Person ... früher hätten wir ...« usw., dann haben Sie einen ganz gewaltigen Schritt gemacht – vorausgesetzt, Sie lächeln still vor sich hin und freuen sich über den ersten Schritt. Versuchen Sie eine »Respektsperson« oder Institution ausfindig zu machen und sprechen Sie diese direkt an – und lassen Sie sich nicht »abwimmeln« (z. B. einen Polizeibeamten auf der Wache, einen Dienststellenleiter bei einer Behörde, den Geschäftsführer eines vornehmen Geschäftes usw.). Wenn Sie ein Lokal betreten, empfängt Sie oft ein Ober, der Ihnen einen Platz zuweist. Dieser Mann hat es täglich mit unzähligen Menschen zu tun, er kann sehr schnell »kategorisieren« und würde Ihnen an der Nasenspitze ansehen, daß man mit Ihnen »Schlitten fahren kann«, wenn nicht ... ja wenn Sie nicht gleich beim Betreten laut und dynamisch Ihre Macht als Gast demonstrieren, z. B.: *»Guten Tag. Ich möchte gerne ausgiebig und gut bei Ihnen speisen und dazu einen schönen Tisch haben!«* Zu was man Sie jetzt auch führt – **nichts ist in diesem Moment so unwichtig wie der Tisch,** und wenn es auch der schönste Platz im ganzen Lokal ist. Lassen Sie sich unter allen Umständen eine Alternative zeigen. Wehrt man dieses mit den (üblichen) Worten ab: *»Leider ist sonst nichts mehr frei!«,* weisen Sie auf einen freien Tisch hin und gehen Sie ein paar Schritte darauf zu. Natürlich wird man Ihnen jetzt sagen: *»Der ist leider reserviert. Die Herrschaften/Gäste kommen in einer halben Stunde.«* Bleiben Sie selbstbewußt und sagen: *»Ich bin eine Herrschaft/ein Gast, die/der schon da ist. Was können Sie* **mir** *bieten?«* Sicher nehmen Sie nun den Ihnen zuerst gezeigten Tisch an. Das Procedere kann weitergetrieben werden – man sollte es aber nicht zu weit treiben. Erfüllt z. B. der Ober alle Wünsche und ist trotz allem noch höflich, so ist es fast eine Pflicht, Ihrerseits auch mit Fairplay zu reagieren, höflich zu sein und sich »für den aufmerksamen Service zu bedanken« – das gehört einfach dazu!

Eine weitere Übung besteht darin, das mit Abstand vornehmste und teuerste Bekleidungsgeschäft Ihrer Stadt aufzusuchen. Nehmen Sie sich Zeit dazu – die Verkäufer erkennen meistens sofort, ob »einer nur mal eben reinschaut« ...! (Übrigens: Erst nach dem erfolgreichen Absolvieren dieser Übung sollten Sie den teuersten Juwelier der Stadt aufsuchen und eine ähnliche Übung veranstalten.) Lassen Sie sich also eine Reihe von exzellenten Anzügen oder Kleidern vom Verkäufer vorlegen, den Sie zuvor nach dem Namen gefragt haben *(»Wie darf ich Sie anreden?«)* – und »bohren und löchern« Sie die Verkäufer, wenn offensichtlich »nichts Passendes« zur Zeit da ist. Verkäufer sind gerne mal »bequem« ...! Nachdem eigentlich die Kaufabsicht von Ihnen schon klar zum Ausdruck kam *(»Der Anzug gefällt mir. Bitte hängen Sie ihn mal hier hin!«),* eine Auswahl zur Verfügung steht und der Verkäufer bereits den Auftragsblock zückt, bedanken Sie sich höflich für die Mühe und sagen, daß Sie nichts kaufen wollen. Aber verstecken Sie sich nicht hinter den Floskeln: *»Ich überleg' mir das noch mal!«* oder: *»Ich komme gleich wieder, ich muß nur eben ...«* – sondern sagen Sie: *»Herr Krumbein, besten Dank für Ihre Mühe. Aber ich möchte keinen der Anzüge kaufen. Im Grunde gefallen mir alle nicht. Auf Wiedersehen!«* Das ist für die meisten Mitmenschen übrigens ein ganz schwerer Schritt, was z. B. Verkaufstrainer genau wissen. Sie »trainieren« darum gerade die Verkäufer auf diesen schwächsten Punkt des Kunden mit dem sogenannten »Kaufabschluß-Training«.

Eine ebenfalls gute Übung besteht in der »Okkupation«, d. h. Besetzung eines »fremden Gebietes«. Über die Wichtigkeit des territorialen Machtanspruchs haben wir in Kapitel 2.2.8 Ausführungen gemacht. Hand aufs Herz, verehrte Leser, wenn Sie eine fast leere Straßenbahn oder einen Bus besteigen, wohin setzen Sie sich? Klar, Sie setzen sich (wie der Autor) auf einen freien Platz. Ähnlich verhält es sich im Wartezimmer eines Arztes, in der Wartebox auf dem Flughafen, im Kino, im Lokal, kurzum: überall da, wo mehrere Sitzplätze sind. Wenn sich diese Räume so langsam füllen, wird zunächst ein Sitzplatz besetzt und der daneben bleibt frei – so lange, bis derjenige kommt, der Nr. 50% plus 1 ist. Der muß sich nämlich auf den freien Stuhl zwischen zwei besetzten Plätzen setzen. Besonders in Flugzeugen, wo meist ein »enger Kontakt« herrscht, kann man dabei erstaunliche Verhaltensweisen der Sitznachbarn beobachten: süß-saures Lächeln, die Zeitung, mit der der Sitz zunächst »besetzt« war, wird weggenommen, die Nachbarn rechts und links räkeln sich in ihren Sitzen, also sie »besetzen« ihn, lesen demonstrativ die Zeitung, was jedoch nur der Vorwand für ein Stück Territorialanspruch ist, nämlich die Armlehne zu okkupieren. Stellen Sie sich einmal vor, in einem mit nur weni-

gen Gästen gefüllten Flugzeug setzt sich ein Fluggast in einen Dreiersitz zwischen Sie und den Nachbarn. Die Frage dabei ist nicht, was wir, die Nachbarn, dabei denken, sondern ob der Fluggast überhaupt den Mut hat, den Platz zwischen uns zu »okkupieren« – wo doch der Rest der Plätze unbesetzt ist. Die gleiche Frage tritt in einem fast unbesetzten Restaurant auf, wenn sich ein Gast an einen Tisch setzt, an dem schon jemand sitzt. Dieser Gast verletzt praktisch ein »heiliges Tabu« – zumindest in unserem Kulturkreis. *»Von uns würde das keiner tun«* – sagten mir Seminarteilnehmer, und doch ist gerade dieses Handeln ein ganz wichtiger Teil der praktischen Übungen zum Training »Selbstbewußtsein«. Steigen Sie in einen Bus, eine Straßenbahn, ein Flugzeug, betreten Sie ein Wartezimmer usw. und »besetzen« Sie den »unmöglichsten Platz« zwischen zwei anderen Gästen, obwohl alle anderen Plätze frei sind. Ein kleiner Trick dabei, der Ihnen hilft: Schauen Sie nicht grantig, lächeln Sie Ihre Nachbarn an, wechseln Sie ein paar Worte, und wenn man Sie muffig fragt: *»Warum setzen Sie sich denn nicht da drüben hin, da ist doch Platz genug!«*, antworten Sie höflich-lächelnd: *»Ach wissen Sie, hier zwischen netten Menschen finde ich es schöner!«* Sie werden sich sehr wundern, wie diese Menschen plötzlich als »Mitmenschen« reagieren. Nicht selten ergibt sich ein heiteres, freundliches Gespräch daraus. Die 0,01 % der Menschen, die dann noch unfreundlich reagieren, dürfen Sie getrost »abhaken«! Gehen Sie einfach auf Ihre Mitmenschen zu – auch wenn es ein »bißchen laut ist«, denn das ist nicht unhöflich.
***Doch Achtung: Vor schlechten Manieren, Unhöflichkeiten und Rücksichtslosigkeiten sei gewarnt – das hat mit Selbstbewußtsein nichts zu tun, sondern mit Charakterschwäche.***

**4. Varianten der SD**

In Seminaren kann man, wenn es um soziale Ängste geht, z. B. in Rollenspielen die Realität nachspielen. Man kann sich gegenüber bestimmten Phobien wie z. B. Höhenangst, Aufzugsphobien, Agoraphobien usw. dadurch systematisch desensibilisieren, indem Übungen hierzu zunächst in der Vorstellung und dann sehr konkret in der Realität durchgespielt werden.
Es ist allerdings nicht das Ziel (und kann es nicht sein), daß ein Klient oder jemand, der sich selbst motivieren will, sich ganz angst-

frei macht, denn Angst ist – wie bereits gesagt – ein wichtiger Teil unseres Lebens und kann nicht einfach »abgeschafft« werden. Wichtig ist aber die Auseinandersetzung mit den eigenen Ängsten, so daß diese bewältigt werden können und Handlungen ermöglicht werden, die zuvor durch Phobien verbaut waren.

Menschen, die das Lebensglück hatten, die Wege bedeutender Zeitgenossen zu kreuzen, lernen von diesen Zeitgenossen Philosophie und Sprache. Doch die Fähigkeit, von anderen zu lernen, muß nicht immer im oberen Bereich der gesellschaftlich-kulturellen Ansprüche erprobt werden. Für viele Menschen ist es wichtig, daß sie durch Imitation lernen. Soziale Imitation darf nicht als etwas Schlechtes, Negatives angesehen werden, sondern als Ansporn und Lerneffekt, unter Zugrundelegung der individuellen Verhaltensweise das eigene soziale Verhalten zu erweitern und zu verbessern. Aus dem Verhalten z. B. seines Chefs sich selbst imitierte Verhaltensweisen anzudressieren, ist schlecht. Aus dem Verhalten seines Chefs soziales Verhalten zu lernen, ist vorteilhaft und gut – wie immer das Verhalten des Chefs aussieht oder sich darstellt.

Das **Selbstkommunikations-Training** ist ein noch relativ unerforschter Zweig der Verhaltenstherapie. Zwar ist in der Psychotherapie bekannt, daß Selbstgespräche problemlösend wirken können (rational-emotive Therapie), doch Modellbeschreibungen für konkrete Vorgehensweisen und wissenschaftstheoretische Hinweise für die Selbstkommunikation (Selbstgespräche) fehlen. Selbstkommunikation kann konstruktiv oder destruktiv sein.

Die **destruktive Selbstkommunikation** äußert sich zumeist in negativen Bemerkungen, wie z. B.: »Das werde ich bestimmt nicht schaffen!« oder: »Das hält man ja nicht aus!« usw.

Die **konstruktive Selbstkommunikation** wendet solche wenig hilfreichen Sätze in ein positives Gegenteil um: »Vielleicht schaffe ich es doch!« oder: »Das ist zwar schwer, aber ich halte durch/aus!«

Es ist psychologisch von außerordentlicher Wichtigkeit, daß die konstruktive Selbstkommunikation **laut gesprochen** wird.

### 2.4.3 Entspannungstechniken

Zum Schluß dieses Abschnitts beschreiben wir drei Entspannungstechniken, die relativ leicht zu üben und einfach sowie praktikabel sind. Diese Techniken sind jedoch nicht nur im Rahmen der Selbstmotivation anwendbar, sondern geeignet, sie jederzeit zu praktizieren (z. B. Atemübungen für bevorstehende Gespräche oder Redeanlässe vor mehreren Personen; psychogenes Training vor schwierigen Verhandlungen oder in Streßsituationen usw.).

*2.4.3.1 Atemübungen*

Im Grunde hat die Atmung zwei Funktionen des menschlichen Körpers zu erfüllen:

- das Blut mit Sauerstoff zu versorgen,
- beim Ausatmen dem Sprechen oder Singen als Energiequelle zu dienen.

Der Stimmklang entsteht dadurch, daß beim Ausatmen die im Kehlkopf befindlichen Stimmbänder in Schwingungen versetzt werden. Durch das Formen der Worte (Artikulation) und die Resonanz des Kopfes und der Brust entsteht so die menschliche Stimme. Das Organ zur Atmung ist die im Brustkorb befindliche Lunge, bestehend aus zwei Lungenflügeln mit den Bronchien und der Luftröhre. Ihre Lage im menschlichen Körper ist an der Innenwand des Brustkorbes. Jede Bewegung des Brustkorbes bedeutet also auch gleichzeitig eine Bewegung der Lunge, je nach dem, ob der Mensch ein- oder ausatmet. Brusthöhle und Bauchhöhle werden durch das Zwerchfell voneinander getrennt. Wird nun eine Zwerchfell- oder Bauchatmung durchgeführt, bekommt die Lunge ein wesentlich größeres Volumen, wodurch wiederum ein starker Atemstrom beim Ausatmen entsteht, der für Stimmdruck und Stimmklang verantwortlich ist.

Die meisten Menschen sind »Flachatmer«, d. h., sie nutzen nur den oberen Teil der ca. drei Liter Luft fassenden Lunge. Dadurch wird die Atmung hektisch, kurz und nicht tief genug. In vielen Fällen entsteht dadurch Müdigkeit durch mangelnde Sauerstoffzufuhr, Nervosität und Gereiztheit, abgehacktes Sprechen usw.

Das Entspannungstraining besteht nun darin, daß von der üblichen Flachatmung zur Tiefvollatmung übergegangen wird. Dazu ist es erforderlich, daß die Zwerchfell- und Flankenatmung (also Atmung mit dem gesamten Bauch) mit der Brustatmung kombiniert wird.

**Bauchatmung:** Stellen Sie sich aufrecht hin, lockern Sie sich zunächst ein wenig (entspannen) und konzentrieren Sie sich nur auf die Nabelgegend. Atmen Sie durch die Nase langsam aus und ziehen Sie dabei die Bauchdecke ein – kurzer Atemstopp. Dann atmen Sie durch die Nase ein und wölben die Bauchdecke soweit Sie können nach außen – kurzer Atemstopp. Wieder atmen Sie aus, dann wieder ein und wiederholen diese Übung mehrmals.

**Brustatmung:** Stellen Sie sich wiederum aufrecht hin, lockern Sie sich ein wenig (entspannen) und konzentrieren Sie sich nur auf den oberen Teil des Brustkorbes. Atmen Sie durch die Nase nun langsam aus, so daß sich der Brustkorb zusammenzieht. Dann atmen Sie durch die Nase ein, so daß sich der Brustkorb ausdehnt, und wiederholen Sie diese Übung mehrmals.

**Tiefvollatmung:** Stellen Sie sich aufrecht hin, lockern Sie sich wiederum ein wenig, indem Sie kleine Gymnastikübungen mit den Armen durchführen, den Kopf »kreisen« lassen, die Schultern nach oben und unten bewegen usw. Wie bei einer normalen Gymnastikübung müssen Sie sich am Schluß wieder lockern, um evtl. Verspannungen zu verhindern.

Schließen Sie nun die Augen, atmen Sie drei- bis viermal wie üblich (flach) und konzentrieren Sie sich auf die kommende Tiefvollatmung.

Atmen Sie nun langsam durch die Nase ein, und zwar so, daß Sie mit der Bauchatmung beginnen und stetig auf die Brustatmung übergehen. Sie müssen das Gefühl haben, daß sich der gesamte Brust- und Bauchraum mit Luft gefüllt hat und »kein Platz mehr ist«. Brust und Bauch müssen dabei gewölbt werden.

Halten Sie nunmehr kurz die Luft an und lassen Sie diese langsam zum Ausatmen durch die Nase strömen. Durch das bewußt vollständige Ausatmen müssen Sie stets ein bißchen »in sich zusammensinken«. Dabei muß der Kopf locker nach vorne auf die Brust fallen. Atmen Sie nun wiederum langsam durch die Nase ein, und zwar so, daß sich dabei auch der Kopf

hebt. Halten Sie die Augen weiterhin bei dieser Übung geschlossen.
Diese Übung muß mehrmals wiederholt werden. Als Zeitdauer empfehlen wir zehn bis 15 Minuten. Auch während der anderen Übungen zur systematischen Desensibilisierung ist die Tiefvollatmung als Entspannung zwischendurch immer sinnvoll.

**Vorsicht:** Durch die erhöhte Sauerstoffzufuhr kann es zu Schwindelanfällen, Herzklopfen oder Blutandrang im Kopf kommen. Sie sollten dann sofort die Übung abbrechen und zur normalen Atmung (Flachatmung) zurückkehren.

*2.4.3.2 Progressive Muskelentspannung*
Diese Entspannungstechnik wurde Anfang der dreißiger Jahre von dem amerikanischen Psychologieprofessor *E. Jacobson* entwickelt. Sie ist als Training ebenfalls gut geeignet, weil sie in einigen Grundübungen sofort und unmittelbar, also ohne vorbereitende Lehrgänge, durchgeführt werden kann. Die Grundtechnik geht von einer natürlichen Ermüdung und Entspannung eines Muskels nach vorausgegangener Belastung aus. Das bedeutet mit anderen Worten: Jede Muskelgruppe des Körpers wird zunächst angespannt, diese Spannung wird einige Zeit beibehalten, und dann erfolgt die bewußt schlagartige »Entspannung«. Wichtig dabei ist, daß – im Unterschied zum autogenen Training – auch die »Verspannung« als spezifische Empfindung wahrgenommen werden soll, und nicht nur die »Entspannung«, um zwischen normaler und überhöhter Anspannung des Körpers unterscheiden zu können. Man beginnt in den Grundübungen mit verschiedenen Muskelgruppen in vorgegebener Reihenfolge, die nacheinander durch die Übungen entspannt werden, d. h. von der rechten zur linken Hand, von den Unter- zu den Oberarmen, vom Gesicht zum Nacken, von den Schultern zum Rücken, von der Brust zu Bauch und Becken, von den Ober- zu den Unterbeinen bis zum linken und dann zum rechten Fuß. Mit jeder Muskelgruppe wird so lange geübt, bis eine Entspannung spürbar ist, also bis sie z. B. als angenehm oder wohltuend erlebt und wahrgenommen wird. Dabei werden stets drei Phasen durchlaufen:

Anspannen, (kurzes) Halten der Spannung, Entspannen. Beispiel:

**Anspannen:** Schließen Sie langsam Ihre rechte Hand zu einer Faust und achten Sie bewußt auf den Übergang des Ruhezustandes in den Zustand einer permanenten Überspannung. Drücken Sie nun Ihre Faust immer stärker zusammen und spüren Sie, wie die Muskeln angespannt werden. Wenden Sie nun noch mehr Kraft auf, so daß Ihre Faust zu zittern beginnt und Sie den Punkt erreichen, an dem ein weiteres Anspannen der Muskeln nicht mehr möglich ist.

**(Kurzes) Halten der Spannung:** Halten Sie den angespannten Zustand ca. fünf Sekunden und nehmen Sie dabei Ihre Anspannung der Muskeln stets wahr. Zählen Sie dabei die Sekunden rückwärts: »5–4–3–2–1– ...«

**Entspannen:** Lösen Sie nun schlagartig Ihre Faust und lassen Sie somit alle Spannung aus der Muskelgruppe. Versuchen Sie dabei, bewußt wahrzunehmen und tief zu erleben, daß aus der starken Anspannung ein Gefühl der Wärme, der »Befreiung«, der Entspannung wird. Es ist wichtig, daß Sie eher passiv sind, indem Sie alle Empfindungen nur beobachten, wahrnehmen, fühlen und erleben. Stellen Sie eine Verbindung Ihrer Psyche mit Ihren Muskeln her, indem Sie beide erleben, beobachten und somit entspannen. (Schon aus diesem Grunde hat diese Übung rein gar nichts mit Bodybuilding zu tun.)

*2.4.3.3 Psychogenes Training*

Das psychogene Training ist eine Form des **psychoregulativen Trainings,** in dem bestimmte psychologische Interventionsverfahren modifiziert übernommen und angewendet werden. Das psychogene Training (eine eher problematische Bezeichnung) **besteht in Originalform in den USA schon seit ca. 30 Jahren** und beinhaltet im Gegensatz zum autogenen Training keine Körperübungen. Die Erfolge des psychogenen Trainings sind außergewöhnlich hoch, obwohl man noch nicht genau erklären kann, warum das so ist. Es kann vermutet werden, daß durch das eigene Versetzen in eine

tiefe Entspannung mit positiven Gedanken ein Zugang zum Unbewußten geschaffen wird, was wiederum eine Transformation zum Bewußten bewirken könnte. Es gibt allerdings – im Gegensatz zum autogenen Training – das Problem, daß, abweichend von der amerikanischen Methode, mehrere Versionen mit z. T. sehr unterschiedlichen Vorgehensweisen in den Übungen vorhanden sind und (meist von freien Psychologen oder Psychogruppen) angeboten werden.
Die verhaltenstherapeutischen Grundmuster sind jedoch miteinander vergleichbar und können wie folgt beschrieben werden:

1. Übung zur völligen körperlichen Entspannung.
2. (Bewußter) Zustand der körperlichen Entspannung.
3. Systematische geistige Vorstellung (meist über Farben).
4. Gedankliche Schaffung einer angenehmen Situation.
5. Systematische Beendigung der Übung.

Aus diesem Grundmuster wird deutlich, daß – ähnlich wie bei der progressiven Muskelentspannung – versucht wird, zwischen Psyche und Körper eine im weiteren Sinne steuerbare Verbindung zu schaffen. Die Übungen sollten **immer nur sitzend** durchgeführt werden, wobei darauf zu achten ist, daß die äußere Umgebung dem Wunsch nach Ungestörtheit entspricht.

**Zur Durchführung:**

1. Setzen Sie sich auf einen bequemen (nicht zu tiefen) Stuhl, legen Sie die Unterarme auf Ihre Oberschenkel, die Handflächen sind nach oben gerichtet, die Hand ist geöffnet. Ihre gesamte Körperhaltung muß so ausgerichtet sein, daß weder Rükken noch Kopf oder sonst ein Körperteil eine Verspannung erfahren kann. Schließen Sie die Augen.
   Stellen Sie sich nun vor, Sie würden langsam in eine Tiefe sinken, die Sie als angenehm verspüren. Stellen Sie sich z. B. vor, daß Sie in einem gläsernen Aufzug zum Meeresboden hinabgleiten, und versuchen Sie, sich die farbenprächtige Meereswelt um sich herum vorzustellen.
   Betrachten Sie das Hinabgleiten wie eine Aufzugsfahrt nach Stockwerken und zählen Sie zehn Sekunden lang die einzelnen Stationen in Gedanken rückwärts: »10–9–8–7– ...« usw.

Seien Sie völlig entspannt und konzentrieren Sie sich nur auf das langsame Hinabgleiten.

2. Verharren Sie nun einige Sekunden in diesem Zustand der Ruhe und genießen Sie ihn. Wiegen Sie z. B. Ihren Kopf leicht hin und her, so als würden die Bewegungen des Wassers Ihren Rhythmus bestimmen; drücken Sie Ihre Augenlider einmal fest zusammen und lösen Sie den Druck wieder. Halten Sie jedoch die Augen stets geschlossen. Sie werden vermutlich um sich herum Dunkelheit verspüren, die zumeist sehr diffus von hellen Flächen und Punkten kurzzeitig aufgelöst wird.
3. Sie müssen sich nun darauf konzentrieren, einzelne Farben zu erkennen. Dabei ist eine bestimmte Reihenfolge einzuhalten (wir werden die psychosomatischen Wirkungen der Farben nach Abschluß dieser Übung erklären). Die Farbreihenfolge ist: Rot, Gelb, Grün und Blau **(»Urfarben«).** Da Farben untereinander eine bestimmte Beziehung haben (bunte und unbunte Farben), werden diese in einem Farbendreieck nach bestimmten Gesetzmäßigkeiten dargestellt:

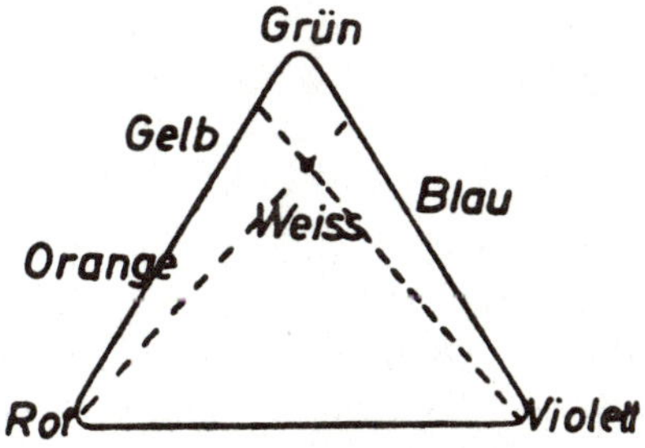


(nach G. Kanizsa)

Beginnen Sie mit einem kräftigen Rot und stellen Sie sich dazu eine Fläche oder einen Ihnen bekannten Gegenstand vor (Feuerschein, Sonnenuntergang, Fahnen, Kleider etc.). Suchen Sie sich zu allen »Farbstationen« einen Gegenstand oder eine Fläche und verharren Sie stets einige Sekunden »in dieser Farbe«

– das ist sehr wichtig. Es folgen nun die Farben Gelb, Grün und Blau.
Nach der Farbe Blau stellen Sie sich nun noch die Farbe Violett vor, und beenden Sie in jedem Fall Ihre Farbvorstellung mit Weiß. Auch hierbei spielen psychosomatische Wirkungen die entscheidende Rolle.

4. Nach der bisher systematischen Vorgehensweise haben Sie im vierten Teil der Übung alle Möglichkeiten einer freien Entfaltung Ihrer Vorstellungskräfte. Stellen Sie sich nun also Dinge, Sachverhalte, Ereignisse, Orte, zukünftige Erfolge bildlich vor. Erlaubt ist dabei alles – auch das Irrationale. Gehen Sie mit Ihren Gedanken an dem schönsten Ort, den Sie kennen, »spazieren«, oder stellen Sie sich vor, Ihnen würde in einem feierlichen Rahmen eine hohe Auszeichnung überreicht usw. Wichtig dabei ist nur, daß Sie sich eine »angenehme Situation« schaffen. Verharren Sie in diesen Gedanken und Vorstellungen ca. zehn bis 15 Minuten – oder länger, wenn Sie es wünschen.
5. Im letzten Teil der Übung müssen Sie sich nun wieder auf die »reale Welt« vorbereiten. Sie sollten die Übung also nicht abrupt abbrechen, sondern so »aussteigen«, wie Sie »eingestiegen« sind: mittels des gläsernen Fahrstuhls. Stellen Sie sich also vor, daß Sie langsam mit dem Lift nach oben fahren, und »zählen« Sie dabei wiederum die Stockwerke. Beginnen Sie nun aber in der Zahlenfolge mit 1–2–3 ... usw. Eine »genaue Anzahl« wie beim Einstieg ist nicht wichtig – der »Ausstieg« kann in ca. fünf Sekunden beendet sein.
Öffnen Sie nun Ihre Augen und strecken Sie sich, so als wären Sie gerade aus dem Bett aufgestanden.
Sie werden eine sehr wohltuende Ruhe und Gelassenheit empfinden.

Daß bei dieser Entspannungstechnik die Farben eine zentrale Rolle spielen, hat seine Bedeutung darin, daß es zwischen Farben und Menschen kausale Beziehungen gibt. Um auszudrücken, daß niemals der Körper allein angesprochen wird, sondern die Seele immer mitschwingt oder gar den Impuls zur physischen Reaktion gibt, sprechen wir von:

**psychosomatische Wirkung von Farben.** (griech. *psyche* Seele, *soma* Körper). Bekannt ist, daß z. B. Licht ganz allgemein den Organismus beeinflußt. Entsprechend kann man auch von Reizen reden, die eine bestimmte Wellenlängenart innerhalb der Strahlung auslösen. Das ist aber keineswegs eine nur rein optische Wirkung, denn der die Netzhaut treffende Reiz wird durch die Vermittlung des Zwischenhirns ja auch u. a. der Hypophyse (Hirnanhangdrüse) und dem vegetativen Nervensystem als Erregung zugeführt. Solche Farbreizreaktionen werden in der Medizin als Chromotherapie (Farblichtbehandlung, z. B. Rotlicht) ausgenutzt. Dennoch lassen sich psychosomatische Wirkungen nur schwer übersehen. Ein einfaches Beispiel mag die Komplexität verdeutlichen:

Stellen Sie sich ein gefährliches Ereignis vor, z. B. einen »Beinahe-Zusammenstoß« mit einem Auto. Durch dieses Erlebnis spielt sich »in Ihnen« folgendes ab:

Es wird zunächst der sogenannte Sympathicus angeregt – das ist der Grenzstrang des sympathischen Teils des autonomen Nervensystems, der besonders die Eingeweide versorgt. Dieser regt die Bildung des Adrenalins in der Nebenniere an, welches ins Blut gelangt und wiederum den Sympathicus anregt. Eine weitere Wirkung ist die Verengung von Blutgefäßen (Blaßwerden!). Im enger gewordenen Blutgefäß muß das Blut nun rascher durchfließen als im Normalzustand, das bedeutet: Das Herz wird beansprucht, es klopft. Sind die Gefäße zu stark verengt, so daß praktisch kein Blut mehr durchfließen kann, ist die Atmung in Gefahr, das Herz setzt aus, der »zu Tode Erschrockene« stirbt. Geht man nun aber einmal davon aus, daß das Schlimmste nicht eintritt, dann kommt die anschließende Phase des Zitterns und Schwachwerdens nach der Phase der übermächtigen Kraftbelieferung während des Schreckmoments.

Dieser Vorgang spielt sich im kleinen auch dann in unserem Körper ab, wenn man zuviel Kaffee trinkt oder sympathicotrope Mittel (starke Geräusche, gewisse Düfte, aber auch Farbreize wie vor allem Rotlicht) einwirken. Es ist bewiesen, daß ein Rotreiz eine verstärkte Adrenalinausschüttung auslöst. Damit im Zusammenhang steht die Hemmung der Insulinproduktion (Insulin wird durch die »Langerhans'schen Inseln« der Bauchspeicheldrüse abgesondert), womit natürlich auch der Blutzuckerspiegel steigt. Die Veränderungen durch diese Konstellationen gehen bis in das Gewebe hinein, indem z. B. der Kalkspiegel steigt, zuungunsten des Kalziumgehaltes und anderer Hormone. Insgesamt ergibt sich auch eine Rückwirkung auf die Netzhaut, indem sich die Empfindlichkeit für Blaugrün erhöht und sich das Sehfeld für bestimmte Farben erweitert. Natürlich spielt der Zeitfaktor dabei eine große Rolle, denn es ist ein Unterschied, ob man z. B. Rotreize nur Sekunden oder aber Stunden einwirken läßt. In unserer Übung haben wir die Farbreihenfolge aus den genannten Gründen vorgeschrieben, ebenso die Konzentration auf die jeweilige Farbe und auch die Betrachtungsdauer. Die Dinge, die wir im Leben sehen, oder die Szenen, die sich »vor unseren Augen abspielen«, wirken auf uns nicht »mosaikartig«, sondern stets räumlich. Das wiederum hat einen starken seelischen Einfluß, welches wissenschaftlich bereits Mitte der dreißiger Jahre in Deutschland untersucht wurde und heute mit gezielten therapeutischen Effekten zur Heilung von Krankheiten eingesetzt wird. Sicher ist dem Leser klargeworden, warum in den Übungen zum psychogenen Training zunächst das »systematische Farbprogramm« und dann erst die Schaffung einer »angenehmen Situation«, eines räumlichen Bildes erfolgt.

*2.4.3.4 Weitere Entspannungstechniken*

Im Verlauf der letzten Jahrzehnte wurde eine Vielzahl von Techniken zur Entspannung des menschlichen Körpers und der Psyche entwickelt. Einige dieser Techniken gelten heute als Klassiker, andere verschwanden wieder, weil sie entweder den Anspruch der Entspannung nicht erfüllen konnten oder weil sie schlicht in die Rubrik »psychologischer Unfug« einzuordnen waren.

Ein Klassiker ist das »autogene Training«, welches vor ca. 60 Jahren von dem Berliner Psychiater *J. H. Schultz* für viele psychosomatische Beschwerden aller Art entwickelt wurde. Zur Erklärung der Wirkungsweise muß beachtet werden, daß der menschliche Körper mit Hilfe des sogenannten autonomen und vegetativen Nervensystems sich nahezu jedem Lebensumstand anpassen kann. Was immer wir körperlich oder geistig tun: es gibt psychische Begleiterscheinungen, die sich sehr unterschiedlich äußern (z. B.

freuen, ärgern, lachen, weinen, Wut haben etc.). Auf solche Reaktionsmuster der **Spannung** ist der menschliche Körper programmiert, und wir »erleben« sie aktiv. Genausogut ist der menschliche Körper aber auch auf **Entspannung** programmiert, die wir allerdings nur zum Teil wahrnehmen, weil wir keine Beobachtungsmöglichkeiten haben; so ist z. B. die höchste Stufe der Entspannung der Schlaf, den wir bei uns selbst nicht beobachten können. Wir spüren nur die Wirkung, die der Schlaf hatte, wenn wir aufwachen.
Bei diesen Überlegungen setzt das autogene Training an, füllt diese Beobachtungslücke durch spezielle Übungen aus, um zu lernen, daß man die durch Entspannung ausgelösten körperlichen Veränderungen bewußt wahrnimmt, ohne einzuschlafen. »Herr Doktor, wenn ich so sitze und nichts tue, dann geht es mir gut!« – diesen mehr oder weniger witzigen Spruch kennt sicher jeder. Aber jeder von uns kennt sicher auch das schlechte Gewissen, welches man hat, weil man nichts tut, und eigentlich »hätte man doch dringend die Arbeit ABC zu erledigen ... statt dessen ...« usw. Beim autogenen Training wird eben diese Zeit sehr bewußt zu einer konzentrierten Beobachtung der Körperreaktionen benutzt, man versucht also, nicht nur die Verspannung zu lösen, sondern Entspannung positiv und bewußt zu erleben, sozusagen: **Nichtstun ohne schlechtes Gewissen.**
Es muß an dieser Stelle aber auch gesagt werden, daß allzu häufig die Entspannungswirkung des autogenen Trainings zu früh erwartet wird. Ein normaler Grundkurs dauert sechs bis acht Wochen, ein Aufbaukurs ebenfalls ca. sechs Wochen, und wird von vielen Institutionen angeboten (Volkshochschulen, Ärzten, Psychotherapeuten etc.). Auch die angebotene Fachliteratur ist sehr umfangreich und ergiebig. Wer sich für diese Technik interessiert, wird also keine Informationsprobleme haben. Zum täglichen Üben muß man sich mindestens 15–30 Minuten freihalten – und es ist nachgewiesen, daß man bei ernsthafter Betreibung dieser Entspannungstechnik im Laufe der Zeit eine sehr veränderte Einstellung zu streßauslösenden Ereignissen im positiven Sinne gewinnt.
Der Autor ist der Überzeugung, daß im Sinne des Verkaufens für die meisten Verkäufer ein einfaches, leicht anwendbares Entspannungstraining ausreicht (Atemtraining, progressive Muskelentspannung, psychogenes Training). Zudem kann es nicht Aufgabe

dieses Buches sein, alle Entspannungstechniken darzustellen, zumal Wert und Wirkung vieler Techniken umstritten sind. Erwähnt sei noch die **Meditation,** die vergleichbare körperliche Auswirkungen hat wie Muskelentspannung, autogenes Training etc., von der jedoch der Verfasser glaubt, daß sie im Sinne unseres Zieles keine für den Verkäufer geeignete Entspannungstechnik ist.

# 3. Einsatz der dialektischen Rabulistik

In den vorangegangenen Kapiteln wurde mehrfach deutlich gemacht, daß das Gebäude der dialektischen Rabulistik auf den vier Säulen »Rhetorik, Kinesik, Dialektik und Psychologie« steht. Diese vier Säulen sind gleichwertig, aber jede einzelne Säule ist meist nur dann wirksam, wenn alle Bausteine, aus denen sie gebildet wird, komplett sind. Doch die dialektische Rabulistik ist mehr als die Summe ihrer Teile. Ihre Wirkung wird durch den Einsatz aller Elemente in einer klaren Konzeption erzielt, die durch »Ziel, Strategie und Maßnahmen« definiert ist.
**Diese Methode des »Konzeptdenkens« beruht auf erfolgreichen Vorgehensweisen im Marketing.** Zwei Definitionen des Marketing (von mehreren hundert Erklärungen) deuten an, was darunter zu verstehen ist: Marketing ist das Ausrichten aller Unternehmensaktivitäten auf den Markt. – Marketing ist marktorientiertes Denken und Umsetzen in betriebliches Handeln.
Aus diesen Definitionen wird deutlich, daß die Durchführung von Einzelmaßnahmen kein »Marketing« darstellt und Marketing mehr als nur die Summe aller Maßnahmen ist.
Der Grundgedanke des Marketing ist, daß alle Bereiche eines Unternehmens betrachtet werden müssen, also die direkte und die indirekte Umwelt (Abb. 3/1):

Abb. 3/1

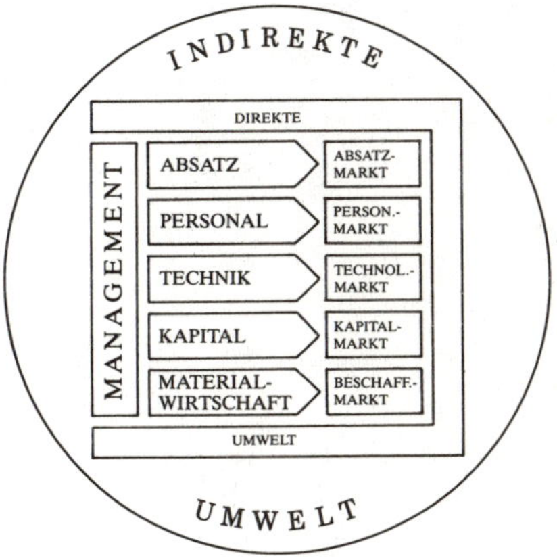


**INDIREKTE UMWELT:**

* **LEGISLATIVE**
* **SOZIALPOLITIK**
* **INSTITUTIONEN**
* **ÖKONOMIE**
* **ÖKOLOGIE**

Um Leistungen und Produkte zu verkaufen, muß man »seinen Markt« kennen, also die Absatzmöglichkeiten erforschen, damit der Absatz beeinflußt werden kann. Das geschieht mit Hilfe der »Marketing-Instrumente«. Das bedeutet z. B. für die vieldiskutierte Preisfrage nach Auffassung der Profis: »Der Preis ist nur eine Marketingfrage.« Es gibt also mehr Instrumente, den Absatz zu beeinflussen, als nur »über den Preis« (Abb. 3/2).

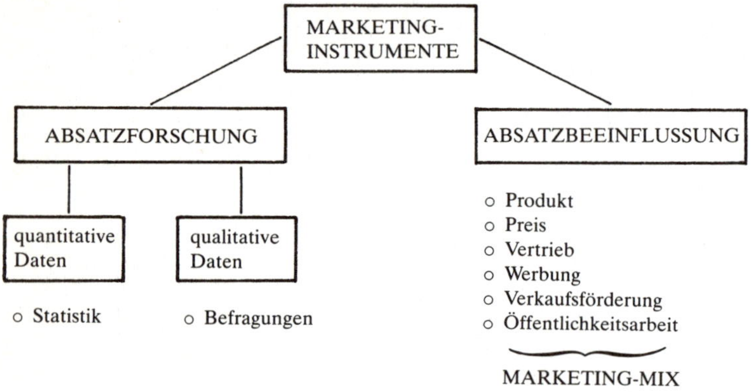


Abb. 3/2

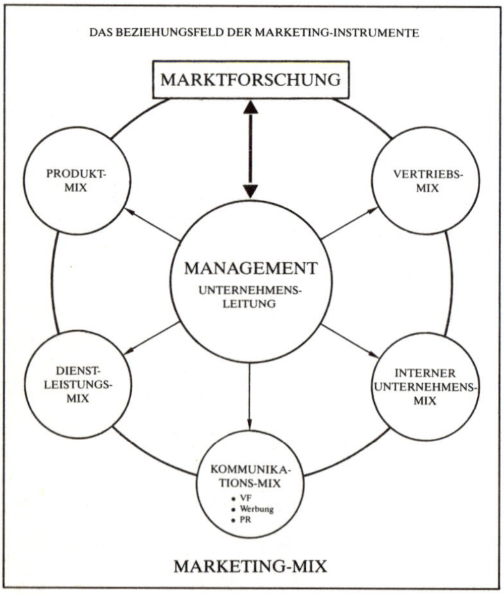


Abb. 3/3

Im »Marketing-Mix« werden alle Marketing-Bestandteile einander zugeordnet, und zwar so, daß das angestrebte Unternehmensziel erreicht bzw. optimal verwirklicht wird.
Vergleichen Sie diese Vorgehensweise mit einem Schachbrett: Keine Figur kann weggenommen oder verschoben werden, ohne daß das Einfluß auf die anderen Figuren oder das Spielergebnis insgesamt hätte (Abb. 3/3).
Die **Analogie zur Rabulistik** ist unschwer zu erkennen. Die Marketing-Instrumente sind vergleichbar mit den vier Säulen der dialektischen Rabulistik. Auch die Instrumente des Marketing bestehen aus einzelnen Komponenten – ähnlich den Bausteinen der »Rabulistik-Säulen«. Die Vorgehensweise kann nicht geändert werden, weil man sonst von evtl. falschen Voraussetzungen ausgeht. Es ist also nicht möglich, erst die Maßnahmen festzulegen, sich ein Ziel zu suchen und danach eine Strategie zu verfolgen.
Im Marketing wird die Reihenfolge

1. Ziel,
2. Strategie,
3. Maßnahmen

aus gutem Grund sehr streng eingehalten. Nochmals: Es geht dabei nicht um einen schulmäßigen Formalismus, sondern um eine klare Reihenfolge des **»Denkens in einem Konzept«,** damit ein definiertes Unternehmensziel im Markt X gegen den Wettbewerb Y erreicht wird. Die Definition des Unternehmenszieles ist der wichtigste Schritt hierzu. Sie könnte lauten: »Was will ich mit meinem Unternehmen erreichen?« Wer als Unternehmensziel »Ich will schnell viel Geld verdienen« formuliert, sollte sich Träume und Schlaf aus den Augen reiben, damit er die Anforderungen des modernen Marktes und somit die Realität besser sieht. Wer »nur das Geld« zum Unternehmensziel hat, richtet seine ganze Aktivität auf das Geld aus: Damit »läuft alles über den Preis«! Ein gutes Ziel im Marketing könnte lauten: »Wir wollen besser sein als der Wettbewerb – wir wollen die Nr. 1 in unserer Region etc. sein. Wir wollen Kundenstruktur, Leistung und – natürlich – Umsatz und Gewinn verbessern.« Umsatz-/Gewinnverbesserung ist selbstverständlich ein legitimes, wichtiges Unternehmensziel. Aber es darf nicht an der ersten Stelle der Zielformulierung stehen, sonst restriktiviert und determiniert Geld das Denken bzw. die Aktivitäten

im Markt. Damit würde man eine folgenschwere Sackgasse beschreiten, denn der Wettbewerber, der möglicherweise finanziell besser »gepolstert« ist, kann nun einen ruinösen Kampf beginnen – wenn man sich nur des Instrumentes »Preis« bedient. Aus Abb. 3/2 war aber ersichtlich, daß es mindestens noch vier andere Instrumentarien gibt, den Absatz und somit den Umsatz/Gewinn zu beeinflussen – und um zu »gewinnen«, muß der Wettbewerber auch hierin besser sein als sein »Gegenspieler«.
Jetzt sind einige Varianten denkbar. Eine der interessantesten Wettbewerbsfragen lautet: Wenn der Wettbewerber erheblich »billiger« ist, welche Instrumente setzt man wie, wann, wo, wie oft usw. ein, um so viel besser zu sein, daß der Kunde dennoch beim eigenen Unternehmen kauft. Also: Hat man z. B. das bessere Produkt, einen besseren Vertrieb/Distribution – was für viele Käufer wichtiger ist als bestimmte Preisunterschiede? Oft entscheidet auch das bessere Image, der bessere Ruf eines Hauses, kurzum: Es gibt noch andere Möglichkeiten im Markt, als »nur billiger zu sein«!
***Diese Hinweise auf das klare Marketing-Denken (statt einseitigem »Geld-Denken«) sind für die Analogie zur dialektischen Rabulistik sehr wichtig.***

## 3.1 Das Konzept der dialektischen Rabulistik

Analog zum Marketing-Konzept ist das Konzept der dialektischen Rabulistik zu sehen. Es muß klar und deutlich sein, daß ohne Konzept die Absicht »auf alle Fälle recht behalten« kaum realisiert werden kann – von Einzelfällen abgesehen. Damit ist jedoch auch klar, daß ein entsprechender Aufwand, ein »konzeptionelles Denken«, erforderlich ist.
Um ein ***professionelles Rabulistik-Konzept*** erstellen zu können, müssen drei Grundfragen beantwortet werden:

| | |
|---|---|
| ***ZIEL:*** | ***WAS will ich erreichen?*** |
| ***STRATEGIE*** | ***WIE will ich das erreichen?*** |
| ***MASSNAHMEN*** | ***WODURCH will ich das erreichen? (also mit welchen Mitteln?)*** |

**_ZIEL + STRATEGIE + MASSNAHMEN_**
**_= RABULISTIK-KONZEPT_**

Analog zum Marketing-Konzept ist es nicht möglich, eine Stufe zu überspringen, weil man sonst möglicherweise von falschen Annahmen und Voraussetzungen ausgeht. D. h., bevor man über Maßnahmen zur Durchsetzung nachdenkt, muß das Ziel einwandfrei formuliert sein und die Strategie, mit der dieses Ziel erreicht werden soll, definiert sein. Natürlich ist der Aufwand stets vom Sachverhalt abhängig. Wer also mit seinem Kollegen, seinem Nachbarn, dem Vermieter usw. einen »kleinen Disput« auszutragen hat, der eher emotionale als sachlich-konkrete Folgen von Bedeutung hat, benötigt in den wenigsten Fällen ein professionelles Konzept.
Der Umgang mit der dialektischen Rabulistik, mit der Philosophie, ist vergleichbar mit dem Erlernen einer fremden Sprache. Zunächst werden Vokabeln gelernt, dann die Grammatik, einige Redewendungen werden geübt, und im Rahmen einer bestimmten Zeit spricht man – zunächst noch mit einigem übersetzerischem Nachdenken, dann mehr und mehr so, wie man (fast) in der eigenen Muttersprache spricht. Ähnlich verhält es sich auch mit einem rabulistischen Konzept. Was zunächst noch lernend erworben werden muß, wird mehr und mehr selbstverständlich angewendet. Nach einiger Zeit ist man in die Lage versetzt, unmittelbar dialektisch-rabulistisch zu denken und zu handeln, wenn man sich einer Konfrontation, einem Disput oder ganz einfach dem verbal aggressiven Verhalten anderer ausgesetzt sieht. Ob man dann jedoch dialektische Rabulistik stets und nahezu automatisch einsetzt, ist von dem Betreffenden selbst abhängig. Die dialektische Rabulistik ist – wie schon dargestellt – nur ein Hilfsmittel, »auf alle Fälle recht behalten« zu können.

### 3.1.1 Ziel

Der wichtigste Schritt zu einem rabulistischen Konzept ist die **Zieldefinierung.** Was das Erreichen von Zielen anbelangt, muß Augenmaß und Realismus bewahrt werden. Dialektische Rabulistik ist weder ein Zaubertrick noch eine irgendwie geartete »göttliche Eingebung zur rechten Zeit«, sondern ein konzeptionelles Denken mit Hilfe entsprechender Techniken und Gesprächselemente. Wunder können nicht vollbracht werden; aber viele Gegner werden sich bei Einsatz dieser Techniken wundern, und manchem Rabulisten erscheint sein Erfolg wie ein Wunder.

Zur Zieldefinierung nochmals die Analogie zum Marketing. Wer als Betriebsziel »Ich will schnell viel Geld verdienen!« festlegt, beschreitet möglicherweise einen verhängnisvollen Weg – wie oben bereits beschrieben, wobei die Legitimation dieses Vorhabens an sich nicht bestritten werden kann und soll. Wie bereits in Punkt 3. beschrieben, ist eine solche Formulierung der Ausschließlichkeit eines Zieles grundfalsch. **Vor allem ist es notwendig, TEILZIELE zu formulieren.** Ebenso ist in der dialektischen Rabulistik zur Zieldefinierung eine realistische Einschätzung des Möglichen und Machbaren von ausschlaggebender Bedeutung. Mit anderen Worten: Weder eine ängstliche Einschätzung von zu geringen Teilzielen noch »Traumschlösser« sind realistische Zielvorstellungen. Der Hauptgrund, daß eine falsche, unrealistische Zielfestlegung oft schon die eigene Niederlage impliziert, liegt nicht darin begründet, daß der Zielformulierende etwa zu bescheiden oder zu unverschämt in dem ist, was er zu erreichen sucht. Der entscheidende Grund liegt in der Wahl einer dann falschen **Strategie**, die zur Zielerreichung benötigt wird. So kann bei entsprechenden Gegnern ein zu geringes Teilziel mit einer schwachen Strategie verbunden dazu führen, daß durch eine gegnerische, kämpferische Strategie nicht einmal das (bescheidene) Teilziel erreicht wird, sondern derjenige buchstäblich leer ausgeht. Dagegen kann ein unrealistisches, zu hoch angesetztes Ziel mit einer z. B. aggressiven Strategie und entsprechenden Maßnahmen dazu führen, daß etwa eine Verhandlung abgebrochen wird, übergeordnete Entscheidungen durch die nächsthöheren Vorgesetzten getroffen werden oder ein Redner schlicht unterbrochen und mehrheitlich aufgefordert wird, den Raum zu verlassen.

Das Formulieren und Festlegen von **Teilzielen** in der dialektischen Rabulistik hat zwei gute Gründe. Einerseits ist damit eine Vorgehensweise in Stufen möglich, bei der das Erreichen jeder Stufe bereits Anhaltspunkte über das Erreichen einer nächsten Stufe gibt und somit die Summe aller Teilziele als **Gesamtziel** angesehen werden kann. Andererseits können einzelne Teilziele als eigene, äußer-

ste Zugeständnisse und letzte Grenzen festgelegt werden, die zu überschreiten auf keinen Fall möglich ist. Mit der Festlegung von Teilzielen ist es meist auch möglich, entsprechende **Teilstrategien** festzulegen, die jeweils für das zugeordnete Ziel gelten. Das kann erhebliche Vorteile dann haben, wenn durch geschicktes Taktieren mit den zugehörigen Maßnahmen im Rahmen einer Teilstrategie keine »Festnagelung« durch den Gegner möglich ist, wenn also Flexibilität in der eigenen Verhandlungsstrategie vorhanden ist. Nachteile können dadurch entstehen, daß zu den einzelnen Teilzielen falsche Teilstrategien gewählt werden, die entweder zu schwach oder überzogen sind. Verhandlungstechnisch kann man hier leicht in eine (selbstgebaute) Falle treten, aus der es sowohl dialektisch-rabulistisch wie vor allem psychologisch schwer ist, wieder herauszukommen. Versteht nämlich der Gegner »sein Spiel«, wird er die Chance zum Verhandlungssieg nicht verstreichen lassen.
**Grundsätzlich sollten Strategien von Teilzielen in eine GESAMTSTRATEGIE eingebunden sein.** Die Gründe dazu sind einleuchtend. Wer z. B. ein wichtiges Teilziel mit Hilfe einer entsprechenden Teilstrategie erreicht hat, ist leicht geneigt, mit der gleichen Strategie das nächste Ziel zu verfolgen – das kann fatale Folgen haben. Jeder Pokerspieler kennt den Trick, seinen Gegenspieler mit bestimmten Zügen gewinnen zu lassen, um ihm das Gefühl des Siegers zu geben und – um ihn unvorsichtig werden zu lassen. Dann »schlägt« er zu! Aus der Politik kennen wir alle z. B. die Problematik, einen einmal eingeschlagenen, erfolgreichen Weg, auf dem viele wirtschaftliche und politische Fragen gelöst und bedeutende Erfolge verzeichnet werden konnten, wieder zu verlassen, um mit Hilfe einer anderen Vorgehensweise, einer anderen Philosophie oder gar einer anderen Politik neue Wege zu beschreiten. Ebenso gibt es hinreichende Beispiele aus der Konfliktforschung, aber auch aus den alltäglichen Erfahrungen. Generationenkonflikte können häufig nur deswegen schlecht oder gar nicht gelöst werden, weil die Eltern – resp. der dominante Elternteil – sich nicht von den althergebrachten, den »bewährten« Vorgehens- und Verhaltensweisen lösen können. »Was immer richtig war und funktioniert hat, kann nicht auf einmal schlecht sein« – so die Argumente mancher Eltern. Dieses Denkverhalten entspricht im übrigen einem Grundbedürfnis vieler Menschen, nämlich das einmal

Erreichte zu sichern. In dem, was man sich geschaffen hat, ist man »orientiert«, und wir haben eingangs bereits die **psychologische Erkenntnis** dargestellt, daß **»Orientiertheit Vertrauen schafft«.** Wer jedoch mit einer allzu starren Auffassung »verhandelt«, ist meistens in ein inflexibles strategisches Denken eingebunden. Es ist nämlich ein gewaltiger Unterschied, ob ein Verhandlungsteilnehmer grundsätzlich und ohne Wahlmöglichkeiten ein starres, inflexibles Denken hat oder ob ein Verhandlungsteilnehmer zur Erreichung des Zieles AXY mit einer starren, inflexiblen Strategie operiert – um sie dann für Ziel BXY als nutzlos und falsch zu erkennen und sie »über Bord zu werfen«.

Die wirklich erfolgreichen Verhandlungsteilnehmer, so »unverbrüchlich treu ihrem Ziel verbunden sowie hart und unerbittlich in jedem Punkte« sie sich darstellen, sind dieses meistens nur medienwirksam und eigenimagefördernd vor der Fernsehkamera. Im Verhandlungsraum, wenn die Türen geschlossen und Strategien geöffnet werden, sind sie mal wie farbenwechselnde Chamäleons, mal eckig oder amorph, aalglatt, verbindlich, listig usw. – alle taktischen Maßnahmen werden im Rahmen des strategischen Denkens eingesetzt, um den Verhandlungserfolg zu erreichen. Sitzen sich gleichwertige Gegner gegenüber, kann die Verhandlung lange dauern. Meistens einigt man sich auf einen Kompromiß. Jede Verhandlungspartei hat nämlich Teilziele festgelegt, die sie erreichen, aber keineswegs inhaltlich deutlich unterschreiten will. Beeindrukkend ist dann meistens nur noch die Interpretation des »eigenen Erfolges« vor surrenden Fernsehkameras – hinreichend bekannt bei Abschlüssen von Tarifverhandlungen, Koalitionsverhandlungen, Abrüstungsverhandlungen usw.

**In der dialektischen Rabulistik gelten daher folgende Grundsätze:**

***Die Zieldefinition muß realistisch sein!***

***Wo es möglich ist, Teilziele festzulegen, sollte dieses genutzt werden!***

***Das festgelegte Ziel bestimmt die festzulegende Strategie.***

***Strategien von Teilzielen müssen in eine Gesamtstrategie eingebunden sein (keine Verzettelungen).***

### 3.1.2 Strategie

Die Strategie ist das »Kernstück« des dialektisch-rabulistischen Konzeptes. Welche Strategie gewählt wird, ob mehrere Teilstrategien oder eine Gesamtstrategie eingesetzt wird, ist abhängig von der Zieldefinition bzw. den Teilzielen. **Strategien haben die Aufgabe und den Zweck, den Weg festzulegen, auf dem das angestrebte Ziel erreichbar ist.** Es ist ein genauer Plan des eigenen Vorgehens, ein definiertes Ziel zu erreichen, indem man diejenigen Faktoren, die in die eigene Aktion hineinspielen könnten, von vornherein einzukalkulieren versucht – also der gesamte Weg wird »vorgedacht«. **»Strategie« ist nicht zu verwechseln mit »Taktik«. Die Taktik kann im einfachen Fall beschrieben werden als die Maßnahmen, mit denen man die Strategie umzusetzen sucht.** Ein »kluger Taktiker« gilt deswegen als klug, weil er »taktische Maßnahmen« im Rahmen einer klaren Strategie einsetzt, um ein vorher festgelegtes Ziel zu erreichen. In seiner Strategie hat er alle denkbaren Faktoren »vorgedacht« – er ist also ideologisch vorbereitet. In der konkreten Umsetzung, in der persönlichen Konfrontation mit seinen Gegnern, setzt er je nach Situation, Personen, Absichten usw. jeweils verschiedene Maßnahmen ein – er »taktiert«. Taktische Maßnahmen können sowohl einzelne Elemente sein, wie z. B. der Einsatz rhetorischer und kinesischer Elemente – wie sie im Kapitel 2 beschrieben wurden –, es können aber auch Maßnahmenbündel sein, um z. B. ein Ziel zu erreichen oder beim Gegner zu verhindern. Das kann z. B. sein: das Bestreiten von Tatsachen, das gezielte Unterbrechen des Gegners, aggressives Schreien oder demonstratives (unfaires) Schweigen usw. Taktische Maßnahmen ersetzen aber niemals eine Strategie. Das wird am besten dadurch deutlich, daß z. B. mit dem Bestreiten von Tatsachen allein oder, noch drastischer, mit einem demonstrativen Schweigen kaum das Gesamtziel erreicht werden kann. Die Gesamtstrategie kann z. B. sein: unberechenbares, negatives Verhalten, Verunsicherung und Verwirrung des Gegners. Eine Teilstrategie hierin zur Erreichung des Teilzieles AXY könnte dann lauten: Wechsel von Höflichkeit und Aggression bei Darstellung von Fakten auf der Sach- und der Beziehungsebene, also eine Mischung aus scheinbar negativen und positiven Verhaltensweisen. Die taktischen Maßnahmen dazu können rhetorische, kinesische, dialektische oder/und psychologische Einzelelemente oder gebündelte Elemente sein. Wann der dialektische Rabulist welche taktischen Maßnahmen wo und wie einsetzt, ist vom Verlauf der Verhandlung abhängig. Setzt er die Maßnahmen im Rahmen seiner Strategie so ein, daß er am Ende sein Ziel erreicht, so gilt er eben als ein »klugerTaktiker«. Hat er's falsch gemacht, bekommt sein Gegner dieses Prädikat.

Wer sich mit dialektischer Rabulistik das erste Mal beschäftigt und erfährt, daß es im Prinzip um »konzeptionelles Denken« geht, mag enttäuscht darüber sein, daß es keine »Patentlösung« gibt, die stets gleich ist, immer einsatzbereit und mit einigen flotten Sprüchen geeignet ist, recht zu behalten. Mit einem rabulistischen Spruch ist meist wenig erreicht – außer daß die Emotionen »angeregt« werden.

Dialektische Rabulistik ist ohne Zweifel mit intellektuellem, rhetorischem und auch schauspielerischem Aufwand verbunden. Vergleichbar ist dieser Aufwand mit der Vorgehensweise »erfolgreicher« Anwälte, Strafverteidiger und Staatsanwälte. Diese Gruppen analysieren genau den Sachverhalt und »bauen eine Strategie auf«, die mit taktischen Maßnahmen verfolgt wird. Ob diese Strategie im Verlauf des Verfahrens geändert, modifiziert oder gänzlich verworfen wird, ist meistens abhängig vom Verfahren selbst bzw. den nicht voraussehbaren Ereignissen, Verhaltensweisen usw. So ist es durchaus üblich, daß z. B. Strafverteidiger ihre Strategie ändern, nachdem der Staatsanwalt glaubwürdig einen strafbaren Sachverhalt nachweisen konnte – hier ist geschicktes taktisches Verhalten erforderlich. Um das Strafmaß dennoch zu mildern, greifen versierte Anwälte häufig zur »taktischen Notbremse« – z. B. einem psychologischen Gutachten. Dieses Gutachten weist dann dem Gericht und einer nicht minder erstaunten Öffentlichkeit nach, daß der Angeklagte just in den Sekunden, wo er mit dem Messer tödlich zustach, einen »Blackout« hatte, der ihn – so der Antrag der Verteidigung – von der Verantwortung freispricht. Hätte der Angeklagte diesen »Blackout« ein paar Sekunden später gehabt, könnte das Opfer noch leben, und auch der Angeklagte würde sich gegenwärtig anderer Lokalitäten erfreuen – aber wie gesagt: eben just in diesem Augenblick ...!

Zwar spektakulär, aber dennoch plump und manchmal von unfaßbarer Naivität sind die **»taktischen Notbremsen«**, die »nachweisen«, daß prominente Politiker, die an sensiblen und verantwortlichen Schaltstellen der Macht sitzen oder saßen, »damals einen kurzzeitigen Blackout« hatten, eine »vorübergehende Unzurechnungsfähigkeit« (... Gott sei Dank für die heutigen Bürger: vorübergehend ...!), oder bei der Vereidigung auf »unseren Führer« in einer Nische gestanden haben (sollen ...) und gerade an ihnen der Kelch vorüberging, eben weil sie der Versuchung trotzten – und wie!

Eine **übliche »Strategie«** ist auch die des **»Nicht-mehr-wissens«.** Der Faktor »Vergessen« ist gerade bei Menschen, die im Blickpunkt der Öffentlichkeit stehen, ein fester Bestandteil ihres Verhaltens. Meist Politiker, die einer Verfehlung verdächtigt und beschuldigt werden, können sich oft »nicht mehr erinnern«, alles wie weggeblasen. Es sei denn, die Kläger weisen einen kleinen Teilsachverhalt unwiderlegbar nach, daß den Damen und Herren nichts anderes übrig bleibt, als »sich vage zu erinnern, daß da mal was war ...«. Dieser Strategie zufolge wird zunächst einmal alles abgestritten, was vorgehalten wird. Zugegeben (aber auch nur bruchstückhaft!) wird ausschließlich das, was tatsächlich rechtsgültig nachgewiesen wurde. Bei dieser Methode ist es dann nicht schwierig, im vorgehaltenen »Nachweis« Lücken zu entdecken, die als »falsche oder unzutreffende Verdächtigungen« nach oben gespielt werden können. Man versucht in einem solchen Fall also, aus dem Nachweis heraus ein Detail zu finden, welches unvollständig oder gar unzutreffend dargestellt wurde – auch wenn es nur ein geringfügiges Detail ist. **Die Strategie lautet: »Weg vom Gesamtvorwurf – hin zum Detail.«** Wer hier ein »Haar in der Suppe« findet, muß sich nun wirksamer rhetorischer Maßnahmen bedienen, um das »Unrecht, das man ihm antut«, klar zu verdeutlichen. Man benötigt in diesem Fall also wiederum die »Säule« der Logik, und zwar die induktive Vorgehensweise. Das heißt, aus dem als falsch nachgewiesenen Detail schließt man (induktiv) auf die anderen Punkte bzw. stellt die Redlichkeit der Recherchen insgesamt in Frage. Um das wirkungsvoll in Szene zu setzen, sind die Methoden der Säulen »Rhetorik« und »Kinesik« erforderlich. Daß die Säule »Psychologie« stets und immer beteiligt ist, wurde schon mehrfach gesagt.

Aus den vorangegangenen Überlegungen könnte nun eine nahezu

unüberschaubare Anzahl von Strategien und Taktiken gebildet und benannt werden. Zu bedenken wäre allerdings, daß sich Strategien und taktische Maßnahmenbündel überschneiden können. Es geht aber nicht um die »chemisch reine Absonderung« beider Begriffe, sondern um die Praktikabilität und Wirksamkeit ihres Einsatzes. Ein Aufzählung von 30 oder 50 und mehr Strategien, Taktiken, Maßnahmen usw. ist sinnlos, da sie lediglich hier wie in anderen Büchern nur zum Zeitpunkt des Lesens einen Effekt haben, meist einen »Aha-Effekt«. So gibt es z. B. in der Literatur zum Verkaufsgespräch Bücher, die mehr als 300 Regeln zur Einwandbehandlung darstellen. In diesen Büchern ist aber keine Regel zu finden, wie man a) 300 Regeln behalten kann und b) zum richtigen Zeitpunkt die richtige Regel herausfindet und anwendet. Analog ist eine Auflistung von Strategien und Taktiken nach dem Perlenketten-Prinzip für eine praktische Anwendung der dialektischen Rabulistik wirkungslos.

**In der dialektischen Rabulistik geht man von einem STRUKTURIERTEN SYSTEM aus,** in dem es zwar starre Schemata geben kann, aber nicht muß. Das wesentliche Kennzeichen des strukturierten Systems ist die Variabilität und die Flexibilität seiner Teile. Das ist schon deswegen erforderlich, weil sich der Einsatz taktischer Maßnahmen nach den jeweiligen Umständen richtet – und die wechseln, wie bekannt, sehr häufig. Entscheidend ist und bleibt jedoch die Zielfestlegung, die die Strategie determiniert. Innerhalb einer einmal gewählten Strategie können taktische Maßnahmen wechseln, variieren, ergänzt oder völlig ausgegrenzt werden; alles bleibt vom Ziel abhängig. Wer z. B. im öffentlichen Rampenlicht steht und ein hohes soziales Image zu bewahren hat, kann nicht – um recht zu behalten – mit sichtbar negativen Verhaltensstrategien und vordergründig-rabulistischen Techniken operieren. Er könnte zwar diesen Streit gewinnen, aber er hätte die Sympathien der Wähler verloren – ein Pyrrhussieg. Wer zu seinem Chef geht, um die längst fällige Gehaltserhöhung zu fordern, und als Vorbereitung dazu lediglich die umwerfende Taktik hat, »mal zu schau'n, wie der Alte heute so gelaunt ist – vielleicht klappt's«, wird vermutlich in der Tat feststellen, daß etwas geklappt hat, nämlich die Tür zum Chefzimmer, die er wieder von draußen schließen darf – und zwar leise. Wer sich auf eine Verhandlung ausschließlich emotional dergestalt »vorbereitet«, daß er dem Gegner, der finanzielle Forderungen stellt, »schon zeigen werde, wer hier recht hat«, darf sich nicht wundern, wenn eine solche Verhandlung anders verläuft, als er sich das so vorgestellt hat. Solche »Verhandlungsgegner« sind nämlich meistens ein »gefundenes Fressen« für einen dialektischen Rabulisten – und zwar zum Frühstück.

*BASISSTRATEGIEN:*

**Das »strukturierte System« geht von drei Basis-Strategien und ihren Varianten aus, die hier systemhaft ebenfalls als Basis-Strategien angesprochen werden:**
***a) scheinbar neutrale Verhaltensstrategie,***
***b) unberechenbare negative Verhaltensstrategie,***
***c) offensichtlich positive Verhaltensstrategie***
**und die Variation aller drei Basisstrategien.**
Alle Basisstrategien haben eines gemeinsam: Sie sprechen das eigene »Verhalten« als eine »Strategie« an und sind ausschließlich auf den Gegner gerichtet, d. h., der Gegner muß unser Verhalten als solches erkennen, also »neutrales«, »positives« oder »negatives« Verhalten. Dieses Verhalten muß nicht unseren inneren Überzeugungen entsprechen, es muß nur eines: zum Ziel führen! Eine Strategie – welche auch immer – kann gewählt werden. Alle Strategien implizieren die entsprechenden charakteristischen taktischen Maßnahmen. Damit wird klargestellt, daß es sich um eine »Technik« handelt und nicht um einen Pool, aus dem man sich die Strategie fischen kann, die dem eigenen Charakter liegt, nahekommt, d. h. mit der man sich »ehrlicherweise identifizieren« kann. Eine solche Vorgehensweise ist bestenfalls in der fairen Verhandlungstechnik möglich, die dialektische Rabulistik kennt diese Skrupel nicht. Der Rabulist setzt die Strategie ein, die bestmöglich geeignet ist, das definierte Ziel zu erreichen. Ob moralische Aspekte zu berücksichtigen sind, ist in der Zieldefinition festgelegt – nicht in der Strategie. D. h., wenn moralische Aspekte aus z. B. sozialen Gründen zu berücksichtigen sind, die gewählte Strategie diese jedoch unterminiert, dann war es die falsche Strategie.
Die einzelnen Strategiearten verdeutlichen mit ihren Bezeichnungen, um welches Verhalten es sich handelt und welche taktischen

Maßnahmen zugehörig sind. Welche Strategie gewählt wird, ob diese dann durchgängig eingehalten wird oder eine Kombination aus mehreren Strategien zum Einsatz kommt, ist stets abhängig vom Sachverhalt, von den Personen und von der Situation resp. den Gegebenheiten. Im weitesten Sinne besteht hier zwar eine Wahlmöglichkeit nach eigenen Verhaltensmöglichkeiten – so kann der Verhandelnde, der sich als übergeordneter Chef für alle Beteiligten deutlich sichtbar neutral verhalten muß, kaum negative Verhaltensstrategien anwenden –, doch der erfolgreiche dialektische Rabulist beherrscht das gesamte Instrumentarium, um alle gegnerischen Attacken parieren und eigene Angriffe starten zu können. Da es kaum einen Menschen gibt, der »sich alles leisten kann und alles sagen darf«, sind »Normalsterbliche« dem Zwang unterstellt, sich vorwiegend in Verhandlungen und Disputationen zunächst auf den Gegner einzustellen und auszurichten. Der »Gegner« – das kann der Chef sein, ein Kunde, ein Familienmitglied, eine Autoritätsperson usw.

Andererseits muß auch der Blickwinkel derer erkannt und beurteilt werden, die den »Normalsterblichen« als Partner (oder Gegner) gegenübersitzen. Jeder Gegner benötigt und wählt die Strategie, die zum definierten Ziel führt – aber oft muß die Strategie vorrangig an der Person des Gegners ausgerichtet werden. Ein Mitarbeiter, der eine Verhandlung, z. B. über das Gehalt, über seine zukünftige Funktion im Unternehmen, über betriebliche Zuständigkeiten usw., mit seinem Vorgesetzten führt, wählt mit »unberechenbaren negativen Verhaltensstrategien« dann eine falsche Vorgehensweise, wenn der Chef selbst eine starke, dominante Persönlichkeit ist, die meist nicht den Kompromiß sucht, sondern es gewohnt ist, zu »bestimmen«. Dieser Mitarbeiter wäre vermutlich gut beraten, eine selbstbewußte Kombination aus »scheinbar neutraler und offensichtlich positiver Verhaltensstrategie« zu präformieren und mit entsprechenden taktisch-defensiven Maßnahmen sein angestrebtes Ziel durchzusetzen. Umgekehrt wählt der Vorgesetzte mit »unberechenbaren negativen Verhaltensstrategien« dann eine falsche Vorgehensweise, wenn es z. B. um Forderungen des Mitarbeiters geht, die der Vorgesetzte nicht erfüllen möchte – aber den Mitarbeiter auch nicht demotivieren will.

### 3.1.3 Maßnahmen

Um zu erläutern, welchen Stellenwert die Maßnahmen gegenüber dem Ziel und der Strategie haben, soll wiederum ein Beispiel aus dem Marketing- und Werbesektor herangezogen werden. Da soll es einen mittelständischen Unternehmer gegeben haben, der zu sich selbst sagte: *»Also irgendwie müßte ich mal Werbung betreiben!«* Als dieser Unternehmer vollends von der Notwendigkeit seiner Absichten überzeugt war, setzte er sich sogleich abends an seinen Schreibtisch, nahm sich ein Blatt Papier und einen Bleistift und malte ein Quadrat. Hier wollte er alle Botschaften, die er zu vermitteln suchte, hineinschreiben – und er hatte eine Menge Botschaften zu vermitteln. Da seine quadratische werbliche Erst-Deskription vom Layout her »nicht so gut paßte«, wechselte er zum Rechteck – Querformat, also liegend. Jetzt paßte es! Am nächsten Morgen rief er eine bekannte, überregionale Zeitung an und erfragte Kosten und Erscheinungstermin. Als Auskunft erhielt er als Kosten den Betrag, den er seiner Sekretärin, mit der er ohnehin nicht zufrieden war, monatlich als Gehalt brutto zahlte, und der Erscheinungstermin der Anzeige sollte während seines Urlaubes in Spanien sein. Das ging nun echt zu weit – und »Wer hat das schon nötig«, resümierte der gute Mann. Flugs rief er die Redaktion einer regional erscheinenden »Treppenzeitung« an und – nachdem er günstige Kosten und sofortigen Erscheinungstermin erfuhr – orderte »die Sache«.

Die Geschichte kann hier abgebrochen werden – denn mehr ereignete sich nicht. Der Unternehmer zahlte, die Anzeige erschien, er fuhr in Urlaub nach Spanien und sinnierte noch im Flugzeug über die Preise überregionaler Anzeigen: *»Was soll nur aus Deutschland werden?«*

Zugegeben: diese Geschichte ist erfunden. Aber ist sie darum völlig unrealistisch? Gibt es nicht täglich irgendwo Dutzende solcher »Werbekampagnen« pro Heimatblatt? Und was hat diese Geschichte mit dialektischer Rabulistik zu tun?

Wer bisher verstanden hat, daß zur Erreichung eines Zieles (... das hatte der besagte Unternehmer »so in etwa« auch, denn er wollte zumindest »bekannt« werden ...) zunächst eine geeignete *Strategie* erforderlich ist, der wird auch verstanden haben, daß dieser Unternehmer »das Pferd von hinten aufgezäumt hat«.

Die Absicht war gut – aber die Vorgehensweise falsch. Er begann mit den Maßnahmen. Das Ziel war verwaschen, unklar, zu allgemein. Eine »Strategie« war nicht erkennbar – wenn vom »Geldsparen bei Werbung und Anzeigen« einmal abgesehen wird. Begonnen wurde mit »Maßnahmen« – indem in hehrer Absicht nächtens ein Blatt Papier die illustren Ergüsse des in Geld und Geist sparsamen Unternehmers mitten auf dem Schreibtisch erdulden mußte.

Damit soll der Stellenwert der Maßnahmen gegenüber dem Ziel und der Strategie nicht geschmälert werden, aber es darf nichts an Deutlichkeit offenbleiben, daß ohne Ziel und Strategie die Maßnahmen meistens wirkungslos bleiben und ins Leere stoßen. Doch im alltäglichen Werbe-Leben ist der Einsatz von Maßnahmen ohne Strategie ebenso häufig zu beobachten wie etwa »nur« der Einsatz von Maßnahmen in der dialektischen Rabulistik. Das äußert sich häufig in scharfer Rhetorik, drohender Kinesik, Erregung, Lautstärke, permanenter Verneinung usw. So optisch und akustisch eindrucksvoll diese Maßnahmen auch sein mögen: es fehlt ein Konzept, um das Ziel zu erreichen. Die Folgen konzeptionsloser Disputation sind allgegenwärtig beobachtbar: im Streit argumentativ verkeilte Gegner, wirkungslos im Angriff, aber auch unfähig zum Rückzug; Drohungen und Emotionen nehmen ihren freien Lauf. Nicht selten ist man jahrelang zerstritten – oder aber man »sieht sich vor Gericht«.

Zugegebenermaßen ist es nicht einfach, cool und mit nüchterner Sachlichkeit an einer Streitkonzeption zu bauen. Je privater der Streitgegenstand und die Beteiligten sind, um so mehr sind die Emotionen beteiligt – und die lassen sich nun mal nicht einfach »abschalten«. Emotionen sind im Streit grundsätzlich aber nicht schlecht oder falsch – ganz im Gegenteil. Das Argument »mit Emotionen« kann eher und nachhaltiger überzeugen als ein zwar sachlich richtiges Argument, welches aber schmucklos und langweilig vorgetragen wird. Problemhaft sind nur die unkontrollierten Emotionen. Wer sich provozieren läßt, bietet »Breitseite«, die wirkungsvoll beschossen werden kann. Umgekehrt ist die gezielte Provokation auf der Ebene der emotionalen Beziehungen eine wichtige, taktische Maßnahme in der dialektischen Rabulistik. Aber es ist eben leicht gesagt: »Provozieren Sie andere!« und

schwer getan, wenn es heißt: »Lassen Sie sich nicht provozieren!« Im Leben eines jeden Menschen gibt es Bereiche, die empfindlich und daher emotional angreifbar sind, man muß sie nur entdecken. **Da die gezielte Provokation und die Beleidigung eine gemeinsame Grenze haben, sind dialektische Rabulisten, die mit diesen Maßnahmen arbeiten, »Grenzgänger«, und diese Grenze wird leicht überschritten.** Zumindest glaubt man, daß die Grenze der erkannten Provokation, auf die man noch ruhig reagierte, längst vom Gegner überschritten sei und seine jetzigen Ausführungen zweifellos als »Beleidigung« aufgefaßt werden könnten. Man regt sich auf, reagiert empört und verliert eine wesentliche Kontrolle: nämlich die über die eigenen Emotionen. Vielleicht wollte der Gegner gerade DAS erreichen ...!
Maßnahmen, so spektakulär sie auch sein mögen und so sehr es »juckt, sie anzuwenden«, dürfen für einen überzeugten Rabulisten keinesfalls Selbstzweck, sondern nur ein Vehikel sein, das angestrebte Ziel zu erreichen. Alle im weiteren dargestellten Maßnahmen sollten nur auf ihre Zweckmäßigkeit hin betrachtet werden, nicht auf ihren spektakulären Charakter.

## A. SCHEINBAR NEUTRALE VERHALTENSSTRATEGIE

Durch den Einsatz entsprechender Maßnahmen geht es bei dieser Strategie darum, bei Disputanten den Eindruck zu erzeugen, daß man zum Streitfall eine neutrale Position einnimmt. Der Grund ist einfach: Es soll mit den Maßnahmen zu dieser Strategie eine »Richterrolle« angestrebt werden, die letztlich dazu führt, »Recht« zu sprechen. Besonders geeignet ist diese Strategie dann, wenn mehrere Beteiligte anwesend sind, bzw. dann, wenn z. B. private Dienststellung oder öffentliche Ämter den Rabulisten in den Möglichkeiten, mit Emotionen und direktem Widerspruch zu arbeiten, einschränken oder der sachlich-neutrale Eindruck aus bestimmten Gründen gewünscht wird, weil z. B. eine positive Verhaltensstrategie als »durchsichtiges Manöver« entlarvt werden könnte. Im Grunde geht es bei dieser Strategie darum, nur mit den Maßnahmen zu arbeiten, die nicht im Verdacht stehen, den Sachverhalt positiv oder negativ darzustellen. Die Einhaltung dieser Strategie wird um so schwieriger, je privater der Disput ist. Je mehr sich der Streitfall auf den Arbeitsbereich, politische, gesellschaftliche oder soziale Interessen bezieht, um so einfacher ist es, neutrales Verhalten konzeptionell festzuschreiben.

**A.1 Erklärungstaktik – oder: den Gegner »kommen lassen«**
Hierbei geht es darum, den Sachverhalt nochmals vom Gegner erklären zu lassen. Ein weiterer Grund ist, nicht als erster ein Statement oder eine Kommentierung abzugeben, da gerade die Erstdarstellung den Widerspruch des Gegners hervorruft. Es ist wichtig, herauszufinden, ob es Argumente, Forderungen oder neue Sachverhalte gibt, die man noch nicht kennt. Es muß gecheckt werden, bei welchen Fragen der Streitfall beginnt und wo er möglicherweise endet. Wer zuerst redet, erfährt dieses nicht. Diese Taktik hat eine bedeutende psychologische Komponente – sowohl für den Gegner wie auch für den Betreffenden selbst, darum ist das Argument »Ich weiß ja, was der Gegner sagen will« nicht stichhaltig. Der Rabulist selbst zwingt sich nämlich bereits zu Beginn zu einer Disziplin, die im weiteren Verlauf für andere Taktiken vermutlich noch viel wichtiger wird. Dem Gegner wiederum wird ein sehr defensives Verhalten des Rabulisten glauben gemacht. Er erlangt möglicherweise die Überzeugung der »eigenen Sicherheit« – eben das soll er auch. Er soll sich völlig sicher fühlen ... und reden! Es versteht sich von selbst, daß die Darstellung des Gegners mit einer ebenfalls »neutralen« Kinesik aufgenommen wird. Empörte Mimik, Gestik und Körperhaltung während der gegnerischen Darstellung verraten die eigene Absicht. An dieser Stelle muß auf die Darstellungen des Kapitels 2 hingewiesen werden. Unter anderem wurde dort gesagt: Der größte Feind der dialektischen Rabulistik ist die Analyse. Nun wird sicher begreiflich, daß durch die gegnerischen Erstausführungen die Analyse bei dem Rabulisten und nicht etwa beim Gegner stattfinden soll.
Es ist natürlich wichtig, daß man sich auf eine entsprechende Aufforderung zur Darstellung vorbereiten muß. Diese könnte in etwa wie folgt lauten:
*»Herr Schneider, wir haben jetzt beide die Möglichkeit, die Verhandlungen aufzunehmen/die Streitpunkte darzustellen/die Forderung abzuwägen usw. Ich wäre Ihnen dankbar/es wäre sinnvoll, wenn Sie noch einmal den Sachverhalt, so wie Sie ihn sehen, darlegen. Wir hätten dann die Möglichkeit zu verhandeln.«*

Die Vorgehensweise, andere zunächst einen Sachverhalt erläutern zu lassen, ist aber nicht neu. Es kann daher geschehen, daß der Gegner antwortet:
*»Herr Müller, wir wollen hier nicht durch Reden Zeit verlieren. Die Streitpunkte sind ausführlich sowohl mündlich wie auch schriftlich erläutert worden. Kommen wir zur Sache. Zahlen Sie, oder sehen wir uns vor Gericht?«*
Der Rabulist wird daraufhin seine Taktik modifizieren, aber nicht verwerfen. Es wird ihm weiterhin darum gehen, nicht als erster den gesamten Sachverhalt darzustellen. Er weicht etwas zurück, greift sich ein Detail heraus, welches nicht der Streitpunkt ist, erläutert dieses kurz und geht dann zur Fragetechnik über.
*»In Ordnung, Herr Schneider, das ist eine klare Aufforderung, und ich bin einverstanden. Auch Sie kennen meine Forderung, die anders ist als Ihre. Nehmen wir zum Beispiel einmal die verspätete Lieferung vom 8.7. des Jahrs. Wir haben damals entsprechende schriftliche Aufforderungen an Ihre Versandabteilung geschickt – aber nichts geschah. Welche Gründe gibt es denn, Herr Schneider, daß damals nicht reagiert wurde?«*
Herr Schneider wird jetzt antworten – vermutlich etwas ungehalten, weil dieser Punkt mit Sicherheit schon diskutiert wurde. Der Rabulist weiß das selbstverständlich und hat weitere Fragen vorbereitet (auch »Korkenziehermethode« genannt). *»Herr Schneider, diese Auffassung ist ja nicht neu. Welche Möglichkeiten sehen Sie denn, zumindest diesen Punkt aus der Welt zu schaffen?«* (Dieser Punkt läßt sich natürlich nicht als Einzelpunkt aus der Welt schaffen, sondern nur im Rahmen der Gesamtlösung. Die Taktik des Rabulisten bleibt bestehen: den Gegner zum Reden bringen.)
Stets wichtig: Gelassenheit bewahren, auch wenn der Gegner durch verächtlichmachende Mimik, scheinbar hilflose Gestik, unhöfliche oder provozierende Bemerkungen den Darstellungsprozeß verkürzen will.
In Zweierdiskussionen hat es sich bewährt, daß der Rabulist deutlich sichtbar für den Gegner die Streitpunkte aufschreibt. Man wird feststellen, daß viele dabei vom Redeschwall abweichen und in Diktierstil verfallen, so als sollte sich der Rabulist alles genau aufschreiben. In Gruppenverhandlungen kann diese Methode via Flip-chart durch den Rabulisten angewendet werden, der damit

gleichzeitig versucht, in die Rolle eines Moderators zu schlüpfen – die wichtigste Stufe zur Erlangung der »Richterrolle«. Das funktioniert natürlich nur dann, wenn der Rabulist noch einen Kollegen dabei hat, der die eigenen Streitpunkte vertritt. Besondere Wirksamkeit entsteht dann, wenn es sich um ein »eingespieltes Team« handelt, welches das »Gut-und-Böse-Spiel« durchführt. Der Kollege spielt mit harten Forderungen den »Bösen«, und der Rabulist, der die Richterrolle anstrebt, spielt den »Guten«, der stets beschwichtigend auf seinen eigenen Kollegen einwirkt und oftmals sogar den Eindruck erweckt, als gehöre er zum gegnerischen Verhandlungsteam. Am Schluß wird er »Recht« sprechen – durch einen sogenannten »Kompromißvorschlag«, der kaum als Kompromiß angesehen werden kann, weil er die eigene Verhandlungsposition darstellt – mit einigen eher unwichtigen Schönheitskorrekturen durch den Gegner.
In den meisten Fällen gelingt es jedoch dem Rabulisten, den Gegner dazu zu bringen, den Sachverhalt nochmals darzustellen – aus der gegnerischen Sicht. Es ist auch hierbei von größter Wichtigkeit, daß die dargestellten Streitpunkte notiert werden – nicht nur optisch sichtbar für den Gegner, sondern auch für den Rabulisten selbst. Letztlich muß er an sein Ziel denken – recht zu behalten. Das bedeutet, daß mit weiteren taktischen Maßnahmen die »neutrale Strategie« eingehalten werden muß. Liegen also alle Streitpunkte auf dem Verhandlungstisch, so ist es Sache des Rabulisten, nun Stellung zu nehmen. Das kann z. B. die Darstellung der Streitpunkte in Form der »unfairen Stufenregel« und anderer Gesprächstechniken sein (siehe Kapitel 2.1.1.1 Gesprächstechniken).
Im Rahmen der »scheinbar neutralen Verhaltensstrategie« ist es manchmal erforderlich, den Gegner »weiter herauszulocken«, um noch mehr Detailinformationen zu erhalten. Hierzu ist es sinnvoll, mit erprobten Methoden der Psychotherapie zu arbeiten. Der Zweck dieser Methoden ist es, den Gegner zum Weiterreden zu veranlassen, ihm zu signalisieren, daß wir »ihn ernst nehmen« und seine »Gefühle akzeptieren«.

**Stimuli:**

Während der Gegner den Sachverhalt aus seiner Sicht vorträgt, gibt ihm der Rabulist nach einigen Redeabschnitten einen Stimulus, wie z. B. »hm«, »o ja«, »tatsächlich« usw., wobei dieser Stimulus erst nach ca. zwei Sekunden gegeben werden soll, nachdem der Gegner einen Satz, ein Thema, einen Vorwurf, eine Forderung vorgetragen hat. Ein solcher Stimulus kann vor allem mimisch unterstützt werden, wobei die Mimik und eventuelle Gestiken zu der Absicht passen und mit den Stimuli »gleichgeschaltet« werden müssen.

**Verbale Reflexion:**
Hierunter ist zu verstehen, daß man die Auffassung des Gegners an geeigneter Stelle durch seine eigenen Worte wiederholt, um Vorbehalte, Ängste, Abneigungen, Bedenken usw. des Gegners auszudrücken, die bei ihm unterschwellig vorhanden sind und von ihm nicht ausgesprochen werden (kontrollierter Dialog). Es ist bei dieser Vorgehensweise wichtig, daß die Auffassung des Gegners inhaltlich möglichst genau mit eigenen Worten wiedergegeben wird, wobei auch hier die Kinesik eine unterstützende oder »verräterische« Rolle spielen kann.
Folgende Satzanfänge haben sich als brauchbar erwiesen:
*»Wenn ich Sie recht verstanden haben, sind Sie der Meinung, daß ...!«*
*»Sie befürchten, daß ...!«*
*»Habe ich Ihre Auffassung recht verstanden, daß ...!«*
*»Sie sind mißtrauisch, weil ...!« usw.*

**A.2 Fragetechniken einsetzen – Fragestellungen beanstanden**
Es wird kaum ein Gespräch geben, in dem keine Fragen gestellt werden. Wer fragt, führt ein Gespräch. Doch es müssen die »richtigen« Fragen sein. Falsche Fragestellungen führen zu Mißverständnissen, siehe hierzu auch Kapitel 2.1.1.2 Figurative Meanings.
Es gibt eine Vielzahl von Fragetechniken – insbesondere wenn zwei Fragearten zu einer Fragetechnik zusammengezogen werden. Die zehn wichtigsten Fragetechniken sind wie folgt:

**1. Geschlossene Frage**
Der Partner kann nur mit »Ja« oder »Nein« antworten.
*Beispiel:* »Gefällt Ihnen dieser Artikel?«

**2. Offene Frage**
Der Partner kann meistens nicht mit »Ja« oder »Nein« antworten.
*Beispiel:* »Warum gefällt Ihnen dieser Artikel?«

**3. Alternativfrage**
Partner hat nur die Wahl zwischen zwei (positiven) Möglichkeiten.
*Beispiel:* »Wollen Sie Produkt A oder B ordern?«

**4. Motivierungsfrage**
Regt den Partner an, sich zu »öffnen«.
*Beispiel:* »Was sagen Sie als Fachmann dazu?«

**5. Provokatorische Frage**
Zwingt den Partner zur negativen Motivierung.
(Vorsicht geboten!)
*Beispiel:* »Können Sie als Fachmann das nicht?«

**6. Suggestivfrage**
Dient zur Manipulation des Partners.
Soll möglichst *nicht* verwendet werden.
*Beispiel:* »Sie wollen doch sicherlich auch ein problemloses Produkt?«

**7. Gegenfrage**
Schafft Zeit zum Nachdenken; zwingt meist den Partner, seine Fragestellung zu ändern (nicht immer geeignet!).
*Beispiel:* »Haben Sie eine Erklärung für Ihre Frage?«

**8. Fangfrage**
Indirekte Frage zum Ermitteln eines Sachverhaltes, der nicht direkt erfragt werden kann oder soll.
*Beispiel:* Sie wollen wissen, ob der Kunde ein Auto hat, und fragen: »Wo parken Sie denn immer Ihren Wagen?«
Vorsicht! Wenn eine Fangfrage erkannt wird, kann das auf Ablehnung stoßen.

**9. Ja-Fragen-Kette**
Partner soll durch mehrere geschlossene Fragen, die nur mit »Ja« beantwortet werden können, auch die Schlußfrage mit »Ja« beantworten.
*Beispiel:* »Finden Sie, daß Holz ein natürlicher Werkstoff ist (»Ja«), daß Holz dauerhaft und beständig ist (»Ja«), daß Holz warm und freundlich ist (»Ja«) und sich daher für den Treppenbau besonders gut eignet?« (»Ja«).

**10. Rhetorische Frage**
Diese Frage beinhaltet meistens schon die Antwort. Vorsicht ist geboten!
*Beispiel:* »Haben Sie schon einmal etwas von Mercedes gehört?«

Um ein Gespräch lebendig zu erhalten, sollte man möglichst mit »offenen Fragen« arbeiten, oder anders ausgedrückt: **Alle Fragen, die mit einem »W« beginnen, sind offene Fragen,** z. B.: **wer, wo, was, warum, wieso, weshalb, woher, wodurch, womit etc.** Auf diese Fragen kann man meistens nicht mit »Ja« oder »Nein« antworten, sondern muß Erläuterungen geben.
In zumeist politischen Diskussionen und Interviews ist die Methode, die Fragestellung zu beanstanden, äußerst beliebt. Zunächst ist es keine Kunst für den z. B. Interviewten, zur gestellten Frage gedanklich blitzschnell eine alternative Frage aufzustellen, die allerdings in der Beantwortung vom Kern der Sache wegführt – was beabsichtigt wird. Wichtig ist für den Rabulisten aber auch die Vernebelungstaktik in dem Moment, wo die Umformulierung

angekündigt wird, denn niemand weiß genau, »wohin die Reise geht«. Zudem entsteht sehr häufig eine Peinlichkeit für den Interviewer, weil scheinbar zum Ausdruck kommt, daß er keine korrekten und präzisen Fragen stellen kann – unterschwellig bedeutet das: Du verstehst das Problem nicht, du hast dich nicht vorbereitet, du solltest dieses Feld den wirklichen Profis überlassen usw.
Mit folgenden Formulierungen kann man die Fragestellung des Gegners »in Frage stellen:«
*»Zunächst bleibt einmal dahingestellt, ob das die Kernfrage ist …!«*
*»Die Frage muß doch anders gestellt werden …!«*
*»Ich glaube, die Frage stellt sich nicht (oder anders) …!«*
*»Wir müssen die Frage präzisieren. Es muß doch heißen …!« usw.*
Es geht für den Rabulisten bei dieser Technik darum, daß er die Problemstellung auf ein ihm genehmes Gleis lenkt und Lösungsvorschläge bzw. Antworten machen kann, die er bereits als Zielvorstellung festgelegt hat.
Da diese Form der Fragebeanstandung durch Politiker-Interviews weitgehend bekannt ist, muß damit gerechnet werden, daß auch der Gegner damit arbeitet. Damit der Rabulist nicht die Initiative verliert, muß er diese Methode abwehren:
*»Bitte beantworten Sie zunächst meine Frage!«*
*»Was hindert Sie denn nun wirklich daran, meine präzise gestellte Frage zu beantworten?«*
*»Auch das ist sicherlich eine interessante Frage, die wir im Anschluß beantworten können, sofern das nach Beantwortung meiner Frage noch erforderlich ist!«*
*»Nochmals, Herr Kollege, meine konkrete und klare Frage lautete …!«*
*»Pardon, aber Ihre Fragestellung führt uns nicht weiter. Meine Frage lautete …!«*

**A.3 Zerlegen – Analysieren – Relativieren**

Diese Taktik geht von der Umkehrung des Grundsatzes aus, daß das Ganze oftmals mehr ist als die Summe seiner Teile. Der Rabulist weiß aber: Wenn das Ganze sich aus der Summe aller Teile zusammensetzt, aber die additive Verknüpfung der Teile eben weniger als das Ganze ist, dann muß es darauf ankommen, das Ganze zu zerlegen und zu zergliedern. Dieser Taktik bedienen sich mit

Vorliebe Juristen, die z. B. die Tat eines Angeklagten relativieren wollen, um so das Strafmaß zu beeinflussen. Wer einen anderen Menschen vorsätzlich umbringt, ist ein Mörder und hat die ganze Strafe des Gesetzes zu erwarten. Wenn der Sachverhalt so klar liegt, ist er einfach zu begreifen, und das Strafmaß findet auch in der breiten Öffentlichkeit Zustimmung. Der Mord an sich soll hier beispielhaft als das »Ganze« angesehen werden. Doch irgendwie muß der Mörder ja dazu gekommen sein, den anderen Menschen (vorsätzlich) zu töten, es muß Gründe geben, Entwicklungen, Begebenheiten, Herkunftsfragen usw. – das soll hier als »Teile« bezeichnet werden. Nun kann man alle analysierten Faktoren, alle Teile zusammenfügen, addieren – es muß nicht zwangsläufig ein Mord dabei herauskommen. Andere Menschen haben möglicherweise noch ungünstigere Entwicklungen durchgemacht und im Gegenteil sich und andere prächtig vermehrt.
Der Jurist, z. B. der Strafverteidiger, geht nun daran, das Leben des Angeklagten in alle Einzelheiten zu zerlegen und zu zergliedern. Die Teile, die ihm angemessen und ergiebig erscheinen, werden analysiert – nach seiner Version. Die Ergebnisse einer Analyse lassen sich nun vortrefflich mit Ergebnissen aus anderen Bereichen bzw. Fällen vergleichen und … relativieren. So gibt es keinen Aspekt des menschlichen Lebens und seiner Entwicklung, zu der nicht eine geistes-, medizin- oder naturwissenschaftliche Abhandlung vorläge – und wer will sich schon mit der Wissenschaft anlegen? Sicher nicht die breite Öffentlichkeit, die mittlerweile das Interesse an dem Fall verloren hat, weil der offensichtlich klare Sachverhalt durch Gutachten, Sachverständige, Analysen, Mehrdeutigkeiten usw. verkompliziert und verschleppt wurde. Und auch das Gericht kann nicht ohne weiteres »nur den Mord« verurteilen, denn wir leben in einem Rechtsstaat, in dem auch Mörder das Recht zur Verteidigung haben. Und oft genug erfuhr eine ungläubige Öffentlichkeit, daß das Gericht den Mörder, dessen Tat doch vorher ganz klar war, freigesprochen oder ein so geringes Strafmaß ausgesprochen hat, welches einem Freispruch nahekommt.
Die Taktik des Zergliederns findet sich in Diskussionen, die einen spektakulären Streitpunkt behandeln, ebenso wie z.B. auch in wissenschaftlichen Streitgesprächen. In den meisten Fällen geht darum auch die klare Linie verloren, die Disputanten vertiefen

sich ins Detail, es entstehen Nebenkriegsschauplätze, und oftmals wird das Thema »zerredet«. Wenn der Rabulist der Initiator war, hat er glänzend gehandelt, denn nun kann er aufgrund der Meinungsvielfalt nachweisen, daß die Erstforderung zum »Ganzen« unberechtigt war. Verbindliche Antworten auf klare Fragen an den Rabulisten zur Entscheidung kann dieser stets dadurch umgehen, daß *»jedes Ding zwei Seiten hat«* – und *»Herr Meier, wo ist die andere Seite?«* Antwortet in einer Diskussion jemand mit der Bemerkung: *»Das kommt darauf an!«,* so ist zu vermuten, daß dieser sich um eine klare Antwort herumdrücken will. Natürlich gibt es Sachverhalte, die ohne Eingrenzung z. B. durch die Bemerkung nicht zu beantworten sind. Aber in den meisten Fällen werden Fragen so eindeutig gestellt, daß diese Einschränkung nicht notwendig ist. Darüber hinaus kann man sich mit den beiden Antworttypen *»sowohl als auch«* und *»weder das eine noch das andere«* Redefreiräume schaffen, um ein »Entweder-Oder« zu verhindern. Im ersten Antworttyp (»sowohl als auch«) geht es darum, zwei Gegensätze zu verbinden, zwischen denen man sich entscheiden soll: *»Wollen Sie nun Geld verdienen oder lieber Ihre Freizeit genießen?«* Im zweiten Antworttyp (»weder das eine noch das andere«) geht es darum, sich nicht durch zwei Gegensätze festlegen zu lassen: *»Wollen Sie unseren Staat mit seinen Einschränkungen oder den uneingeschränkten Sozialismus?«*

Zum weiteren Verlauf des Disputes kann der Rabulist nun Gesprächstechniken verwenden, die in Kapitel 2.1.1.1 beschrieben wurden, wie insbesondere Punkt f) »rabulistische Redefiguren«. Entscheidend ist in jedem Fall, daß der Streitkomplex als Ganzes zergliedert, analysiert und relativiert wird. Hat der Gegner allerdings die Zergliederung ermöglicht, so muß der Rabulist permanent an das »Ganze« erinnern – ob es in den Diskussionsverlauf paßt oder nicht. Wer politische Fernsehdiskussionen beobachtet, wird festgestellt haben, daß jede noch so rhetorisch glänzend vorgetragene Zergliederung ihre Wirkung verliert, wenn es einen Disputanten gibt, der permanent an das Thema, an den Ausgangspunkt, an den eigentlichen Streitpunkt erinnert. Daß er aus seiner Sicht »auf dem richtigen Weg« ist, merkt er daran, daß diejenigen, die zergliedern, seine stetige Aufforderung zur Rückkehr zum Ausgangspunkt meist sehr ärgerlich kommentieren oder sich über ihn

lustig machen, weil er *»geistig dem Diskussionsverlauf wohl nicht folgen kann«* usw.
Ein aufrechter Rabulist übersteht solche Kleinigkeiten ohne Schaden und Kratzer.

## B. UNBERECHENBARE NEGATIVE VERHALTENSSTRATEGIE

Diese Strategie – bzw. ihre Maßnahmen – entspricht der Erwartungshaltung, die man von einem dialektischen Rabulisten hat. Sie ist auch mit Abstand die spektakulärste Form der Rabulistik, aber nicht immer die eleganteste oder gar erfolgreichste. Ein Gegner, der durch den direkten Widerspruch gereizt wird, wehrt sich – wenn es ein »Gegner« ist (ansonsten benötigt man keine dialektische Rabulistik). Bei dieser Strategie werden insbesondere alle Formen der Logik, so wie sie in Kapitel 2.3 erläutert wurden, eingesetzt.
Ein Rabulist muß stets unberechenbar bleiben – sonst ist er kein Rabulist. Darum ist eine negative Verhaltensstrategie auch selten die einzige Strategie, mit der ein Rabulist arbeitet. Es kommt darauf an, diese Strategie entweder zur Täuschung, zur Überrumpelung oder aus taktischen Gründen einzusetzen. Solche taktischen Gründe könnten z. B. psychologische Gründe sein, die den Einsatz veranlassen: Erfüllung einer Erwartungshaltung, um vom eigentlichen Weg abzulenken; den Gegner auf eine »falsche Fährte« zu locken, weil das eigentliche Kampffeld die z. B. positive Verhaltensstrategie ist.

### B.1 Tatsachenbestreitung – Verneinung – Gegenteil

Wer als Nicht-Jurist einen Brief vom gegnerischen Anwalt bekommt, wundert sich oft über den ersten Satz. Darin werden meist die »doch so klaren Tatsachen« rundweg bestritten. Eine mögliche, ärgerliche Reaktion: *»Das werde ich dem aber beweisen!«* ist genau das, was der gegnerische Anwalt beabsichtigte: Nun trägt der Kläger die volle Beweislast. Und da bekanntlich kein Gericht verurteilt, was nicht bewiesen wurde, kann's spannend werden. Doch selbst wenn es dem Kläger gelingt, einen Sachverhalt XY zu beweisen, so findet ein cleverer Anwalt in manchem Beweis eine Schwachstelle, ein Haar in der Suppe. Diese Schwachstelle kann

z. B. eine widersprüchliche Zeugenaussage, ein verlorengegangenes Dokument, eine nicht rechtsgültig erstellte Unterlage usw. sein. Aus dieser »Schwachstelle« wird dann für den gegnerischen Anwalt der »stärkste Punkt«, denn nun kann er seine Verteidigung aufbauen. Vermutlich wird er nun mit der induktiven Vorgehensweise aus der Logik operieren, d. h. von einem Teil auf die Gesamtheit schließen (vgl. Kapitel 2.3.1.2 Induktion), indem der Gesamtvorwurf der Klageschrift in Frage gestellt wird. Ob dieses gelingt, ist vom Einzelfall abhängig. Doch eines gelingt sehr häufig: das Aussenden von Zweifeln über den »eindeutigen Beweis« des Klägers. Für einen echten »Profi« ist das aber nur der Anfang, denn wenn es dem Anwalt gelingt, eine induktive Schlußfolgerung zu ziehen, so kann er nun mit Hilfe der Analogie (vgl. Kapitel 2.3.1.3) den wichtigsten Schritt zur Zerstörung der Klägerstrategie einleiten. Die Verwendung von ähnlichen Fällen, von Autoritäten, Kommentaren, Zitaten, Aphorismen usw. lenkt dann von einem wesentlichen Punkt ab: dem Einsatz von Zirkelschlüssen (Kap. 2.3.1.3). Da in jedem Beweisverfahren die Logik eine wichtige Rolle spielt, kann diese nun dazu verwendet werden, entweder die bewußt falschen Schlüsse oder die Schlüsse zu ziehen, die als »Gegenbeweis« bzw. Beweis des Gegenteils gewünscht werden und entsprechende Konsequenzen aufzeigen. Im Kapitel 2.3.2 »Die Fesseln der Logik« wurde diese Vorgehensweise mit dem Pro und Contra zur Besetzung eines Hauses erläutert.
In seinen »Stratagemata« beschreibt *A. Schopenhauer* dieses im »Kunstgriff 23« so:
*»Die Konsequenzmacherei! Also: Durch falsche Forderungen und Verdrehungen der Begriffe aus den Ausführungen unseres Gegners sagen wir etwas, was gar nicht seine Meinung ist. Wir erreichen dadurch, daß seine Ausführungen sich selbst oder anerkannten Wahrheiten widersprechen. Unsere Taktik wird dann als indirekte Widerlegung gewertet. Das ist das Manöver der Überrumpelung.«*
Der »Kunstgriff 24« ist ebenfalls »Mitglied dieser Kategorie«, jedoch wird hier der deduktive Beweis beschrieben:
*»Die Apagoge (Folgerung aus der Unrichtigkeit des Gegensatzes) durch eine Instanz. Man braucht nur einen einzigen Fall aufzuzeigen, zu dem der Satz nicht paßt, und derselbe ist umgeworfen. Diesen einzigen Fall nennt man Instanz. Z. B. der Satz: ›Alle Wieder-*

*käuer sind gehörnt‹, wird umgestoßen durch die einzige Instanz der Kamele. Dabei können Täuschungsmanöver versucht werden. Man achte deshalb darauf:*
*a) ob das Beispiel auch wirklich wahr ist; b) ob es auch wirklich unter den Begriff der aufgestellten Wahrheit gehört; das gilt oft nur scheinbar und ist dann nur durch eine scharfe Unterscheidung zu widerlegen; c) ob es auch wirklich in Widerspruch steht mit der aufgestellten Wahrheit; auch dies ist oft nur scheinbar.«*
Die meisten der *Schopenhauer*schen 38 »Kunstgriffe« enthalten Elemente der induktiven oder deduktiven Logik sowie der entsprechenden Schlußfolgerung. In seinem »Kunstgriff 19« z. B. heißt es:
*»Wenn wir dem Gegner die Vordersätze abgefragt haben und er sie zugegeben hat, müssen wir selbst den Schluß daraus ziehen. Auch wenn einige Vordersätze noch nicht zugegeben sind, nehmen wir es doch an und ziehen einfach die Schlußfolgerung.«* Damit dieses auch technisch gelingt, müssen die rhetorischen Elemente, die in Kapitel 2.1.1 »Rabulistische Elemente der Rhetorik« aufgezählt sind, verwendet werden, z. B. »unfaire Stufenregel«, »Pausentechnik« usw.
Im »Kunstgriff 29« wird eine Technik beschrieben, die sowohl als raffinierte Weiterführung einer falschen Schlußfolgerung wie auch dann verwendet werden kann, wenn die falsche Schlußfolgerung nicht gelingt:
*»Merkt man, daß man geschlagen wird, so macht man eine Diversion (1): d. h. fängt mit einem Male von etwas ganz anderem an, als gehörte es zur Sache und wäre ein Argument gegen den Gegner. Dies geschieht mit einiger Bescheidenheit, wenn die Diversion doch noch überhaupt das ›thema quaestionis‹ betrifft; unverschämt, wenn es bloß den Gegner angeht und gar nicht von der Sache redet.*
*Z. B. Ich lobte, daß in China kein Geburtsadel sei und die Aemter nur in Folge von ›Examina‹ ertheilt werden. Mein Gegner behauptete, daß Gelehrsamkeit eben so wenig als Vorzüge der Geburt (von denen er etwas hielt) zu Aemtern fähig machte. – Nun gieng es für ihn schief. Sogleich machte er die Diversion, daß in China alle Stände mit der Bastonade (2) gestraft werden, welches er mit dem vielen Theetrinken in Verbindung brachte und beides den Chinesen zum Vorwurf machte. – Wer nun gleich auf alles sich einließe, würde*

*sich dadurch haben ableiten lassen und den schon errungenen Sieg aus den Händen gelassen haben. Unverschämt ist die Diversion, wenn sie die Sache ›quaestionis‹ ganz und gar verläßt, und etwa anhebt: ›ja, und so behaupteten Sie neulich ebenfalls etc. –‹ Denn da gehört sie gewissermaaßen zum ›Persönlichwerden‹, davon in dem letzten Kunstgriff die Rede seyn wird. Sie ist genau genommen eine Mittelstufe zwischen dem daselbst zu erörternden ›argumentum ad personam‹ und dem ›argumentum ad hominem‹. – Wie sehr gleichsam angeboren dieser Kunstgriff sei, zeigt jeder Zank zwischen gemeinen Leuten: wenn nämlich Einer dem Andern persönliche Vorwürfe macht; so antwortet dieser nicht etwa durch Widerlegung derselben; sondern durch persönliche Vorwürfe, die er dem Ersten macht, die ihm selbst gemachten stehn lassend, also gleichsam zugebend. Er macht es wie Scipio (3) der die Karthager nicht in Italien sondern in Afrika angriff. Im Kriege mag solche Diversion zu Zeiten taugen. Im Zanken ist sie schlecht, weil man die empfangnen Vorwürfe stehn läßt, und der Zuhörer alles Schlechte von beiden Partheien erfährt. Im Disputiren ist sie ›faute de mieux‹ (4) gebräuchlich.«*

Das Ablenken vom Thema durch einen »Angriff von der Seite« (Diversion) kann – wie gesagt – einerseits eine notwendige Vorgehensweise dann sein, wenn der Gegner die Taktik der falschen Schlußfolgerung erkannt hat, oder andererseits kann diese Methode besonders raffiniert sein, wenn aus taktischen Gründen die gezogenen Schlußfolgerungen erst einmal unwidersprochen im Raum stehenbleiben sollen, um z. B. dem verdutzten und überrumpelten Gegner die Möglichkeit zu geben, »das Gesicht zu wahren«, oder um ihn durch die nächste Attacke wahrhaft »sturmreif zu schießen«. Der Zweck besteht einfach darin, den Gegner nicht zum »Luftholen« kommen zu lassen, ihn wegzuführen von allen Chan-

(1) Ablenkung, Angriff von der Seite.

(2) Bis ins 19. Jhdt. im Orient übliche Prügelstrafe, besonders durch Stock- oder Riemenschläge auf die Fußsohlen.

(3) Publius Cornelius Scipio Africanus d. Ä., * um 235, † 184, röm. Feldherr, Staatsmann und Konsul; vertrieb 210 bis 206 die Karthager aus Spanien, landete 204 in Afrika und schlug 202 Hannibal bei Zama.

(4) In Ermangelung eines Besseren.

cen, eine Analyse durchzuführen. Der Gegner muß gedanklich dazu »von einer Ecke in die andere geprügelt« werden, weil man mittels eines bekannten psychologischen Grundsatzes erreichen will, daß der Gegner nur die Ergebnisse, nicht aber den Weg oder die Methode in Erinnerung behält. Dieser psychologische Grundsatz besagt, daß ein Mensch das, was er zuletzt hört, am besten behält. Darum faßt man die wichtigsten Punkte eines Gesprächs zum Schluß auch noch einmal zusammen. Könnten wir speichern wie ein Computer, wäre das nicht erforderlich. Aus der Vorgehensweise »von einer Ecke in die andere prügeln« wird deutlich, daß der dialektische Rabulist immer im Rahmen eines strategischen Konzeptes denkt. Hat er eine Attacke beendet, so ist seine neue bereits eingeleitet. Überläßt er den Gesprächsverlauf dem Zufall, so entstehen Pausen, Gegenangriffe und u. U. analytische Denkansätze des Gegners. Er vergibt somit die Chance der totalen Überrumpelung.
Natürlich weiß jeder Rabulist, daß sein »Gegner« (wir sprechen hier nur von wahren »Gegnern«, nicht von »leichter Kost«) die gleichen Strategien und Taktiken anwenden kann. Ein Panzer ist nur so lange sicher, wie ihm nicht ein anderer oder eine Kanone »begegnet«. Viele rabulistische Methoden sind darauf angelegt, den Gegner durch den Aufbau von logischen Obersätzen und entsprechenden Schlußfolgerungen in die Ecke zu treiben, die »Zustimmung« bedeutet, oder zumindest, ihn zu Teilzustimmungen zu bewegen. Bestätigt er auch nur einen Teil, so ist es meist möglich, diesen Teil in Taktiken einzubauen, die darauf abzielen, aus der Teil- eine Gesamtzustimmung zu machen. Sei es, daß der Gegner dieses versucht oder ganz einfach nur den umstrittenen Sachverhalt bzw. Einzelpunkte darstellt, so ist die »Verneinung« eine ausgezeichnete Methode zur »Umdrehung des Spießes« oder zumindest zur Verunsicherung des Gegners, meistens aber auch zur (gewünschten) emotionalen Erregung. Wichtig ist hierbei, daß auch Kinesik, Mimik und Gestik einbezogen werden. Stellt also der Gegner den Sachverhalt dar, so bleibt der Rabulist völlig unbeweglich, gibt keinerlei Stimuli ab, zeigt eine starre Mimik und Gestik und wartet geduldig auf das Ende der gegnerischen Darstellung (kein Kopfschütteln, kein freundliches Lächeln etc., nur »Pokerface«). Danach sagt er ein bestimmtes, deutliches **»Nein«,** und be-

ginnt seinerseits mit der Darstellung aus seiner Sicht. Versierte Rabulisten bringen sogar die Variante fertig, daß sie während der gegnerischen Darstellung lächeln, offensichtlich zustimmend mit dem Kopf nicken, die Augenbrauen erstaunt hochziehen, auf das Ende der Darstellung warten, eine Pause von ca. zwei bis drei Sekunden machen, die Mimik verhärten und dann ein schneidendes **»Nein«** sagen.

Die Verneinung nahezu jeder Aussage ist nicht einfach. Dies setzt nämlich voraus, daß eine Alternative sofort benannt werden kann. Diese Methode ist aber wie kaum eine andere geeignet, den Gegner zu verunsichern, ihn wütend zu machen, ihn in eine Rechtfertigungsecke seiner Aussagen zu treiben. Grundsätzlich anderer Meinung zu sein ist keine leichte Sache, die zudem geübt sein will. Wer sich in dieser Technik üben will, sollte damit beginnen, die allgemeinen Floskeln wie *»Machen Sie mal ruhig!«* oder: *»Na ja, wenn Sie meinen!«* oder: *»In Ordnung!«* – so berechtigt sie auch sein mögen – umzukehren und zu sagen: *»Nein! Da gibt es bestimmt eine andere Lösung!«* Und in der Tat, es gibt keinen Bereich des menschlichen Lebens, in dem es nicht mindestens eine Alternative, eine Gegenposition gibt, die praktisch jeder von uns kennt. Es kommt nur darauf an, diese Gegenposition blitzschnell aus dem Gedächtnis abzurufen und sie dem Gegner als Alternative zu präsentieren. Ein gutes Hilfsmittel dazu ist die »Infragestellung«, d. h., man stellt die Meinung oder das Argument des Gegners nahezu grundsätzlich in Frage: *»Das ist noch die Frage, ob das stimmt, was Sie sagen …!«* oder: *»Kann man das tatsächlich, so wie Sie es tun, formulieren, oder ist es nicht besser, noch einmal darüber nachzudenken …!«* usw. Auch die bereits vorgestellte »Diversion« ist geeignet, einen Sachverhalt durch einen Ablenkungsangriff zu verneinen: *»Das ist zunächst Ihre Auffassung zum Sachverhalt XY. Lassen Sie uns aber einmal eine andere Sache aufgreifen, nämlich ZY, um Klarheit zu gewinnen!«*

Die Darstellung des Gegenteils kann aber nicht nur aus der Verneinung einer Position kommen. So gibt es mehrere Umkehr-Methoden, die je nach Streitgegenstand mehr oder weniger gut geeignet sind, das Gegenteil zu beweisen. **Bewährt hat sich die »Widerlegung ad absurdum«,** die allerdings bekannt ist, häufig angewendet wird und nicht immer zum Ziel führt, weil sie kurzlebig bzw. einseitig und durchsichtig ist. Die Taktik besteht darin, daß ein eigentlich vernünftiges Argument des Gegners so in das Extrem gesteigert wird, daß nur noch Unsinn dabei herauskommen kann. Dadurch soll das Grundargument des Gegners ad absurdum geführt werden und möglichst der Gegner lächerlich gemacht werden: *»Wenn man Ihrem Vorschlag folgt, Herr Kollege, jeglichen Kraftwerksbau trotz steigenden Energiebedarfs einzustellen, dann heißt das doch in letzter Konsequenz, daß die Lichter bald ausgehen und wir alle im Dunkeln sitzen, was geistig übrigens für Sie, Herr Kollege, ja nichts Neues wäre …!«* Eine andere, bereits in der Antike bekannte Methode **(retorsio argumenti)** besteht darin, **aus Vorteilen Nachteile zu machen.** Grundlage dieser Methode ist eine psychologische Erkenntnis, um die jeder weiß. Wem nicht zugehört wird, wer das Gefühl hat, daß man ihn nicht und auch seine Argumente nicht ernst nimmt, wer spürt, daß keinerlei Bereitschaft zum Kompromiß erkennbar ist, der wird auch kaum bereit sein, von seiner Argumentation zu lassen, seine Position aufzugeben oder dem Gegner entgegenzukommen. Im Gegenteil, vielmehr ist es nun so, daß »Druck« erzeugt wurde und man nun »gerade jetzt« und »jetzt erst recht« seinen Standpunkt durchzusetzen versucht. Die »Vorteil-Nachteil-Umkehrung« berücksichtigt diese psychologischen Wirkungen und »dreht den Spieß um«. Dem Gegner wird durch aktives Zuhören, kontrollierten Dialog und passende Ergänzungen zunächst das Gefühl und dann mehr und mehr die Sicherheit vermittelt, daß man seine Argumentation bisher so noch nicht betrachtet hat, daß von ihm wertvolle Hinweise geliefert wurden und daß man – überhaupt – in den Standpunkten gar nicht so weit auseinanderliegt, wie es zunächst den Anschein hatte, und *»gerade deswegen sollten wir …!«* usw.

Eine weitere Möglichkeit besteht darin, daß die Doppeldeutigkeit von Worten bzw. extreme Varianten oder die Sammel- bzw. Oberbegriffe zur Verdrehung des Streitpunktes eingesetzt werden können. Im »Kunstgriff 12« heißt es hierzu, daß z. B. der Name »Protestant« von den Evangelischen gewählt wird, bei den Katholischen heißt dieser »Ketzer«. Und umgekehrt kann der Protestant den Katholiken »erzkonservativ« oder »papstgläubig« schimpfen. Was der eine Frömmigkeit oder Gottseligkeit nennt, ist bei dem anderen Scheinheiligkeit oder Aberglaube. Der eine sagt »die

Geistlichkeit«, der andere »die Pfaffen«. Statt Glaubenseifer – Fanatismus, statt Fehltritt oder Galanterie – Ehebruch, statt Witze – Zoten, statt Unordnung – Bankrott und Pleite, statt Einfluß und Verbindung – Bestechung und Vetternwirtschaft, statt Müllkippe – Entsorgungspark, statt gezielter Todesschuß – finaler Rettungsschuß usw. (vgl. Kapitel 2.1.1.2 Figurative Meanings). Ebenso haben extreme Varianten und Sammelbegriffe meistens den Zweck, den Standpunkt des Gegners herabzusetzen, insbesondere dann, wenn mehrere Teilnehmer anwesend sind. In der politischen Rede ist diese Taktik nahezu alltäglich. Da gehören bestimmte Vorgehens- oder Denkweisen des Gegners dem Faschismus und dem Kapitalismus an, oder er ist ein Vertreter von Kommunismus, Opportunismus, Militarismus, Marxismus-Leninismus, Hitlerismus, ein »kalter Krieger«, »Rechts- oder Linksradikaler« usw. Die »Verpackung« dieser gezielten Verunglimpfung ist sehr unterschiedlich – je nach politischem Gegner und eigenen Wählern. Eine direkte Bezeichnung des Gegners mit diesen Begriffen wirkt meist plump und verdächtig. Wirksamer ist der »Einbau in eine Interpretation«. Das bedeutet, daß der Rabulist die **Auffassung des Gegners mit geeigneten Formulierungen »übersetzt«:**
*»Mit anderen Worten meinen Sie, daß …!«*
*»Damit wollen Sie doch zum Ausdruck bringen …!«*
*»Praktisch bedeutet das …!«*
Das »Ergebnis« dieser »Übersetzung« hat aber nur die sprachliche Überzeichnung bzw. Sammelbegriffe zum Zweck, denn diese sind angreifbar. Wendet der Gegner diese Techniken an, so muß der Rabulist sehr deutlich und unmißverständlich zur **Abwehr** übergehen:
*»Herr Kollege, das beeindruckt mich nicht. Ich fasse meine Gedanken nochmals zusammen. Erstens … usw.!«*
*»Sie haben hier etwas künstlich konstruiert, was nicht den Tatsachen entspricht. Fest steht lediglich, daß …!«*
*»Ihre übertriebenen Folgerungen entsprechen weder meiner Absicht, noch war in der Diskussion die Rede davon. Es geht ganz einfach um …!«*
*»Ihre Umkehrung war eindrucksvoll. Aber Sie vergessen, daß damit der Vorteil (bzw. Nachteil) an sich bestehen bleibt. Er existiert! Und was tun Sie – außer reden?«*

*»Was heißt hier … mit anderen Worten …? Ich drücke mich doch nicht mißverständlich aus!«*
*»Nein, Sie interpretieren mich falsch. Ich wollte zum Ausdruck bringen …!«*

**B.2 Verunsicherung – Verwirrung – Täuschung**

Um es vorweg zu sagen: Nur in seltenen Fällen sind die nachfolgenden taktischen Maßnahmen geeignet, das Ziel »auf alle Fälle recht behalten« zu erreichen. Das erscheint zunächst widersprüchlich, weil sie sehr spektakulär sind und für manche genau das sind, was man sich unter »dialektischer Rabulistik« vorstellt. In unseren Seminaren konnte festgestellt werden, daß der Beginn dieses Kapitels die Sitzhaltung einiger Teilnehmer sichtbar veränderte, nämlich von Bequemlichkeit in Anspannung. Und tatsächlich: Was vorgetragen, erläutert, gezeigt wurde, war so recht nach dem Geschmack vieler Zuhörer. Es entsprach der Erwartungshaltung. Etwas länger wurden einige Gesichter, als erläutert wurde, daß insbesondere die folgenden, unfairen Methoden meistens in eine »Sackgasse« führen, im einfachsten Fall argumentativ eine »Einbahnstraße« und im schlimmsten Fall oftmals ein »Schuß nach hinten« sein können. Der erfolgreiche dialektische Rabulist denkt und handelt nämlich – wie bereits mehrfach erläutert – »konzeptionell« und nicht »partiell«. Wenn die Methoden der Verunsicherung, Verwirrung, Täuschung, Widersprüche usw. allerdings Bestandteil einer Konzeption sind, dann sollten sie auch ebenso perfekt eingebracht werden wie andere Strategieteile mit ihren taktischen Maßnahmen. Wer sich in Verhandlungen z. B. jedoch ausschließlich dieser unfairen Methoden bedient, sollte sich zuvor im klaren sein, »wohin die Reise geht« – denn diese führt in aller Regel meist zum Abbruch der Verhandlung. Das kann allerdings ein Ziel sein – insbesondere dann, wenn der Rabulist die »schlechteren Karten« hat und somit die Zeit für ihn arbeitet. Wichtig ist, daß diese Methoden taktisch im Rahmen einer vorgegebenen Strategie eingesetzt werden können, die – je nach Streitgegenstand und Situation – die Unberechenbarkeit und Gefährlichkeit eines dialektischen Rabulisten (z. B. kurzzeitig) beweist. Zugegebenermaßen ist es aber auch da und dort »erfrischend«, diese Taktiken dort einzusetzen, wo es möglicherweise nur um das Image und

nicht etwa um konkrete Verhandlungsergebnisse geht. Jeder kennt diese Situationen, seien sie nun im Betrieb unter den Kollegen, im nachbarlichen Streit, in unwichtigen Verhandlungen, in Versammlungen des politischen Gegners, in der Familie usw. Ein Rabulist ist wie eine »Hydra« – jeder abgeschlagene Kopf wächst blitzschnell und gefährlicher nach. So sagt er z. B. nicht:
*»Ich bin nicht Ihrer Meinung«,*
sondern er sagt:
**»Bleiben Sie ruhig bei dieser Meinung. Für SIE ist die gut genug!«**
Ein »fairer Diskutant« antwortet auf den Einwand:
*»Da haben Sie sich wiederholt« –*
mit dem Hinweis:
*»Ich wollte das Problem für Sie dadurch nochmals klarstellen!«*
Der Rabulist aber antwortet:
**»Ich habe nur versucht, Ihrer bescheidenen Intelligenz Rechnung zu tragen. Seien Sie mir doch dankbar dafür!«**
Folgende Vorgehensweisen zur Taktik der Verwirrung, Verunsicherung und Täuschung lassen sich beschreiben:

**1. Verwirrung stiften**
Auch ein Rabulist weiß irgendwann mal nicht mehr weiter oder muß Zeit gewinnen. Die rabulistische Notbremse »Verwirrung stiften« wird wie folgt gezogen: Er unterschiebt dem Gegner Argumente und Meinungen, die dieser gar nicht gesagt hat, sondern andere Verhandlungspartner (z. B. der eigene Partner, und ein eigener Kollege kann dieses Spiel bestens mitspielen). In diesem Moment, wo der Gegner protestiert, verlangt er eine Klarstellung; und sein Kollege unterstützt ihn in seiner Auffassung, daß die Vielzahl der Argumente inhaltlich kaum noch zu überblicken sei, bzw. er unterstellt, daß es den anderen Teilnehmern sicher ebenso geht. *»Herr Meier«,* so der Rabulist an seinen Gegner, *»bitte entschuldigen Sie. Es geht mir ausschließlich um den Fortgang dieser Verhandlung, damit wir nicht auf der Stelle treten. Aber vielleicht geht es den anderen auch so, daß die Vielzahl der Meinungen und Auffassungen zu unserer Problematik kaum noch überblickt werden kann. Ich muß Sie bitten, an dieser Stelle einmal die Streitpunkte nochmals zusammenzufassen.«* Kein Zweifel – das wird der Gegner gerne tun. Doch in diese Zusammenfassung hakt der Rabulist wiederum ein,

indem er sowohl Reihenfolge wie auch Richtigkeit in Frage stellt und »sich fragt«, warum der Gegner so unseriös vorgeht. Je nach Verhandlungsziel könnte er eine entsprechende Frage stellen:
*»Meine Herren, es war meine Absicht, ein für alle Beteiligten positives Verhandlungsergebnis zu erzielen. Durch den Argumenten-Wirrwarr und die daraus entstandene Atmosphäre sehe ich dieses Ziel gefährdet. Ich schlage daher vor, die Verhandlung auf nächste Woche zu vertagen. Wäre Ihnen Montag um 14.00 Uhr oder Dienstag um 9.00 Uhr recht?«*

**2. Den Gegner zum Zorn reizen – und überrascht reagieren**
*Im »Kunstgriff 7« heißt es: »Den Gegner zum Zorn reizen, denn im Zorn ist er außerstande, richtig zu urteilen und seinen Vorteil wahrzunehmen. Man bringt ihn in Zorn dadurch, daß man unverhohlen ihm Unrecht tut und schikaniert und überhaupt unverschämt ist.«*
Dieser Kunstgriff wirkt dann aber besonders effektiv, wenn sich der Rabulist nach dieser unfairen Attacke entschuldigt. Zunächst einmal weiß er, daß Äußerungen auf der konfrontativen Beziehungsebene geeignet sind, den Gegner in Wut zu bringen:
*»Sie hören sich wohl gerne reden, wie?«* Oder:
*»Wissen Sie, Herr Kollege, Sie haben zwar eine schöne Stimme, aber was Vernünftiges hört man auch nicht von Ihnen!«* Oder:
*»Reden Sie nur so weiter, bei Ihrer Arbeit (Ihrem Vorleben) ist das kein Wunder!«* Oder:
*Wer hat Ihnen denn diesen Unsinn auf Ihr Manuskript geschrieben?«* Oder:
*»Wissen Sie eigentlich, was Ihre Frau jetzt gerade macht?«* Oder:
*»Vergessen Sie ja nicht, in der Pause einen Kaffee zu trinken, sonst müssen Sie sich nachher wieder durch Reden wachhalten!«*
Die Reaktionen des Gegners auf diese bewußt provozierenden Bemerkungen lassen zumeist nicht lange auf sich warten: geharnischter Protest.
Der Rabulist aber argumentiert unschuldig und völlig erstaunt:
*»Es ist mir völlig unerklärlich, warum der werte Herr Kollege so zornig ist. Ich schätze ihn als seriösen Menschen, und was ich gesagt habe, war doch anders gemeint, als er es verstanden hat. Aber, werter Herr Kollege, es muß ja Gründe geben, warum Sie so unsachlich reagieren. Vielleicht sind es Ihre schwachen Argumente ...?«*

**3. Widersprüche entdecken**

Die Behauptung, Widersprüche entdeckt zu haben, ist eine der wohl ältesten und zuverlässigsten dialektischen Vorgehensweisen. Wenn ein Teilnehmer nur kurz spricht, so kann man vermeintliche Widersprüche als »Verwirrungsstifter« verwenden. Wenn ein Gegner lange spricht, ist es leicht, aus dem Gesagten Widersprüche zu erkennen, zu formulieren und ihm vorzuwerfen. Um das zu erreichen, arbeitet der routinierte Rabulist mit Gesprächstechniken, die geeignet sind, einen Gesprächspartner »reden« zu lassen, wie z. B. dem »kontrollierten Dialog«. Denn: Wer viel redet, bietet »Breitseite« und damit für den Rabulisten die Möglichkeit, Widersprüche zu erkennen und vorzuwerfen. Um diese zu widerlegen, muß der Gegner sein Argument wiederholen. Doch selbst wenn ihm das gelingt, kommentiert der Rabulist dessen Rede kopf- und schulterzuckend:

»Also, wenn das klar sein soll ...! Aber bitte, Herr Kollege, lassen Sie uns fortfahren ...!«

Im »Kunstgriff 22« heißt es dazu:

*»Der Widerspruch und der Streit reizt zur Übertreibung der Behauptung. Wir können also den Gegner durch Widerspruch reizen, seine allenfalls wahre Behauptung über die Wahrheit hinaus zu steigern. Wenn man nun diese Übertreibung widerlegt hat, sieht es so aus, als hätte man seine ursprüngliche Behauptung ebenfalls widerlegt. Dagegen sollte man sich hüten, sich nicht durch den Widerspruch des Gegners zur Übertreibung oder weiteren Ausdehnung einer Behauptung verleiten zu lassen. Wenn der Gegner selbst versucht, unsere Behauptungen auszudehnen, müssen wir ihn auf die Begrenzung unserer Behauptung hinweisen mit: »›So viel habe ich gesagt und nicht mehr.‹«*

**4. Das gleiche Argument**

In den meisten Fällen gibt es schon vor einer Verhandlung Punkte, von denen man weiß, daß diese den Gegner ärgern – oder aber diese Punkte werden durch den Verhandlungsverlauf erzeugt. Da es immer darauf ankommt, daß der Gegner in Wut versetzt wird, um »Breitseiten« zu bieten, reitet der Rabulist auf diesen Argumenten herum. Je nach Reaktion des Gegners gibt es eine Vielzahl von Möglichkeiten zu reagieren: von der Verständnislosigkeit über des Gegners »Überreaktion«, nur »weil Sie einen Sachverhalt klären wollten«, bis hin zum Abbruch des Gespräches bzw. der Gesprächsvertagung. Im »Kunstgriff 27« ist zu lesen: *»Wird bei einem Argument der Gegner unerwartet böse, so muß man dieses Argument eifrig urgiren (drängen, etwas nachdrücklich fordern). Nicht bloß, weil zu vermuthen ist, daß man die schwache Seite seines Gedankenganges berührt hat und ihm an dieser Stelle wohl noch mehr anzuhaben ist, als man vor der Hand selber sieht.«* Mit anderen Worten: Auf dieser schwachen Stelle herumzureiten kann und wird bedeuten, daß man noch mehr als im Moment erreichen kann.

**5. Das Theorie-Argument**

Im »Kunstgriff 33« heißt es: *»Das mag in der Theorie richtig sein; in der Praxis ist es falsch.«* Durch diese sophistische List gibt man die Gründe zu und leugnet doch die Folgen. Die Annahme ist: Was in der Theorie richtig ist, muß auch in der Praxis zutreffen – und wenn das nicht der Fall ist, dann liegt ein Fehler in der Theorie vor, indem etwas übersehen wurde oder nicht in Ansatz gebracht wurde. Somit ist auch die Theorie falsch.

Jeder Wissenschaftler wird dem Argument *»Das ist doch Theorie!«* eher verständnislos gegenüberstehen und sagen: *»Richtig. Das ist meine Theorie!«* Im umgangssprachlichen Bereich ist die Formulierung »Theoretiker« keineswegs immer positiv – im Gegenteil. Wer z. B. im produzierenden oder handwerklichen Bereich tätig ist, läßt sich durchaus nicht widerspruchslos sagen, er sei ein »Theoretiker«, denn das ist gleichbedeutend damit, daß er nicht in der Lage ist, die ihm gestellte Aufgabe so zu lösen, daß sie ein praktisch gebrauchsfähiges Resultat hat.

Der »Theoretiker« ist also ein sicher interessanter Mann – gebraucht wird allerdings der »Praktiker«. Demzufolge ist das Argument »Theorie und Praxis sind zweierlei« so zu verstehen, daß nur die Praxis im Grunde lebenserhaltend ist – Theorie ist etwas für »gute Zeiten und schönes Wetter«. In einer Verhandlungen wird es allerdings kaum einen Vorschlag geben, welcher nicht in die Kategorie »Theorie und Praxis« einzuordnen wäre. Es ist aber sehr wichtig, daß die Einordnung behutsam und raffiniert erfolgt. Es muß argumentiert werden, daß der Vorschlag in der Sache recht logisch erscheint. Aber dann muß an einem populären Beispiel gezeigt und bewiesen werden, daß dieser Vorschlag in der Praxis undurchführbar ist – aber: *»Theoretisch ist es ein guter Vorschlag …!«* Der Gegner ist somit zum »Theoretiker« disqualifiziert – für jeden »Praktiker« ein – fast – tödliches Attribut.

**6. Der Bluff mit dem Wortschwall**

Im »Kunstgriff 36« ist zu lesen: *»Den Gegner durch sinnlosen Wortschwall verdutzen, verblüffen.«* Schon Goethe wußte: **»Gewöhnlich glaubt der Mensch, wenn er nur Worte hört, es müsse sich dabei doch auch etwas denken lassen.«** Doch *Hugo von Hofmannsthal (österr. Dichter 1874–1929) wußte es anders:* **»Für gewöhnlich stehen nicht die Worte in der Gewalt der Menschen, sondern die Menschen in der Gewalt der Worte!«** In der heutigen Zeit geschieht dieses sehr oft mit Fremdworten und modernen Begriffen (Mehrkammer-System, Dosierkugel, Drei-Wege-Katalysator usw.). Der Trick besteht darin, einem Gegner das, was er normalerweise nicht versteht, so mitzuteilen und den Eindruck zu erzeugen, daß er dem Rabulisten ganz einfach das Wasser nicht reichen kann – damit ihm ein »gelehrt und tiefsinnig klingender Unsinn mit ernsthafter Miene vorgeschwatzt und für den unbestreitbaren Beweis der eigenen These ausgegeben wird«. Wer hat da schon den Mut, den Rabulisten zu bitten, das Ganze doch einfacher auszudrücken – oder noch schlimmer: sich Definitionen geben zu lassen? Besonders tückisch ist es, wenn man Fremdworte zunächst so vermischt, daß sie entweder jeder versteht oder daß sie zunächst erklärt werden. Der Gegner wird dieses als »selbstverständlich und ihm bekannt« mimisch und gestisch akzeptieren – was er nicht weiß, ist, daß mit den nächsten Erklärungen und Argumenten Fremdworte und Fachbegriffe verwendet werden, die ihm mit Sicherheit nicht mehr bekannt sind – aber wer hat denn jetzt noch den Mut zu sagen:

*»Alles habe ich bisher verstanden. Aber zufälligerweise Ihre jetzigen Fachausdrücke über das Thema, über das wir hier gerade sprechen, verstehe ich nicht …?«*

Im »Kunstgriff 18« ist zu lesen:

*»Merken wir, daß der Gegner eine Argumentation ergriffen hat, mit der er uns schlagen kann, so müssen wir verhindern, daß er solche zu Ende führen kann. Wir müssen den Gang des Zweckgespräches*

*unterbrechen, abspringen oder ablenken und auf eine andere Ebene führen, kurz: eine ›mutatio controversiae‹ – eine Veränderung der Kontroverse – zu Wege bringen.«* Das kann erfolgen mit einem Scheinangriff, indem man von etwas ganz anderem zu reden anfängt und es doch so hinstellt, als gehöre es zur Sache und wäre geradewegs ein Stück des gegnerischen Arguments. Das kann man recht unverschämt gestalten, indem man nicht mehr von der Sache, sondern nur noch vom Gegner spricht und damit das Thema verläßt. Typische Redewendung dieser Finte: *»Ja, und so behaupteten Sie neulich ebenfalls, daß der Wert ... usw.«* Oftmals ist es auch erfolgreich, **»auf einen Schelmen anderthalbe zu setzen«.** Damit ist gemeint, daß die eigene Attacke entsprechend deutlicher ausfällt als der gegnerische Angriff.

Mitunter entsteht im Rahmen eines Disputes auch die Frage, wer der Schuldige ist – die Diskussion kreist um die Frage. Der Rabulist hilft sich in diesem Fall mit bewährten Formulierungen:

*»Es ist ein Grundsatz von mir, neue Beschuldigungen anzuhören und zu gehen. Werde ich also weiterhin beschuldigt, bin ich gezwungen zu gehen. Mein Vorschlag lautet darum ...!«*

*»Ich erkenne eines, meine Herren: Sie brauchen einen Schuldigen. Also gut, ich übernehme die Schuld. Und nun sprechen wir vom eigentlichen Thema, nämlich ...!«*

### B.3 Aufbau eines dialektisch-rabulistischen Streitgespräches

Viele Gespräche im täglichen Leben, sei es im Beruf oder im Privatleben, sind Streitgespräche. Sie entstehen durch zwei gegensätzliche Positionen (Pro und Contra) und werden ausgetragen, weil meistens beide »recht behalten« wollen. Für einen Rabulisten ist es immer wichtig, zu wissen, welches Ziel er hat und was er in einem solchen Gespräch erreichen kann.

Als **ZIEL** könnten **drei Möglichkeiten** aufgestellt werden:

**Möglichkeit A: (Strategie: weiches, nachgiebiges Verhandeln)**

- Er will, daß man sich in den Auffassungen näherkommt.
- Er will die Möglichkeit schaffen, »in Frieden auseinanderzugehen«, um später weiterreden zu können, also die »Wogen glätten«.
- Er ist auch zu Kompromissen bereit.

**Möglichkeit B: (Strategie: hartes Verhandeln)**

- Er ist nicht gewillt, von seiner Meinung abzurücken.
- Er will deutliche Worte sagen, um seine Stärke zu demonstrieren, auch um e[illegible]chtern, um zu sagen: bis hierher und nicht weiter.
- Er ist darauf vorbereitet, auch den Abbruch des Gespräches in Kauf zu nehmen.
- Er hat keine Angst vor juristischen Folgen.

**Möglichkeit C: (Strategie: ergebnisorientiertes Verhandeln)**

- Er will beides: einerseits klar seine Meinung sagen, deutlich demonstrieren, daß man mit ihm nicht alles machen kann, andererseits aber auch zu einer Lösung kommen, die im Gesprächsbereich liegt – und nicht etwa im Zuständigkeitsbereich des Landgerichtes.

Welche Strategie gewählt wird, ergibt sich natürlich aus dem Sachzusammenhang. Doch auch die Strategie des Gegners sollte bedacht werden – seine Argumente sollten »durchgespielt« werden. Von besonderem Vorteil ist es für den Rabulisten, wenn er einen Partner hat, der mit ihm »ins Feld zieht«. Einer von beiden kann nunmehr die Rolle eines **»advocatus diaboli«** übernehmen und alle denkbaren Einwände des Gegners vortragen, die der andere zu parieren hat. Die Bezeichnung »advocatus diaboli« heißt »Anwalt des Teufels« der römischen Kurie. Soll jemand heiliggesprochen werden, so übernimmt ein Kardinal die Rolle des »Anwalts des Teufels« und trägt alle Bedenken, Gründe und Ereignisse vor, die einer Heiligsprechung zuwiderlaufen. Auch aus der Politik ist diese probate Methode bekannt, alle denkbaren Einwände bereits im Vorfeld zu parieren: Der Alte Fritz schlüpfte oftmals in diese Rolle, bevor er seine Diplomaten an fremde Höfe entsandte, und auch von Konrad Adenauer ist bekannt, daß er oft diesen Part übernahm, auch – wie der Chronist weiß – um seine eigene Delegation zu prüfen ...!
Und noch eines sollte *vor* einer Verhandlung vom Rabulisten bedacht werden: die Situation und die Gemütsverfassung des Gegners. Aus der Wahrnehmungspsychologie ist bekannt, daß man seine Partner, den Verhandlungsgegenstand und die Argumente so

sieht, »wie man in die Situation eintritt, wie man ›eingestellt‹ ist«. Das gilt für den Rabulisten selbst, aber insbesondere für den Gegner – und das hat der Rabulist wiederum zu bedenken. Wer am Montagmorgen, nach einem verregneten Wochenende, Streit in der Familie, Krankheit einiger Mitarbeiter, schlechten Nachrichten, streßgeladenem Berufsverkehr, Parkplatz-Not, dummen oder arroganten Eingangsbemerkungen der Gesprächspartner usw. eine Verhandlung beginnt, neigt in der Regel wenig dazu, sachlich und höflich zu verhandeln. **Bevor ein Rabulist also sein Auto parkt und aussteigt, verharrt dieser einfach ein paar Minuten und spricht laut zu sich selbst:**

- ***Warum bin ich hier? Worum geht es? Es geht um 1., 2. usw.***
- ***Mit welcher Strategie will ich das erreichen? Welche taktischen Maßnahmen sind hier geeignet?***
- ***Wozu darf ich mich NICHT bringen lassen?***
- ***Was sind meine äußersten Zugeständnisse?***

Man hat sich im übrigen vorher klarzumachen, in welche Situation man eintritt, wie diese aussehen könnte, was man zu erwarten hat. Leider hat es sich eingebürgert, daß der angemeldete Besuch immer warten muß, als ob der zu Besuchende genau in diesem Augenblick etwas unwiederbringlich Wichtiges zu tun habe. **Der Rabulist läßt sich jedoch von solchen Mätzchen nicht beeindrucken, er kennt sie:**

- *zu langes Warten,*
- *unfreundliches Verhalten der Partner,*
- *übertriebene Freundlichkeit,*
- *»gnädiges Empfangen« durch den Chef,*
- *Hinzuziehen von Leuten, die er nicht kennt,*
- *ungünstige Sitzposition,*
- *überhitzte Räume,*
- *Wegsehen des Gegners, während man mit ihm spricht,*
- *Entgegennahme von unzähligen Telefongesprächen,*
- *Störungen durch andere Mitarbeiter,*
- *persönliche Angriffe,*
- *Drohungen, Weigerungen usw.*

**Die Palette der psychologischen Kriegsführung ist nahezu unerschöpflich.** Doch ein Rabulist denkt immer und immer daran: Diese Leute sitzen nicht dort, weil sie nichts anderes zu tun haben,

sondern weil man mit ihm verhandeln will, ihn beeindrucken und ... siegen will. **Kurzum: Man will an sein Geld.** Denn darum geht es bei den meisten Verhandlungen – und sonst gar nichts. Diese psychologische Vorbereitung, die »moralische Aufrüstung« ist wichtiger, als jedes technische Argument.
Gewählt wurde die Strategie »ergebnisorientiertes Verhandeln«. Es soll im folgenden Beispiel also einerseits ein klares Ergebnis erzielt werden, andererseits sollten auch die Grenzen für den Gegner aufgezeigt werden, sowohl die sachlichen wie auch die persönlich-polemischen. Dazu ist es erforderlich, daß der Rabulist entweder zu Beginn oder zu einem geeigneten Zeitpunkt dem Gegner durch »scharfe Hiebe« unmißverständlich deutlich macht, daß Überrumpelung, Einschüchterung oder Täuschung nicht möglich sind.

| | |
|---|---|
| Lage/Situation: | Partner beharrt auf seinem Standpunkt und fragt: |
| Maier: | *»Sie sind doch sicherlich auch an einer schnellen Lösung interessiert?«* |
| Rabulist: | *»Herr Meier, Sie wollen mir doch sicherlich keine Suggestivfragen stellen? Also, was wollen Sie wirklich von mir wissen?«* |
| Meier: | *»Also ich frage Sie: Sind Sie an einer schnellen Problemlösung interessiert, die Ihnen eine schnelle Begleichung Ihrer Rechnung garantiert?«* |
| Rabulist: | *»Ich bin an der einzigen Lösung interessiert, die nach unseren vertraglichen Abmachungen möglich ist. Und die sieht anders aus als Ihr Vorschlag.«* |
| Meier: | *»Das war doch gar nicht meine Frage. Ich habe doch an Sie eine präzise Frage gestellt; können Sie mir diese mal beantworten?«* |
| Rabulist: | *»Ich habe Ihre Frage so beantwortet, wie sie gestellt war. Wenn Sie etwas anderes gemeint haben, hätten Sie es anders formulieren müssen.«* |
| Meier: | *»Also mit anderen Worten: Sie sind nicht zum Kompromiß bereit!«* |
| Rabulist: | *»Was heißt hier ›mit anderen Worten‹? Ich drücke mich doch nicht unverständlich aus. Ich habe Sie* |

*bereits auf unseren Vertrag hingewiesen. Sie aber wollen einige Positionen streichen. Nur bin ich nicht Mitglied in Ihrem Streichorchester und werde mir den Mißklang (die Kakophonie) auch nicht anhören!«*

Meier: *»Dann sagen Sie doch mal endlich, was Sie konkret wollen!«*

Rabulist: *»Sie kennen die Ausschreibung. Sie kennen die vertraglichen Abmachungen, und Sie kennen die Verzögerungen an der Baustelle, die nachweislich nicht von uns zu vertreten sind. Im Gegenteil: Ich habe mehrmals (schriftlich) auf den Zeitverzug hingewiesen. Jetzt auf einmal wollen Sie uns dafür verantwortlich machen. Sie wissen doch so gut wie wir, daß Sie damit keinen Erfolg haben werden. Sie können die Zahlung verzögern – das kostet Sie zusätzliche Zinsen; verhindern können Sie sie nicht!«*

Meier: *»Sie können doch klipp und klar sagen, zu was Sie bereit sind. Warum so umständlich?«*

Rabulist: *»Meine Antwort auf Ihre Frage mußte die Absurdität Ihrer Forderungen klarmachen. Sagen Sie mir klipp und klar: Wollen Sie sich gegen den Vertragstext stellen?«*

Meier: *»Aber unsere Frage kann doch nur lauten: Welche Möglichkeiten haben wir zur Einigung, und wie stehen Sie dazu?«*

Rabulist: *»Ihre Gegenfrage will ich nachher gerne beantworten. Aber zunächst beantworten Sie bitte meine Frage: Wollen Sie sich gegen den Vertragstext stellen?«*

Wenn man an diesem Punkt der Verhandlung angekommen ist (er kann früher oder später liegen), sollte bedacht werden, ob **die Situation nun mit anderen Gesprächstechniken »entschärft«** werden sollte. Durch das obige Wortgefecht hat der Rabulist zeigen wollen, daß er sich weder einschüchtern, bedrängen noch überrumpeln läßt – im Gegenteil. Sein Partner, Herr Meier, wird erkannt haben, daß er es mit einem »harten Burschen« zu tun hat. Die weitere Taktik des Rabulisten könnte es nun sein, daß er sich vom Gegner die Streitpunkte aufzählen läßt bzw., wenn es sich nur um einen Punkt handelt, sich diesen nochmals aus der Sicht des Gegners erläutern läßt, um »eine weitere Gesprächsbasis zu schaffen«. Abhängig vom Streitgegenstand wäre danach der Einsatz von taktischen Maßnahmen zur »offensichtlich positiven Verhaltensstrategie« vermutlich sinnvoll. Insbesondere kann sich der Rabulist nun auf ein wirklich erfolgversprechendes Terrain begeben, mit dialektisch-rabulistischen Taktiken arbeiten und gleichzeitig sicher sein, daß sein Gegner um seine Verhandlungshärte weiß – siehe vorangegangene Gesprächsverschärfung. Wenn der Rabulist dieses Spiel überzeugend spielt, hat er seinen Gegner »programmiert«. Das könnte im Idealfall bedeuten, daß der Gegner eher froh darüber ist, daß es im weiteren Verlauf der Verhandlung (fast) ruhig und offensichtlich kooperativ zugeht – das ist eben die Gesprächsatmosphäre, die zur beabsichtigen Strategie geschaffen werden muß. Wenn der Rabulist den Eindruck gewinnt, daß der Gegner ihm sein »offensichtlich positives Verhalten« als Schwäche/ Nachgeben auslegt, beginnt er das Verhandlungsjudo von vorne, evtl. mit einer »schärferen Gangart«. Je nach Gesprächsziel werden dazu Formulierungen eingesetzt, die einen Gesprächsabbruch signalisieren. Mitunter ist eine solche »Grenzfeststellung« sinnvoll, um zu testen, zu welchen Ergebnissen der Gegner wirklich bereit ist: *»Herr Meier, wir sind an einem Punkt angekommen, wo wir uns fragen müssen, auf welcher Basis wir überhaupt fortfahren können und ob das noch im heutigen Gespräch erreichbar ist.«*

**C. Offensichtlich positive Verhaltensstrategie**

Es ist das Gebiet der »eleganten Rabulistik« – in dem sich die wirklich erfolgreichen dialektischen Rabulisten bewegen. Hier geht es ruhig und höflich, manchmal charmant, lächelnd und freundlich zu – offenbar eine Idylle für geistig anspruchslose Gesprächsplätschereien, wohin man auch hört ...! Alles scheint friedlich – von Kampf keine Spur. Da und dort gewinnt man den Eindruck, als wolle man irgend jemand »einlullen« – aber das trügt sicherlich, vermutlich ist alles ganz harmlos ...!

Diese Strategie des »offensichtlich positiven Verhaltens« dürfte

mit Abstand die schwerste sein, die es durchzuhalten gilt. Sie ist darüber hinaus ohne Zweifel die einzige Strategie, die »in sich und als solche«, ohne Komplementärstrategien, bestehen kann.
Im Grunde ist die Philosophie dieser Strategie schnell beschrieben:
Dem Gegner zunächst recht geben, das Problem erweitern, den so entstandenen Bereich zergliedern (»zerpflücken«) und dann in sein Gegenteil verkehren.
Darum geht's vermutlich auch bei dieser Technik so schön ruhig zu ...!
Also alles ganz einfach ...!
Oder sollte es tatsächlich mit schamlosen, gerissenen, hinterhältigen, raffinierten Methoden, Falltüren und Irrwegen zugehen ...?
Die Bezeichnung der Strategie verrät auch ihre Absicht: Es soll ein Verhalten offeriert werden, welches »offensichtlich positiv« ist. Doch damit beginnt das eigentliche Problem – und der schwierigste Teil. »Papier ist geduldig« – sagt der Volksmund und meint damit, daß man wohl alles beschreiben kann, aber daß die Praxis oft ganz anders aussieht (»Theorie und Praxis sind zweierlei« – vgl. B.2, Nr. 5: Das Theorie-Argument). Das ist im übrigen eine Lebensweisheit, die jeder kennt, denn wer z. B. im Streit mit anderen liegt, der weiß, daß es für engagierte und überzeugte Menschen kaum möglich ist, »cool« und »ruhig« zu bleiben. Man regt sich halt über dies und das auf – und zwar um so mehr, je privater ein Streit ist. Den »eiskalten, überlegenen, stets coolen Kämpfer« – ihn gibt es höchstens in drittklassigen Filmen. Erstklassige Filme zeigen einen ernst zu nehmenden Kämpfer nämlich so, wie er im Leben ist: empfindsam, verletzlich, angreifbar – eben ein Mensch. Wichtig ist stets nur die eine Frage: »Ist er entschlossen, den Kampf aufzunehmen, um recht zu bekommen – ja oder nein?«

**C.1 Erweiterung – Ergänzung – Schlußfolgerung**

Sicher nicht ohne Grund ist die Erweiterung der »Kunstgriff 1« bei *A. Schopenhauer*, und auch seine weiteren Kunstgriffe gehören mehr oder weniger dieser Kategorie an: *»Die Erweiterung. Man führt die Behauptung des Gegners über ihre natürliche Grenze hinaus. Man deute sie möglichst allgemein. Man nehme sie in weitem Sinne und übertreibe. Ergebnis: Die Behauptung wird allgemeiner* *und ist dadurch mehreren Angriffen ausgesetzt.«* Er gibt dazu einige Beispiele, hier sein *»Exempel 1. Ich sagte: ›Die Engländer sind die erste Dramatische Nation‹ – Der Gegner wollte eine ›instantia‹ (heftiges Drängen einer Rede) versuchen und erwiderte: ›es wäre bekannt, daß sie in der Musik folglich auch in der Oper nichts leisten könnten.‹ – Ich trieb ihn ab, durch die Erinnerung, ›daß Musik nicht unter dem Dramatischen begriffen sey; dies bezeichne bloß Tragödie und Komödie‹: was er sehr wohl wußte, und nur versuchte, meine Behauptung so zu verallgemeinern, daß sie alle Theatralischen Darstellungen folglich die Oper folglich die Musik begriffe, um mich dann sicher zu schlagen.«*

Wenn der Gegner also z. B. erklärt, daß das arrogante Verhalten von Frau CY unkorrekt sei, sie fühle sich als eine »bessere Dame«, so erweitert der Rabulist diese Auffassung um die Erkenntnis, daß Frau CY eben dem weiblichen Geschlechte zugehörig ist, welches in ihrem rationalen Tun ohnehin der Männerwelt verschlossen bleiben wird. Schon ***Voltaire*** sagte über die Frauen: ***»Es ist ausgemacht, daß Gott die Weiber nur geschaffen hat, um die Männer zu zähmen.«*** »Und außerdem«, so der Rabulist, ***»eine Dame ist eine Frau, die es einem Mann leichtmacht, ein Herr zu sein!«***

Ebenso raffiniert wie spektakulär ist die Ergänzung. Hierbei geht es darum, daß der vorgetragene Sachverhalt – statt diesem direkt zu widersprechen – noch mit anderen Problemfällen angereichert wird, daß man ihn also augenscheinlich noch problematischer macht, um dann mit einem Redebogen ins Allgemeine auszuweichen, welches entweder nun gänzlich bestritten wird – oder, was noch dreister wäre, diese Verallgemeinerung als ersten Obersatz für eine deduktive Ableitung verwendet, deren logische Schlußfolgerung eben genau der Forderung des dialektischen Rabulisten entspricht. Im Widerspruchsfalle kann nun der Rabulist den deduktiv erzeugten Schluß wiederum als ersten Obersatz für eine induktive Ableitung verwenden, die zur Schlußfolgerung die Beurteilung der Allgemeinweisheiten hat, die zuvor bereits vom Gegner bestätigt wurden. Hierbei ist schon zu erkennen, daß der Rabulist bemüht sein muß, den Gegner mit einfachen, plausiblen Allgemeinweisheiten in eine Zustimmungsphase zu bringen, auf die er sich bei einem späteren Widerspruch des Gegners beziehen kann (»Aber Sie selbst haben vorhin zugegeben, daß … usw.!«). Bei diesem Vorgehen müssen also nahezu alle Register gezogen werden: Der Rabulist muß mit wirkungsvollen rhetorischen Instrumenten arbeiten, er muß seine gesamte Kinesik effektvoll einsetzen, das dialektische Spiel beherrschen und psychologisch gewappnet sein (... mehr nicht ...!).

**Formal kann diese Taktik wie folgt dargestellt werden:**

**Gegner:** stellt ein Problem ● dar.

**Rabulist:** möchte ● gelöscht haben. Er ergänzt das Problem um weitere Problemfälle: ● 00 und

0<br>
beweist dadurch die Allgemeinheit des Problems: ●0<br>
0

Er bestreitet nun entweder das Gesamtproblem – oder verwendet die Allgemeinweisheit als Ausgang (1. Obersatz) einer logischen Deduktion:

0<br>
1. Obersatz: Alle 00●00 müssen gelöscht werden.<br>
0

2. Obersatz: ● ist ein/e 0.

---

Folglich: ● muß gelöscht werden.

**Gegner:** widerspricht der Löschung.

**Rabulist:** geht nun induktiv vor:

1. Obersatz: ● ist ein Problem 0.<br>
2. Obersatz: Probleme 0 werden durch Löschen gelöst.

---

0<br>
Folglich: Alle 00●00 werden durch Löschen gelöst.<br>
0

Von großer Wichtigkeit ist die Technik der Erweiterung selbst, d. h., die Worte und Sätze, mit denen man beginnt. Wer seinem Gegner antwortet: »Ja, aber ...!«, der signalisiert ihm sofort, daß er widersprechen wird, insbesondere mit einem langgezogenen »Jaaa, aaaber ...!«. Diese Formulierung, von der mancher immer noch glaubt, daß man damit dem »Gegner zunächst recht gibt«, sollte gänzlich gestrichen werden, sie ist für nahezu alle Zwecke nutzlos, plump und sogleich verdächtig.
Ersetzt werden sollte diese Formulierung durch: **»Ja, und ...!«** Die

Taktik besteht darin, das vorgetragene Problem zumindest zu kommentieren, besser jedoch: zu ergänzen. Damit ist der Gegner zunächst von seiner Erwartungshaltung abgekommen, die mit dem direkten Widerspruch des Rabulisten rechnete. Er ist gezwungen, den Ergänzungen zu folgen, wird auch diesen Ergänzungen zustimmen, so wie er seinen eigenen Ausführungen zustimme und schließlich – was das Ziel ist – den daraus konstruierten bzw. festgestellten Allgemeinansatz akzeptieren. Folgende Formulierungen könnten verwendet werden:

*»Ja, und ich füge hinzu, daß bei weiterer Verzögerung ... usw.!«*

*»Ja, Herr Kollege, und man muß außerdem noch bedenken, daß ...!«*

*»So kann man das sicher sehen und muß darüber hinaus erkennen, daß ...!«*

*»Sicher, Herr Kollege, und ich sage, das ist nicht alles. Bedenken Sie ...!«*

Nachdem das Problem des Gegners durch Ergänzung zumeist mit Bedacht ausgewählter weiterer Probleme vom Rabulisten erweitert wurde, entsteht quasi ein »Problemkomplex«, der mit Oberbegriffen zu bezeichnen ist. Hierbei verwendet der Rabulist die Homonymie, d. h., er verwendet doppelsinnige, mehrdeutige Begriffe, um den gesamten Komplex auf eine Ebene zu transferieren, die mit dem Problem des Gegners eigentlich wenig zu tun hat. Besonders geeignet ist hierbei die moralische Ebene, denn hier Verurteilungen gegen herrschende und anerkannte Moralbegriffe auszusprechen, die zudem auf einer traditionsreichen Ethik basieren, ist sehr einfach und wirkungsvoll. Wer mag da schon widersprechen? Wer widerspricht schon, daß Meinungen und Auffassungen frei geäußert werden müssen und nicht von irgendwelchen Institutionen oder einer Lobby »bezahlt« sein dürfen? Doch derjenige, der die Meinung einer Lobby, die er vertritt, vorträgt, trägt eine »bezahlte Meinung« vor. Da ist es unwichtig, daß die Richtigkeit seiner Meinung überhaupt nichts damit zu tun hat, ob er dafür Geld bekommt oder nicht. In unserem Kulturkreis hat sich die Auffassung durchgesetzt, daß »bezahlte Meinungen« verdächtig sind. Was liegt also näher, als die Ergänzung des gegnerischen Problems durch solche Beispiele vorzunehmen, die letztlich alle darauf hinauslaufen, einen Problemkomplex zu beschreiben, der von der

Lobby XY »eben so« gesehen wird und von dem man weiß (oder nunmehr einfach unterstellt), daß die Lobby XY an der Lösung nach dem Vorschlag des Gegners interessiert ist. Das ist sehr verdächtig – und nichts ist einfacher, als ein solches Argument auf dem Felde der Moral zu schlagen, insbesondere dann, wenn es sich um ein »öffentliches Feld« handelt.

Zweifellos schamlos und mitunter schäbig sind alle Ableitungen aus der Sexualpsychologie, die als Waffe eingesetzt werden – die redlichen wie die unredlichen, die gesicherten ebenso wie die ungesicherten, die nachprüfbaren wie die unprüfbaren. Hieß es früher noch schlicht: *»Du hast 'ne Macke«* oder: *»Haben Sie Komplexe?«,* so werden heute raffinierte, sog. »Ableitungen aus den Erkenntnissen der Sexualpsychologie« verwendet, den Gegner als Mensch in Mißkredit zu bringen. Wer heute das Nacktbaden befürwortet oder ablehnt, öffentliche Bordelle fordert oder verhindert, wer die Abtreibungsgesetze oder den Drogenkonsum liberalisieren oder verschärfen will, die Todesstrafe fordert oder sie ablehnt, Gewalt verherrlicht oder ablehnt, Pazifist oder Militarist ist, wer fleißig oder faul ist, ehrlich oder unehrlich, ruhig oder aufbrausend, anständig oder unanständig ist: sie alle sind dem Einwand ausgesetzt, daß ihre Verhaltensweisen, Einstellungen und Überzeugungen auf »sexuellen Verdrängungen« beruhen, die *»sich nachweisen lassen! Denn schon Sigmund FREUD hat festgestellt, daß ...!«* Der Psycho-Altmeister FREUD darf sich im übrigen glücklich schätzen, daß er die Mischung seiner wissenschaftlichen Arbeit in unseren heutigen Tagen mit Scharlatanerie, schamloser Halbbildung und unseriösen Absichten nicht zu erleben braucht.

Und doch ist das Beschreiten dieses Feldes für den Rabulisten unverzichtbar. Seine Vorgehensweise ist eindeutig: Der Rabulist muß zwei Fragen unterscheiden:

1. Warum will der Gegner das (was ist sein Ziel)?
2. Warum tut der Gegner das (was sind seine Gründe und woher kommen diese)?

Für das weitere Vorgehen ist nur die Frage 2 ausschlaggebend. Diese beschäftigt sich nämlich mit den verborgenen Motiven, die hinter der Absicht stehen bzw. die Triebkraft des gegnerischen Handelns sind. Im Grunde können das sehr hehre, solide, moralisch einwandfreie Motive sein, die jeder wissen könnte. Der Rabulist aber leitet alles Handeln aus »sexuellen Verdrängungen« der »gestörten Kindheit« ab, so wie es »den gesicherten Erkenntnissen der Sexualwissenschaft entspricht – von nichts anderem ist hier die Rede ...!« – und degradiert den Gegner zum »Verklemmten«. Und wer glaubt und folgt schon den Argumenten eines sexuell Verklemmten ...?

**Gerät der Rabulist selbst in das Sperrfeuer dieser Verdrehung, so gibt es eine erprobte Taktik, sich zu wehren:**

1. Man muß dem Gegner deutlich sagen, daß man seine Absicht durchschaut hat und weiß, worauf er hinauswill.
2. Ein guter Rabulist wappnet sich stets mit einigen Theorien und Fachtermini aus der Sexualpsychologie und stellt dem verblüfften Gegner eine fachlich-konkrete Frage, die er zuvor beantworten solle. Ob er diese beantwortet, ist ebenso gleichgültig wie er sie inhaltlich beantwortet. Der Rabulist weist auf die Ambivalenz der wissenschaftlichen Ergebnisse hin und fragt den Gegner: »Wenn Sie dieses kleine Problem nicht einmal wissenschaftlich einwandfrei beantworten können, wieso maßen Sie sich hier an, meine ›sexuellen Verdrängungen‹ analysieren zu wollen.
   Evtl. jetzt »Roger-Methode«: »Verdrängungen!! Sexuelle Verdrängungen!! Sexuelle Verdrängungen? Das dürfen Sie mir glauben: was ich ganz sicher ›sexuell verdrängt‹ habe, das sind Sie!«
3. Weiterhin ist es eine gute Abwehrmethode, den Gegner auf seine eigenen »Verdrängungsprobleme« hinzuweisen, die »uns allen deutlich signalisieren, daß er es offensichtlich mit Minderwertigkeitskomplexen zu tun hat, die er bei uns loswerden will ...!«
4. Eine zynische Methode besteht darin, dem Gegner und den Anwesenden in ruhigem, eher traurigem Tonfall die Grundfrage vorzutragen, »daß Optimisten für eine gesunde Dynamik des Lebens und Pessimisten für eine krankhafte Stagnation bekannt sind. Doch für krankhafte Pessimisten bietet die Medizin heutzutage gute Lösungen, weil nachgewiesen ist, daß Mißmut meistens ein Galleleiden ist; manchmal sind es auch nur die Gallensteine ...!«

# 4. Paradebeispiele dialektischer Rabulistik

**Paradebeispiele dialektischer Rabulistik par excellence lassen sich im »HEILIGEN KORAN« (QUR-ÂN) dort finden, wo das ALTE und das NEUE TESTAMENT »unter die Lupe« genommen werden.** Da darf sich glücklich der schätzen, der regelmäßig zum Gottesdienst ging. Wer es nicht tat, wer nicht »bibelfest« ist, wer leichtgläubig ist, der könnte beim Studium der Bibel-Analyse des Korans in die Gefahr geraten, »vom Glauben abzufallen«. Was immer uns Bibelforscher auch antworten werden und was immer wir als Christen glauben: **diese Bibel-Analyse des Korans ist unüberbietbare dialektische Rabulistik.** Es würde den Rahmen dieses Buches sprengen, alle Beispiele des Korans darzustellen oder gar die »Analyse« auf den christlichen Prüfstein zu heben. Wir meinen, daß unser Buch von den Menschen gelesen wird, die im christlichen Glauben erzogen wurden, und überlassen es ihnen, jeweils nach den Analyse-Beispielen »Luft zu holen«. So ist bereits im VORWORT des Korans zu lesen:

***»Meine Barmherzigkeit umfaßt jedes Ding (7:157).«***

**Koran-Analyse:** »Dieser Vers ist reinster Ausdruck der Lehren des Islams über Bestrafung und Belohnung. Das Dogma der ewigen Verdammung hat keinen Platz im Koran.«

Unabhängig davon, daß das nur ein Auszug aus der Textstelle Sura 7 Nr. 157 im Koran ist, die u. a. auch folgendes sagt: ***»Ich treffe mit Meiner Strafe, wen ich will«,*** ist man doch ziemlich erstaunt, wie sehr Lehre und Wirklichkeit nach unserer Vorstellung gerade in den Ländern auseinanderdriften, die vorgeben, die »reine Lehre des Islam« zu praktizieren.

Warum dennoch der Koran das Paradebeispiel dialektischer Rabulistik ist, soll folgendes Beispiel zeigen. Zitat (DER HEILIGE QUR-ÂN, 4. Auflage 1980, Ahmadiyya-Bewegung des Islams in der Schweiz und der Bundesrepublik Deutschland):

***»Im 5. Buch Moses' 25 : 5, 6 lesen wir:***
***Wenn Brüder beieinander wohnen und einer stirbt ohne Kinder, so soll des Verstorbenen Weib nicht einen fremden Mann draußen neh-***

***men, sondern ihr Schwager soll sich zu ihr tun und sie zum Weibe nehmen und sie ehelichen. Und den ersten Sohn, den sie gebiert, soll er bestätigen nach dem Namen seines verstorbenen Bruders, daß sein Name nicht vertilgt werde aus Israel.«***

**Koran-Analyse:** »Diese Lehre ist lächerlich und im höchsten Grade unmoralisch. Sie gestattet einer Witwe, sich dem Bruder ihres Gatten hinzugeben und Kinder zu gebären, die im Namen des Verstorbenen auftreten sollen. Kann der Name eines Menschen durch Kinder fortdauern, die von einem anderen gezeugt werden? Wenn Kinder, die dann einem Bruder geboren werden, den Namen eines anderen verewigen können, warum muß dann dieser Bruder eheliche Beziehungen mit der Witwe des Verstorbenen unterhalten? Wenn eines Bruders Sohn als Sohn des anderen Bruders betrachtet werden kann, so braucht man dem Bruder nicht zu gestatten, unsittliche Beziehungen mit der Witwe zu unterhalten. Es wäre viel besser gewesen, wenn die Bibel erklärt hätte, die Söhne des einen Bruders dürfen als die Söhne des Verstorbenen gelten. Das wäre vernünftig gewesen. Aber Gott ließ die jüdischen Gelehrten, die Lot verleumdet hatten, ein Gebot in die Thora einfügen, das auf sie selbst zurückfallen mußte. Gottes Rache war schrecklich, aber wohlverdient. Durch diese Gebote wurden die jüdischen Frauen veranlaßt, dasselbe zu tun, was ihre Doktoren Lot unterschoben hatten. Diese Mängel des Alten Testamentes beweisen die Notwendigkeit eines vollkommenen, fehlerfreien Buches; und dieses Buch ist der Qur-ân« (Ende Koran-Analyse).

In der Tat, das wäre ganz schön unmoralisch, wenn ... ja, wenn man das in der Bibel so lesen müßte. Doch »klugerweise« hat der »Analytiker« die Bibel nur unvollständig zitiert. Im 25. Kapitel des 5. Buchs Moses' heißt es nämlich nach den zitierten Versen 5 und 6 in den Versen 7–10:

***»7. Gefällt es aber dem Manne nicht, daß er seine Schwägerin nehme, so soll sie, seine Schwägerin, hinaufgehen unter das Tor vor die Ältesten und sagen: Mein Schwager weigert sich, seinem Bruder einen Namen zu erwecken in Israel, und will mich nicht ehelichen.***

***8. So sollen ihn die Ältesten der Stadt fordern und mit ihm reden. Wenn er dann darauf besteht und spricht: Es gefällt mir nicht, sie zu nehmen, –***

***9. so soll seine Schwägerin zu ihm treten vor den Ältesten und ihm einen Schuh ausziehen von seinen Füßen und ihn anspeien und soll antworten und sprechen: Also soll man tun einem jeden Mann, der seines Bruders Haus nicht erbauen will!***
***10. Und sein Name soll in Israel heißen ›des Barfüßers Haus.‹***
Na so was! Das liest sich doch etwas anders als die Koran-Analyse. Zum einen ist die Schwägerin nicht verpflichtet, den Schwager zu ehelichen, und zum anderen ist es der Schwager auch nicht. Die »schwersten Konsequenzen«, die der Schwager zu erwarten hat (Barfüßers Haus), setzen eine Reihe von Bedingungen voraus: Zunächst muß die Schwägerin den Schwager überhaupt »wollen«, und gleichzeitig muß der Schwager seine Schwägerin »nicht wollen«, darüber hinaus muß die Schwägerin entschlossen und bereit sein, den Schwager beim Ältesten anzuzeigen, ihn zu bespeien, ihm einen Schuh auszuziehen und sein Haus »Barfüßers Haus« zu nennen. Wenn Schwager und Schwägerin sich aber gerne mögen, entfällt nach unseren heutigen Beurteilungskriterien die gesamte Aufregung über »Unmoral« ohnehin. Aber wie gesagt: nach unseren heutigen Kriterien. Was »damalige« Kriterien waren, das verschweigt der islamische »Bibel-Analytiker« geflissentlich. Es könnte nämlich sein, daß ein kleines Volk wie die Juden ein »Lebensinteresse« daran hatte, alles zu unternehmen, um nicht auszusterben, und sich darum solche und ähnliche Gesetze schuf.
Aus der Bibel-Analyse des Korans zum ALTEN TESTAMENT noch folgende Beispiele, die hier kommentarlos zitiert werden:

»Im 1. Buche Moses' 19 : 26 lesen wir:
***Und sein Weib sah hinter sich und ward zur Salzsäule.***
**Koran-Analyse**: Das sieht aus wie Zauberei. Solche Geister- und Feengeschichten erzählt man Kindern; aber in einem Buche Gottes haben sie keine Existenzberechtigung. Der Bericht des Qurâns über diesen Vorfall geht allem Aberglauben aus dem Wege. Er lautet:
***Sie (Lots Weib) gehörte zu denen, die zurückblieben (7 : 84).***
Sie wurde nicht in eine Salzsäule verwandelt – nichts dergleichen: Sie weigerte sich, mit Lot zu gehen, und opferte die Liebe zu Gott der Liebe zu ihren Verwandten.
Der Qur-ân, der, wie schon gesagt, zweitausend Jahre nach Moses

gekommen ist, berichtigt viele in der heutigen Thora enthaltene Irrtümer und befriedigt dadurch den gesunden Menschenverstand.

Propheten, deren Andenken in der Bibel geschändet wird:

Es haben sich auch Berichte über unsittliches Tun in die Bibel eingeschlichen, die man schwerlich mit Gott oder Seinen Propheten in Verbindung bringen kann.

Im 1. Buch Moses' 9 : 20–22 lesen wir:

***Noah aber fing an und war ein Ackermann, und pflanzte einen Weinberg. Und da er von dem Wein trank, ward er trunken und lag in der Hütte aufgedeckt. Da nun Ham, Kanaans Vater, sah seines Vaters Blöße, sagte er's seinen beiden Brüdern draußen.***

Dieser Abschnitt stellt Noah in ein höchst zweifelhaftes Licht. Er tut Noah keine Ehre an, von dem wir im 1. Buch Moses' 6 : 9 lesen:

***Noah war ein frommer Mann und ohne Tadel und führte ein göttliches Leben zu seinen Zeiten.***

Es ist unvorstellbar, daß ein solcher Mensch so unanständig war, unbekleidet vor seinen eigenen Kindern zu erscheinen, und es beleidigt unser Rechtsgefühl, wenn wir annehmen sollen, daß Noah diese Unanständigkeit beging, der Fluch dafür aber auf das Haupt Kanaans geladen wurde, wie die Bibel schildert:

***Und Noah erwachte von seinem Weine und erfuhr, was sein jüngster Sohn ihm getan hatte. Und er sprach: Verflucht sei Kanaan! (9 : 24, 25).***

Hams Schuld bestand selbst nach der biblischen Schilderung nur darin, daß er seinen Vater entkleidet gesehen hatte. Als er seinen Vater trunken und nackt vorfand, konnte er dessen Anblick nicht vermeiden; und doch sprach Noah den angeführten Fluch über Kanaan.

Tatsächlich kann man Kanaan überhaupt keine Vorwürfe machen. Kanaan war der Sohn Hams, der seinen Vater nackt gesehen hatte. Noah sagt jedoch kein Wort zur Verdammung Hams; er verflucht den unschuldigen Kanaan. Tut er dies, weil Ham sein Sohn und Kanaan sein Enkel war? Ein derartiges Benehmen verletzt unser moralisches Empfinden, und es klingt unerhört, wenn es einem Propheten nachgesagt wird. Wir können deshalb verstehen, daß diese Dinge Moses nicht von Gott offenbart wurden; auch hat Moses sie nicht in seinem Buche niedergelegt. Jüdische Schriftgelehrte, die

die Propheten als Diebe und Räuber bezeichnen, müssen diese Dinge zur Bemäntelung ihrer eigenen Sünden hineingeschmuggelt haben. Ihre entheiligenden Eingriffe am Wort Gottes machten es notwendig, daß Gott ein Buch offenbarte, das von Absurditäten und Verfälschungen frei war.«

»Vernunftwidrige Lehren des Alten Testamentes

Das Alte Testament enthält viele vernunftwidrige Stellen.
So lesen wir im 3. Buch Moses' 11 : 6:

***Und der Hase wiederkäut auch, aber er spaltet die Klauen nicht; darum ist er auch unrein.***

Im 4. Buch Moses' 22 : 28 wird gesagt, daß Balaams Esel zu ihm gesprochen habe.

Nach dem 1. Buche Moses' hat die Zahl der Israeliten bei ihrem Einzug in Ägypten sechzig und zehn betragen; aber 215 Jahre später, das heißt zur Zeit Moses', hatten sie sich so stark vermehrt, daß ihre erwachsenen Männer allein 600000 zählten.

Im 2. Buche Moses' 12 : 37 wird folgende Behauptung aufgestellt:

***Also zogen die Kinder Israels vom Rameses nach Succoth, 600000 Mann zu Fuß, ohne die Kinder.***

Wenn wir die Stärke des gesamten Volkes anhand der Ziffer der erwachsenen Männer abschätzen, so ergibt sich eine Zahl von etwa zweieinhalb Millionen. Das ist eine grobe Übertreibung und widerspricht aller Vernunft und Wahrscheinlichkeit. In 215 Jahren konnten siebzig Seelen nicht auf zweieinhalb Millionen anwachsen.

Auch die geschichtlichen Tatsachen sprechen gegen diese Annahme. Als Moses mit seinem Volk von Ägypten nach Kanaan wanderte und vierzig Jahre durch die Wüste ziehen mußte – wie hätte diese Menschenmasse Nahrung und Trinkwasser in der Wüste finden können, um während einer solchen Zeit das Dasein zu fristen? Die Bibel sagt zwar, es seien Wachteln und Honigtau vom Himmel gesandt worden. Aber selbst nach der Bibel erfolgte diese Speisung nicht regelmäßig. Wie aber haben sich diese Menschen in der Zwischenzeit ernährt? Wir erfahren auch aus der Bibel, daß jeder Stamm Wasser aus einer Quelle erhielt. Aber können wir glauben, daß zweieinhalb Millionen Menschen ihren Wasserbedarf decken konnten aus einigen wenigen Quellen? In den Ländern, die sie durchwanderten, gibt es weder Flüsse noch Bäche. Da und

dort springen Quellen hervor, die aber nicht reichlich fließen. Wie sollten diese Quellen so viele Menschen versorgen?
Ein Buch mit derartig vernunftwidrigen Angaben, in dem die reine Lehre der Propheten bis zur Unkenntlichkeit verstümmelt und entstellt ist, kann den menschlichen Geist nicht mehr zufriedenstellen und bedeutet eine Verhöhnung Gottes und der Religion. Deshalb haben wir ein neues Buch bekommen, das frei ist von menschlichen Eingriffen und gefeit gegen vernunftwidrige Einschiebungen und Änderungen. Der Qur-ân berichtet uns die Wahrheit über die Zahl der Israeliten:
***Weißt du denn nicht von denen, die aus ihren Wohnungen flüchteten, und sie waren Tausende, in Todesfurcht? (2 : 244).***
Die Kinder Israels zählten demnach, als sie aus Furcht vor Pharao aus Ägypten flüchteten, einige tausend; und dies klingt wahrscheinlich, denn zweieinhalb Millionen Israeliten hätten nicht in Furcht leben können vor den kleinen palästinensischen Stämmen. In seinen besten Tagen hatte Palästina niemals eine Bevölkerung von mehr als zwei oder drei Millionen. In älteren Zeiten waren Transporte von Lebensmitteln unbekannt. Große Bevölkerungsmassen konnten nicht in Ländern existieren, die nicht selbst produzierten. Die Bevölkerung kann nicht mehr als ein paar tausend betragen haben. In den Annalen der Kriege zwischen den Israeliten und ihren Feinden finden wir Zahlen von nicht mehr als einigen hundert oder tausend. Moses hätte selbst unter normalen Verhältnissen – ganz abgesehen von der Zeit in der Wüste – nicht genügend Nahrung für zweieinhalb Millionen Menschen auftreiben können. Ebenso unwahrscheinlich ist es, daß die Urbevölkerung Kanaans sich überhaupt zum Widerstand gegen die Eindringlinge aufgerafft hätte, wenn diese wirklich so zahlreich erschienen wären.

Im 5. Buch Moses' 7 : 2 lesen wir:
***Und wenn sie der Herr, dein Gott, vor dir dahingibt, daß du sie schlägst, so sollst du sie ganz und gar verbannen, daß du keinen Bund mit ihnen machest noch ihnen Gunst erzeigst.***
Wie grausam ist diese Lehre gegenüber einem besiegten Feinde! Die Überlebenden eines feindlichen Stammes zu töten, ihnen eine friedliche Vereinbarung oder andere Gnadenzeichen zu verwei-

gern, das ist die Verhaltensweise irdischer Despoten, aber nicht der Wille eines wohltätigen und gnädigen Gottes. Solche harte Gesetze stammen sicher nicht von Moses, sondern von irgendwelchen Nachfahren, die derartige Lehren in die Bibel einfügten und sie damit schändeten« (Ende Bibel-Zitate und Koran-Analyse).

Zur Koran-Analyse des 5. Buch Moses 7 : 2 sei folgendes angemerkt. Im Iran wurden z. B. seit der Machtübernahme der Mullahs nach amerikanischen Quellen bis 1989 schätzungsweise 31 000 Iraner hingerichtet.
Bei der Analyse des Neuen Testaments beginnt man mit der Sprache und der Nationalität Jesu (... Jesus ... war Jude ...) und greift vor allem die Rechtmäßigkeit und Zuverlässigkeit der biblischen Quellen an:

**Koran-Analyse:** »DAS NEUE TESTAMENT UNTER DER LUPE
Wir haben gesehen, daß das Alte Testament in Form und Inhalt Einschiebungen und Veränderungen erfahren hat und daß man es daher nicht mehr als Anleitung verwenden kann. Wir wollen uns nun dem Neuen Testament zuwenden.
Die im Neuen Testament gesammelten Bücher stellen nicht die Äußerungen Jesus' oder seiner Schüler dar. Jesus war, ebenso wie seine Schüler, Jude. Wenn irgendwelche Äußerungen Jesus' in ihrer Ursprünglichkeit erhalten wären, so könnten sie nur in hebräischer Sprache vorliegen. Das gleiche gilt für die Äußerungen seiner Jünger. Es existiert jedoch kein althebräisches Exemplar des Neuen Testamentes. Die alten Exemplare sind alle in griechischer Sprache geschrieben. Christliche Schriftsteller suchten diesen ernsten Mangel dadurch zu verhüllen, daß sie erklärten, zur Zeit Jesus' sei Griechisch allgemeine Umgangssprache gewesen. Das ist jedoch aus mehr als einem Grunde unmöglich. Ein Volk gibt nicht leicht seine Sprache auf. Die Sprache ist ihm ebenso wertvolles Erbteil wie materieller Besitz oder irgendein anderes Gut. In Osteuropa gibt es Menschen, die drei- oder vierhundert Jahre lang unter russischer Herrschaft gelebt haben; dennoch behielten sie ihre Sprache bis heute unversehrt.
Unbedingt sicher ist, daß gegen Mitte des vierten Jahrhunderts die lateinische Bibelausgabe in recht wirrem Durcheinander war. Das

Durcheinander war das Ergebnis von Vergleichen mit den griechischen Ausgaben und eines Wechsels in der lateinischen Terminologie. Diese Verwirrung dauerte fort, bis die revidierte Version Jeromes, die auf Anordnung des Papstes zwischen 383 und 400 n. Chr. vorgenommen wurde, den Platz der alten lateinischen Fassung in der Christenheit einnahm« (Ende Koran-Analyse).

Aus der Fülle der Analysen wollen wir nur einige spektakuläre Beispiele für dialektische Rabulistik aus der Analyse des Neuen Testaments von islamischen »Forschern« herausgreifen und darstellen:

**Koran-Analyse:** »Nach der Erzählung des Neuen Testamentes hat Jesus Tote zum Leben erweckt. So lesen wir zum Beispiel im Evangelium des Johannes (11 : 43, 44) die folgenden Sätze:
***Da er das gesagt hatte, rief er mit lauter Stimme: Lazarus, komm heraus! Und der Verstorbene kam heraus, gebunden mit Grabtüchern an Füßen und Händen, und sein Angesicht verhüllt mit einem Schweißtuch. Jesus spricht zu ihnen: Löset ihn und lasset ihn gehen.***
In ähnlicher Weise lesen wir bei Matthäus (27 : 51–53):
***Und siehe da, der Vorhang im Tempel zerriß in zwei Stücke von oben an bis unten aus. Und die Erde erbebte, und die Felsen zerrissen, und die Gräber taten sich auf, und standen auf viele Leiber der Heiligen, die da schliefen, und gingen aus den Gräbern nach seiner Auferstehung und kamen in die heilige Stadt und erschienen vielen.***
Kann irgendein vernunftbegabter Mensch diese Geschichten glauben? Wenn die Toten jemals zum Leben erweckt werden konnten, warum ist das dann nicht auch heute möglich? Wenn man sagt, dies sei das besondere Vorrecht Jesus' gewesen, so antworten wir darauf, daß dies nicht wahr ist, denn Jesus selber sagte, wenn seine Anhänger Glauben hätten so gering wie ein Sandkorn, dann könnten sie Zeichen vollführen, die größer wären als die, die er zustande brachte.
Bei Johannes (14 : 12–14) lesen wir:
***Wahrlich, wahrlich, ich sage euch: Wer an mich glaubt, der wird die Werke auch tun, die ich tue, und wird größere als diese tun; denn ich gehe zum Vater. Und was ihr bitten werdet in meinem Namen, das will ich tun, auf daß der Vater geehrt werde in dem Sohne. Was ihr bitten werdet in meinem Namen, das will ich tun.***

Die Frage ist nun: Können die heutigen Christen die Toten zum Leben erwecken?
Bei Matthäus (14 : 25–27) finden wir den folgenden Absatz:
***Aber in der vierten Nachtwache kam Jesus zu ihnen und ging auf dem Meer, und da ihn die Jünger sahen auf dem Meer gehen, erschraken sie und sprachen: Es ist ein Gespenst! Und sie schrien vor Furcht. Aber alsbald redete Jesus mit ihnen und sprach: Seid getrost, ich bin's; fürchtet euch nicht!***
Auch dies ist glatter Aberglaube; wie könnte ein Mensch jemals auf dem Wasser spazieren gehen!« (Ende Koran-Analyse).

**Koran-Analyse:** »Zweifelhafte Ethik des Neuen Testamentes:
Bei Markus (11 : 12–14) lesen wir folgendes:
***Und des anderen Tages, da sie von Bethanien gingen, hungerte ihn. Und er sah einen Feigenbaum von ferne, der Blätter hatte; da trat er hinzu, ob er etwas darauf fände. Und da er hinzukam, fand er nichts als nur Blätter; denn es war noch nicht Zeit, daß Feigen sein sollten. Und Jesus antwortete und sprach zu ihm: ›Nun esse von dir niemand eine Frucht ewiglich!‹ Und seine Jünger hörten das.***
Hieraus ergibt sich folgendes: Jesus, der in einem Lande lebte, wo der Feigenbaum im Überfluß vorkam, wußte nicht, zu welcher Jahreszeit die Feigen reif waren, und er hatte scheinbar so wenig Lebensart, daß er, statt seinen eigenen Fehler zu bedauern, einen seelenlosen Baum verfluchte, indem er sprach: ›Nun esse von dir niemand eine Frucht ewiglich!‹ Wir Muslims glauben nicht, daß Jesus Gott war; wir betrachten ihn nur als einen Seiner Propheten. Aber selbst wir können nicht glauben, daß er das gesagt hat, was ihm hier unterschoben wird. Wir können nur unsere Verwunderung ausdrücken über Leute, die ihn einerseits für den Sohn Gottes halten und als Beispiel für tadelloses Benehmen betrachten und anderseits eine solche Beschreibung seines Betragens hinnehmen. Diese Menschen überlegen offenbar nicht, ob Jesus solche Dinge gesagt haben konnte oder ob sie ihm von anderen fälschlicherweise zugeschrieben werden.
Die heutigen Verteidiger des Christentums möchten diesen Absatz wegerklären. Der Fluch beziehe sich nicht auf den Feigenbaum, sondern auf das jüdische Volk, das in Zukunft keinerlei Früchte mehr hervorbringe. Diese Erklärung hinkt. Wer mit literarischen

Formen vertraut ist, wird sich nicht durch solche Erklärungen beeindrucken lassen. Wenn der Feigenbaum bildlich verstanden werden sollte, war es dann notwendig, zu sagen, Jesus sei zu einem Feigenbaum gegangen, als er hungerte? Nach dem Absatz im Markus-Evangelium sah Jesus einen Feigenbaum voller Blätter und beschloß, an ihn heranzugehen, in der Hoffnung, einige Früchte zu finden. Nachdem er ihn aus der Nähe betrachtet und nichts als Blätter gefunden hatte – die Zeit der Feigen war noch nicht herangekommen –, verfluchte er den Baum. Das zeigt, daß der Zwischenfall nicht als Gleichnis gedacht ist, denn der Erzähler legt ganz klar dar, daß Jesus zu dem Baum hinging, weil er hungrig war und einige Früchte zu finden hoffte. Aber die Zeit war noch nicht gekommen, da der Baum Früchte tragen sollte. Es ist möglich, daß dieser besondere Baum erst später Früchte tragen sollte oder daß er an einer Krankheit litt und überhaupt keine Früchte trug. Jedenfalls wurde Jesus ärgerlich und verfluchte den Baum. Wenn all dies richtig berichtet wird, haben wir dann nicht Anlaß zu der Frage, ob jemand, der unbeseelte Gegenstände wie Bäume, Flüsse, Berge oder Steine verflucht, als vernunftgemäßes Wesen angesehen werden kann? Hat der Bearbeiter, der dies Jesus unterschob, geglaubt, daß spätere Generationen von Lesern diese Verzerrungen akzeptieren würden? Fromme Christen mögen sich durch eine derartige Erzählung narren lassen, aber wir Muslims können Jesus solche Dinge nicht zuschreiben, nicht etwa deshalb, weil er irgendwie von den anderen Propheten verschieden war, sondern weil wir solche Dinge nicht einmal von gewöhnlichen anständigen und gutartigen Menschen erwarten.

Im Matthäus-Evangelium (7 : 6) finden wir den folgenden Absatz:

***Ihr sollt das Heiligtum nicht den Hunden geben, und eure Perlen sollt ihr nicht vor die Säue werfen, auf daß sie dieselben nicht zertreten mit ihren Füßen und sich wenden und euch zerreißen.***

Was hier als ›heilig‹ und als ›Perlen‹ beschrieben wird, sind tatsächlich die Offenbarung und die Zeichen Gottes. ›Hunde‹ und ›Säue‹ bedeuten in diesem Verse die Menschen, die sich geweigert hatten, an Jesus zu glauben. Es ist kein Zweifel daran, daß die Zeichen Gottes heiliger sind als das Heiligste und kostbarer als Perlen; aber es ist auch kein Zweifel daran, daß diese Dinge, die heilig und kostbar wie Perlen sind, gerade für diejenigen gedacht sind, die ihrer ermangeln. Die Zeichen Gottes werden denen gezeigt, die in ihrem Glauben an Ihn schwach sind. Die Propheten bringen nicht allein denen Glauben, die ihn bereits besitzen. Dies ergibt sich aus der historischen Tatsache, daß Propheten immer nur in Zeiten großen Unglaubens erscheinen, wenn die Welt in Finsternis gehüllt ist, und ihre Mission besteht darin, daß sie die Welt aus der Dunkelheit zum Lichte führen sollen. Ihre Botschaft ist an diejenigen gerichtet, die ihren Weg in der Dunkelheit suchen; für diese Menschen werden sie in die Welt gesandt. Es erscheint als unmöglich, daß ein von Gott geliebter Mensch andere Menschen als Hunde und Schweine bezeichnet, deren einziger Fehler darin besteht, daß ihnen das Licht des Glaubens noch nicht leuchtet. Ein Prophet wird nie befehlen, den Ungläubigen die Zeichen Gottes vorzuenthalten aus Furcht, sie könnten sie mit Füßen trampeln. Wie könnten dann Ungläubige jemals zum Glauben kommen? Es ist grausam, Jesus Worte in den Mund zu legen, nach denen gerade die Menschen, für die er gekommen war, Hunde und Schweine seien, und dies nicht um ihrer Fehler oder irgendwelcher von ihnen begangener Untaten willen, sondern nur deshalb, weil ihnen die Wahrheit noch nicht klargeworden war. Hiergegen stelle man nun das Beispiel des Heiligen Propheten des Islams. Im Qur-ân (26 : 4) lesen wir:

***Vielleicht grämst du dich noch zu Tode darüber, daß sie nicht glauben.***

In diesem Zusammenhang können wir es nicht unterlassen, den Vorfall mit der kanaanitischen Frau zu erwähnen, der bei Matthäus (15 : 21–26) und Markus (7 : 24–27) erwähnt wird. Diese Frau näherte sich Jesus mit großer Demut. Nach der Bitte ihres Volkes fiel sie ihm zu Füßen und erwartete Erleuchtung von ihm. Aber nach dem Schreiber des Evangeliums sagte Jesus:

***Es ist nicht fein, daß man den Kindern ihr Brot nehme und werfe es vor die Hunde.***

Mit welcher Sehnsucht und Erwartung muß sich diese Frau Jesus genähert haben! Und sie kam nicht, um Brot oder Kleidung zu erbetteln; was sie suchte, war seelische Labung. Sie wollte von Jesus gerade das, wofür er gekommen war. Aber die Evangelien berichten, daß Jesus diese Frau fortschickte, und nicht nur das: er warf ihr einen Schimpf ins Gesicht, nannte sie einen Hund und entehrte sie damit. Wenn die Erzählung der Evangelien stimmt, dann entehrte Jesus nicht nur diese Frau von Kanaan, sondern gleichzeitig das ganze weibliche Geschlecht und bewies durch diese seine Äußerung, daß er armen Frauen nichts zu geben hatte. Alle seine Gedanken kreisten um das Wohl der jüdischen Rasse. Lieber wollte er sich die Füße salben lassen von einer sündigen jüdischen Frau (Lukas 7 : 36–38), als daß er ein Wort des Trostes zu einer nichtjüdischen Frau gesagt hätte. Wenn Christen diesen Teil der Evangelien als wahr akzeptieren, so ist das ihre Sache; aber unsererseits können wir nicht glauben, daß seine Jünger derartiges über ihn erzählten. Nach unserer Meinung sind diese Dinge Erfindungen späterer Bearbeiter. Und diese Überarbeitungen wurden zu einer Zeit gemacht, da der wirkliche Jesus aus der Welt verschwunden war und ein imaginärer Jesus von unwissenden Schreiberlingen fabriziert wurde.

Im Johannes-Evangelium (2 : 1–4) finden wir die folgenden Sätze:

***Und am dritten Tage war eine Hochzeit zu Kana in Galiläa; und die Mutter Jesus' war da. Jesus aber und seine Jünger wurden auch auf die Hochzeit geladen. Und da es an Wein gebrach, spricht die Mutter Jesus' zu ihm: Sie haben nicht Wein. Jesus spricht zu ihr: Weib, was habe ich mit dir zu schaffen? Meine Stunde ist noch nicht gekommen.***

Weiter finden wir im Matthäus-Evangelium (12 : 47, 48);

***Da sprach einer zu ihm: Siehe, deine Mutter und deine Brüder stehen draußen und wollen mit dir reden. Er antwortete aber und sprach zu dem, der es ihm ansagte: Wer ist meine Mutter, und wer sind meine Brüder?***

Diese Absätze aus dem Johannes- und Matthäus-Evangelium zeugen nicht für die Hochachtung Jesus' vor seiner Mutter, d. h. für ein Verhältnis, das für anständige Menschen selbstverständlich ist. Möchte ein einfacher Christ heute seine Mutter anreden mit den Worten: ›Weib, was habe ich mit dir zu schaffen?‹ Könnte irgendein Christ seine Mutter verächtlich behandeln und doch noch für anständig angesehen werden? Warum also haben die Verfasser der Evangelien ausgerechnet Jesus mit einer solch lächerlichen Charakterisierung entwürdigt? Der Respekt gegenüber der Mutter ist üblich selbst in primitiven Gemeinschaften. Es ist dies eine gute Sitte, die selbst von den schlimmsten Menschen gepflegt wird.